Digivaardig sociaal werk

Hans Versteegh

Digivaardig sociaal werk

Handboek voor de digitale transitie

Houten 2019

ISBN 978-90-368-2350-0   ISBN 978-90-368-2351-7 (eBook)
https://doi.org/10.1007/978-90-368-2351-7

© Bohn Stafleu van Loghum is een imprint van Springer Media B.V., onderdeel van Springer Nature 2019
Alle rechten voorbehouden. Niets uit deze uitgave mag worden verveelvoudigd, opgeslagen in een geautomatiseerd gegevensbestand, of openbaar gemaakt, in enige vorm of op enige wijze, hetzij elektronisch, mechanisch, door fotokopieën of opnamen, hetzij op enige andere manier, zonder voorafgaande schriftelijke toestemming van de uitgever.

Voor zover het maken van kopieën uit deze uitgave is toegestaan op grond van artikel 16b Auteurswet j° het Besluit van 20 juni 1974, Stb. 351, zoals gewijzigd bij het Besluit van 23 augustus 1985, Stb. 471 en artikel 17 Auteurswet, dient men de daarvoor wettelijk verschuldigde vergoedingen te voldoen aan de Stichting Reprorecht (Postbus 3060, 2130 KB Hoofddorp). Voor het overnemen van (een) gedeelte(n) uit deze uitgave in bloemlezingen, readers en andere compilatiewerken (artikel 16 Auteurswet) dient men zich tot de uitgever te wenden.

Samensteller(s) en uitgever zijn zich volledig bewust van hun taak een betrouwbare uitgave te verzorgen. Niettemin kunnen zij geen aansprakelijkheid aanvaarden voor drukfouten en andere onjuistheden die eventueel in deze uitgave voorkomen. De uitgever blijft onpartijdig met betrekking tot juridische aanspraken op geografische aanwijzingen en gebiedsbeschrijvingen in de gepubliceerde landkaarten en institutionele adressen.

NUR 752
Basisontwerp omslag: Studio Bassa, Culemborg
Automatische opmaak: Scientific Publishing Services (P) Ltd., Chennai, India

Bohn Stafleu van Loghum
Walmolen 1
Postbus 246
3990 GA Houten

www.bsl.nl

Facebook is een brug te ver voor onze organisatie. Maar iedereen zit erop.
Ik ben aan huis gebonden. Ik zou best willen beeldbellen met mijn kinderen, maar ik weet niet hoe dat werkt.
Iedereen laat het gebeuren, maar niemand heeft het erover.
De dingen waarvoor je niet de telefoon pakt, die je niet in een vergadering deelt, maar waarvan je wel je collega's op de hoogte wil brengen.

Inhoud

Deel I Hoe ziet de digitale transitie eruit en hoe urgent is dit?

1	**Wat komt er op ons af?**	3
1.1	Inleiding	5
1.2	Mijn eigen wake-up-call	5
1.3	Het is 2025. Ontmoet je nieuwe collega's!	6
1.4	Leven in een digitale tijd	7
1.5	Digivaardigheid	9
1.5.1	Digivaardiger worden	11
1.5.2	Mediawijsheid	12
1.6	Ethiek	13
1.6.1	Beroepsgeheim	14
1.6.2	Appen of toch maar niet?	15
1.6.3	Afstand en nabijheid	16
1.7	Digitale transitie	17
1.7.1	Veranderende rollen	18
1.7.2	Netwerksamenleving	18
1.7.3	Netwerkorganisaties	18
1.8	Bekende thema's, nieuwe dienstverlening	19
	Bronnen	21
2	**De urgentie van digitalisering**	23
2.1	Inleiding	25
2.2	Negen urgente redenen	25
2.2.1	De context is digitaal geworden	25
2.2.2	Blijven aansluiten als beroepsgroep	25
2.2.3	Doelgroepen ondersteunen participatie	25
2.2.4	Het mee-oplossen van grote maatschappelijke problemen	26
2.2.5	Aansluiten op de zorg die met digitale technologie de wijk in komt	26
2.2.6	Duurzaam inzetbaar zijn als individuele professional	27
2.2.7	Innovatie van dienstverlening	28
2.2.8	De digitale kloof	29
2.2.9	Het ontstaan van digitaal gerelateerde hulpvragen	30
2.3	De digitale kloof verder verkend	30
2.3.1	Soms wordt de kloof langzaam onoverbrugbaar	30
2.3.2	Een rol voor sociale wijkteams	31
2.3.3	De DigiD-groep	31
2.3.4	Bevestigd door onderzoek	32
2.3.5	Digitale inclusie	32
2.4	Disruptie	34
2.4.1	Amazon is op oorlogspad (in de zorg)	35
2.4.2	Help je eigen organisatie om zeep	36

2.5	**Relevant blijven**	38
2.5.1	Als persoon	38
2.5.2	Als organisatie	38
2.5.3	Als sector	39
	Bronnen	39
3	**Digitale trends en digitaal gerelateerde hulpvragen**	**41**
3.1	Inleiding	43
3.2	Het houdt niet op bij social media	44
3.2.1	Apps en platformen	44
3.2.2	Apparaten worden kleiner en krachtiger	45
3.3	**Video**	46
3.4	**Live**	46
3.5	**Mobiel**	47
3.6	**Data**	47
3.7	**Artificial Intelligence (kunstmatige intelligentie)**	48
3.8	**Beeldherkenning**	49
3.9	**Gezichtsherkenning**	49
3.10	**Spraakherkenning**	50
3.11	**Games**	51
3.12	**De zorg loopt voorop**	53
3.13	**eHealth/online hulpverlening**	54
3.14	**Negatieve gevolgen en nieuwe hulpvragen**	55
3.14.1	Eenzaamheid en sociaal isolement	55
3.14.2	Fear of missing out	56
3.14.3	Gameverslaving	57
3.14.4	Cyberpesten	57
3.14.5	Sexting en shaming	58
3.14.6	Grooming	58
3.14.7	Sextortion, afpersing	58
3.14.8	Nepprofielen en identiteitsfraude	58
3.14.9	Victim blaming	58
3.14.10	Deepfake	58
3.14.11	Stalking	59
	Bronnen	59

Deel II Wat vindt het sociaal werkveld van digitalisering?

4	**Wat zeggen professionals zelf?**	**63**
4.1	Inleiding	64
4.2	**Privé en werk**	64
4.2.1	De balans	64
4.2.2	Stagiaires	65
4.3	**WhatsApp wint**	66
4.4	**Digivaardigheid van professionals**	66
4.5	**Nieuwsgierigheid**	67

4.6	Over de eigen organisatie	67
4.7	Uiteenlopende doelen	68
4.7.1	Profileren, hoe dan?	69
4.8	Doelgroepen	70
4.8.1	Uiteenlopende doelgroepen	70
	Bronnen	71
5	**Hoe kijken anderen naar een digitaal sociaal domein?**	73
5.1	Inleiding	75
5.2	Schiet het al een beetje op met die digitalisering?	75
5.3	Klanten, bewoners, deelnemers, cliënten, patiënten	75
5.3.1	Handreiking voor toegankelijke digitale zorg	76
5.4	Leidinggevenden	77
5.4.1	Handreiking voor implementatie	77
5.5	Bestuurders	78
5.5.1	Drie heldere aanwijzingen	78
5.6	Raad van Toezicht	80
5.7	Beroeps- en brancheverenigingen	80
5.8	Kenniscentra	81
5.9	Onderwijs	82
5.10	Andere stakeholders	82
5.10.1	Gemeenten	82
5.10.2	Ministerie van Binnenlandse Zaken en Koninkrijksrelaties (BZK)	84
5.10.3	Ministerie van Volksgezondheid, Welzijn en Sport (VWS)	84
5.10.4	Overige partijen	85
	Bronnen	85

Deel III Hoe kun je digitalisering toepassen?

6	**Zo ziet de digitale transitie eruit**	89
6.1	Inleiding	91
6.2	Casussen (omdat we er dol op zijn …)	91
6.2.1	Casus Facebook en kokende buurtbewoners	91
6.2.2	Casus stugge opbouwwerker die toch enthousiast werd	92
6.2.3	Casus WhatsApp op de telefoon zetten	93
6.2.4	Casus incident in de wijk, wijkteam was er snel bij	93
6.2.5	Casus kopschoppers en de rol van online-jongerenwerk	94
6.3	Voorbeelden uit het veld	95
6.4	There's an app for that	95
6.4.1	De crisiskaart als chip	97
6.4.2	Emoji met een blauw oog	98
6.4.3	Domotica? Hebbedingetjes!	99
6.4.4	Edible. De pil die meet	100
6.4.5	Handen aan het bed? Humanoids	102
6.4.6	Teleprompter. Je vlog ontzorgd	106
6.4.7	Vocre en Icoon, de taalbarrière geslecht	107

6.4.8	Splice en Spark, zelf super makkelijk online video maken	109
6.4.9	Skybell, interactieve deurbel	109
6.4.10	Vraagapp, hulp op afstand bij dagelijkse zaken	110
6.4.11	Appke, vraagbaak voor jongeren	110
6.4.12	Moti-4, gemotiveerd je verslaving aanpakken	111
6.4.13	Jeugdhulp 1 op 1, kies zelf je jeugdhulpverlener	111
6.4.14	Zorg-sociaal, het zelfredzame keukentafelgesprek	112
6.4.15	Duplex, Google's assistent	112
6.4.16	Keuzewijzer E-tools. Online inwoners betrekken	113
6.4.17	Wheelmap.org, help mee de wereld toegankelijker te maken	113
6.4.18	360° VR video	114
6.4.19	Rode kersen, gebruikerstevredenheid meten	114
6.5	**Het lukt niet altijd**	115
	Bronnen	115
7	**Wat betekent dit voor de werkers?**	**117**
7.1	**Inleiding**	119
7.2	**Hoe waardeer jij onlinecontact?**	119
7.3	**Nooit in de opleiding gehad**	120
7.4	**Tips voor beginners**	121
7.4.1	Blijf bij jezelf	122
7.4.2	Begin klein	122
7.4.3	Bepaal het doel	122
7.4.4	Let op je instellingen	122
7.4.5	Let op je wachtwoorden	123
7.5	**Je zit op goud!**	123
7.6	**Kansen voor sociaal werkers**	125
7.7	**Doelen**	126
7.7.1	Zichtbaar zijn	126
7.7.2	Profileren van jezelf en je werk	127
7.7.3	Gevonden worden	128
7.7.4	Aansluiten bij de doelgroep	129
7.7.5	Doelgroepen ondersteunen	129
7.7.6	Nieuwe contacten maken	129
7.7.7	Bestaande relaties verdiepen	130
7.7.8	Contact onderhouden	130
7.7.9	Contact met collega's	130
7.7.10	Verbinden en netwerken	131
7.7.11	Informatie naar je toe halen	131
7.7.12	Bijblijven	131
7.7.13	Informatie geven	131
7.7.14	Voorlichten	132
7.7.15	Hulp verlenen	133
7.7.16	Samenwerken met anderen	133
7.7.17	Tijd besparen	133
	Bronnen	133

8	**Bekende social-mediaknelpunten oplossen**	135
8.1	Inleiding	137
8.2	De acht grootste knelpunten	137
8.3	Zorg voor voldoende tijd en geld	137
8.3.1	Een halfuur per dag	138
8.3.2	Grip op je tijd	138
8.3.3	Oefening: de content kalender	138
8.3.4	Reacties	140
8.3.5	Valkuil	140
8.3.6	Neem er de tijd voor	140
8.3.7	Even sparren?	140
8.4	**Creëer draagvlak**	141
8.4.1	Draagvlak opbouwen in zeven stappen	141
8.5	**Niet bang zijn voor negatieve publiciteit**	142
8.5.1	Webcare	143
8.5.2	Trollen	143
8.6	**Zo houd je overzicht**	144
8.6.1	Begin klein	144
8.6.2	Overzicht krijgen als een pro	144
8.6.3	Nog een stap professioneler	145
8.6.4	Data, algoritmes en kunstmatige intelligentie	145
8.7	**Zoek interactie met de doelgroep**	146
8.7.1	Eén op de tien	146
8.7.2	Wat jij kunt doen	146
8.7.3	Houd je aan je boodschap	147
8.7.4	Stimuleer ook 'echte' ontmoetingen	147
8.8	**Weet altijd wat je moet vertellen**	148
8.8.1	Laat je zien	148
8.8.2	Basisvragen	149
8.8.3	Oefening: content-managementmatrix	149
8.9	**Stuur aan op resultaten**	151
8.10	**Meer volgers krijgen**	151
8.10.1	Community management	152
8.10.2	Content is king	152
8.10.3	Oefening: Volgers krijgen uit je bestaande netwerk	153
8.10.4	Volgers kopen?	153
8.10.5	Bereik vergroten (tips van professionals)	154
	Bronnen	154

Deel IV Hoe moet het verder?

9	**Wat moet je nu doen om je voor te bereiden?**	157
9.1	Inleiding	158
9.2	**Vragen die je klaarstomen**	158
9.3	**Functieprofiel en competenties**	159
9.3.1	Functieprofiel van een digitaal sociaal werker (fictief)	159
9.3.2	Competenties	161

9.3.3	Competenties Maatschappelijke Ondersteuning	162
9.3.4	Digivaardigheid- en Mediawijsheid-competenties	164
9.4	**Een leven lang leren**	166
9.4.1	De 21st century skills	168
9.5	**Een training volgen?**	169
9.5.1	Aanbod voor lezers	170
	Bronnen	171
10	**De toekomst van werken in het sociaal domein**	173
10.1	**Inleiding**	174
10.2	**De digitale transitie is gaande**	174
10.3	**De digitale transitie roept vragen op**	174
10.4	**De digitale transitie is urgent**	175
10.5	**De digitale transitie past naadloos op het sociaal werk**	176
10.6	**De digitale transitie is een blijvertje**	177
	Bijlagen	179
	Bijlage 1. Het model Pondres	180
	Bijlage 2. De Digitale Wijkstarter	183
	Bijlage 3. Oefening in kijken naar je werk	186
	Bijlage 4. Online-basistraining social media voor sociaal werkers	189
	Met dank aan	191
	Over de auteur	194
	Register	195

illustratie: Theo Barten

Inleiding

» Facebooken op mijn werk voelt toch een beetje als spijbelen.

Deze uitspraak hoorde ik een bijna wanhopige sociaal werkster zeggen in een van mijn workshops. En ik weet: dat gevoel hebben er meer. Want social media in je werk gebruiken is voor veel werkers spannend! Op je werk doe je je werk. Appen of je vakantiefoto's delen met je (klein)kinderen doe je maar thuis. Niet in de baas z'n tijd. Want je moet ieder kwartier kunnen verantwoorden. Al is het maar om jezelf in de spiegel aan te kunnen kijken en tegen jezelf te kunnen zeggen dat je nuttig bezig bent geweest.

Toch zal jouw cliënt/bewoner/deelnemer het helemaal niet vreemd vinden dat jij online contact zoekt. Sterker, in deze digitale netwerksamenleving zal die klant deze manier van dienstverlening steeds meer van je gaan verwachten. Want alles regelen we tegenwoordig al via internet, dus waarom dan ook niet bij het sociaal werk?

Behalve je website en social media zijn er ook steeds meer andere digitale middelen die om aandacht vragen. Omdat klanten ze gebruiken en van jou hetzelfde verwachten. Dat roept vragen op en zorgt voor problemen en paniekerige situaties op de werkvloer. Met dit boek wil ik de urgentie benadrukken maar ook de koudwatervrees proberen weg te nemen, ik wil met het boek inspireren en stimuleren om – letterlijk – (je) werk van digitalisering te maken.

Als je vrijwilliger, student/stagiaire, uitvoerend werker, leidinggevende, MT-lid, directeur/bestuurder, OR-lid of toezichthouder bent, denk ik dat je altijd wel iets uit dit boek zult kunnen halen dat voor jou van belang is. Ik wil je dan ook oproepen om je af te vragen wat dit voor jou, in jouw eigen situatie of positie betekent. Dus: waar heb jij de meeste invloed op?

Wanneer je het op die manier leest, zal het boek je ook het meest brengen. Dat betekent ook dat je niet alles in het boek tot je hoeft te nemen, maar erdoorheen mag grasduinen.

Social media is voor de meesten nog wel bekend terrein, omdat daarop bijna iedereen inmiddels als privépersoon actief is. Vaak is dit een startpunt om je meer te gaan verdiepen in andere onlinemogelijkheden. Op het moment dat je eraan denkt om social media ook zakelijk te gaan inzetten, gaan er ineens heel andere zaken meespelen. Je moet weten hoe je digitale apparatuur gebruikt en die moet beschikbaar zijn. Net als een goede internetverbinding. Je moet digivaardigheden aanleren. Je moet weten wat er 'achter de schermen' gaande is, waarbij privacy natuurlijk een van de eerste zaken is waar je tegenaan loopt. Het dwingt je om goed over je communicatie en bijbehorende doelen na te denken, het heeft invloed op de manier waarop je je werk uitvoert, het maakt je zichtbaarder en het verandert jouw rol binnen je organisatie en netwerken. Ook de organisatie zal erdoor veranderen.

We leven in een steeds complexere en sterk gedigitaliseerde wereld. Zonder digitale vaardigheden is participeren in de maatschappij inmiddels een zware opgave. Digitale (overheids)diensten maken meedoen lastig en niet iedereen kan daarin vanzelf meekomen. Dat treft helaas vaak de al bekende doelgroepen binnen het sociaal domein. Mensen die al ondersteuning nodig hadden. Digitale inclusie is voor deze mensen niet vanzelfsprekend.

Dat legt een extra druk op de sector. Werkers zullen zelf digivaardig moeten zijn om in staat te zijn doelgroepen te ondersteunen in hun digitale zoektochten. En om in te kunnen spelen op nieuwe hulpvragen die een digitale oorsprong kennen, denk aan gameverslaving en daardoor toenemend gevaar voor isolement bij nieuwe, soms onverwachte doelgroepen.

Om relevant te blijven zal, naast de al genoemde digitale vaardigheden, ook de dienstverlening van de organisatie aangepast moeten worden. Andere thema's. Andere wijzen van aanbieden. Niet meer in een zaaltje of kantoor, maar online. En niet meer van 9 tot 5, of wanneer het buurthuis en het jongerencentrum open zijn. Maar 24 uur per dag.

Digitalisering in het sociaal werk is dus niet niks. Wanneer je het goed wil doen, heeft dat grote gevolgen voor de manier waarop gewerkt wordt. Daarom kun je dit gerust zien als de volgende transitie, ditmaal is het een digitale transitie. Een transitie die al gaande is, maar waar beleidsmatig en in de uitvoering mondjesmaat op ingezet wordt. In tegenstelling tot de wereld om ons heen, waar 'digital first' inmiddels de normaalste zaak geworden is.

Dat het in het sociaal domein wat trager gaat met de omarming van digitalisering kan te maken hebben met een aantal factoren. Mag ik die als ervaringsdeskundige, wat scherp maar met een knipoog neerzetten?

1. In de sector werken mensen-mensen. Die kletsen het liefst met een ander mens, met een bakkie koffie erbij, en dat is dan hun werk. Of aan de telefoon, ook goed. Maar niet via een schermpje naar een ander schermpje. Dat is geen 'echt' contact.
2. Een computer heeft een negatieve lading: de voortdurende druk van ongelezen e-mails (van je baas en van je collega's), het moeten registreren van tijd en dossiers, problemen met het apparaat en printers, het kost allemaal tijd die je liever aan het hiervoor genoemde punt 1 zou willen besteden.
3. Vernieuwing en verandering in de maatschappij landt gewoonlijk als laatste in de sociale sector. Drie tot vijf jaar nadat de rest van het land er kennis mee maakt. Toen ik als sociaal werker met Twitter begon, was Twitter al aardig groot en bekend in ons land. Ik dacht dat ik achterliep, maar ik bleek een van de eersten te zijn.
4. Er is geen beeld van wat digitalisering kan betekenen, welke kansen dat geeft. Bestuurders zoeken naar voorbeelden uit het veld, maar die zijn er weinig (die staan daarom wel in dit boek). ICT was lang toch vooral het werkend houden van de computers en de verbindingen. De systeembeheerder was een vreemde eend in de groep sociaal geschoolde collega's. Die verschillen in taal en wereld maken het nog altijd niet gemakkelijker.

De belangstelling voor digitalisering in het sociaal domein groeit. De nieuwsgierigheid wordt aangewakkerd. Overal proberen organisaties en werkers iets uit. Dit boek laat je over dit alles nadenken en zal je inspireren. Je leest door het hele boek voorbeelden en vraagstukken uit het sociale veld, die aangedragen zijn door sociaal werkers en organisaties uit het sociaal domein.

Daarmee is het een boek geworden dat meer is dan een wake-upcall. Het laat ook zien wat er al mogelijk is en al gedaan wordt. Waar collega's al eens tegenaan zijn gelopen en hoe jij daarmee om zou kunnen gaan. Heel praktisch, inzichtelijk en met een beetje aanpassing hier en daar bruikbaar in jouw situatie, met jouw doelgroepen. Het zet je in de juiste stand.

Iedereen die een bijdrage heeft geleverd wil ik hierbij dan ook heel hartelijk bedanken! Voor het delen van jullie kennis, aarzelingen, inzichten en de bereidheid daarmee collega's te willen helpen. Chapeau!

Hans Versteegh

Deel I Hoe ziet de digitale transitie eruit en hoe urgent is dit?

Hoofdstuk 1 Wat komt er op ons af? – 3

Hoofdstuk 2 De urgentie van digitalisering – 23

Hoofdstuk 3 Digitale trends en digitaal gerelateerde hulpvragen – 41

Wat komt er op ons af?

Samenvatting

Digitalisering is in onze samenleving een factor om rekening mee te houden. Het is niet iets wat in de toekomst speelt; de digitale transformatie van de samenleving is een feit. Het raakt tal van facetten van het dagelijks leven. Het zorgt voor kansen, maar er zijn ook risico's en er kleven nadelen aan. Wil je de kansen benutten dan is zelf digivaardig worden een voorwaarde voor sociaal werkers en hun doelgroepen. Digitalisering vraagt om je (professioneel) handelen online goed te doordenken: waar ben ik mee bezig, welk effect heeft dit? Wat zegt dit handelen over mijn beroepsgeheim, online-veiligheid en over het klassieke thema afstand en nabijheid? Tegelijk zijn er tal van thema's en leefgebieden aan te wijzen waar digitalisering de potentie heeft om de levens van mensen te verbeteren. Ook op klassieke welzijnsthema's liggen kansen voor sociaal werkers om nieuwe dienstverlening op te zetten, met 'digital first' als uitgangspunt.

1.1	Inleiding – 5	
1.2	Mijn eigen wake-up-call – 5	
1.3	Het is 2025. Ontmoet je nieuwe collega's! – 6	
1.4	Leven in een digitale tijd – 7	
1.5	Digivaardigheid – 9	
1.5.1	Digivaardiger worden – 11	
1.5.2	Mediawijsheid – 12	
1.6	Ethiek – 13	
1.6.1	Beroepsgeheim – 14	
1.6.2	Appen of toch maar niet? – 15	
1.6.3	Afstand en nabijheid – 16	

© Bohn Stafleu van Loghum is een imprint van Springer Media B.V., onderdeel van Springer Nature 2019
H. Versteegh, *Digivaardig sociaal werk*, https://doi.org/10.1007/978-90-368-2351-7_1

1.7	Digitale transitie – 17	
1.7.1	Veranderende rollen – 18	
1.7.2	Netwerksamenleving – 18	
1.7.3	Netwerkorganisaties – 18	
1.8	Bekende thema's, nieuwe dienstverlening – 19	
	Bronnen – 21	

1.1 Inleiding

Er zijn in het werkveld veel veranderingen gaande. Eén daarvan is de opkomst van digitale middelen en diensten in het sociaal domein; de digitale transitie. Maar wat er daarbinnen allemaal speelt en wat er op je af komt? Dat is veel en misschien overdondert het je. Laat het in dat geval gewoon gebeuren. Verderop in het boek leer je ermee om te gaan.

Je gaat op ontdekkingstocht. Want wat gaat er allemaal gebeuren? Waar hebben we het over? Wat zijn artificial intelligence, cyber security, mediawijsheid, big data, digitaal burgerschap, digitale inclusie, hulp op afstand, blended werken, blockchain en de digitale kloof?

Wat is de functie daarvan voor het sociaal domein? Of wat zou het kunnen zijn? Waar moet je voor oppassen? Wat gebeurt er 'achter de schermen' met alles wat wij digitaal doen? We benaderen digitalisering van verschillende kanten, positief en minder positief.

Misschien krijg je het even Spaans benauwd. Spannend! Welke kant gaat dit op? Na dit hoofdstuk ben je al een stuk wijzer en kun je over veel een beetje meepraten. Verderop in het boek lees je meer over welke kansen dit alles jou in jouw werk biedt. Oké? Daar gaan we!

1.2 Mijn eigen wake-up-call

Het is 2010. Ik werk vanuit een wijkcentrum in Amersfoort als opbouwwerker in de wijk. Het is een spannende tijd, want vanwege de dan ingezette bezuinigingen op welzijn zullen alle wijkcentra in de stad gaan sluiten. Maar niet dat van 'ons'! Dat willen de bewoners voorkomen (◘fig. 1.1).

Met mijn hulp weten de bewoners de wijk te mobiliseren, een kerngroep te vormen, hulp van buiten binnen te halen en in de pers te komen. Ik regel dat ze geïnterviewd worden door de lokale krant en met een foto van de groep, protesterend voor het wijkcentrum, op de voorpagina komen. Ik geef aanwijzingen aan de fotograaf en de bewoners en maak van het geheel zelf ook een foto. Het gaat om hen, niet om mij, dus ik ga er niet tussen staan (later blijkt dit een kapitale inschattingsfout). Het artikel en de grote foto veroorzaken politieke druk en zo raken de bewoners in gesprek met de wethouder en ambtenaren.

Ik begeleid de bewoners in het hele traject dat volgt. Met alle ups en downs. Bij mij kunnen ze stoom afblazen, gal spuwen, uitrazen en weer opkrabbelen. Want er is altijd wel een nieuwe weg te vinden. De wethouder en ambtenaren hebben in mij een partner die bruggen kan slaan. Voor beide kampen ben ik een vertrouwenspersoon. Ik masseer, verbind, coach, stimuleer en begeleid. Uiteindelijk lukt het! Op een plechtig moment worden de sleutels van het pand overgedragen aan de bewoners. Het wijkcentrum is verzelfstandigd.

Ik gebruik in die tijd twitter om het lokale nieuws te volgen en actief korte lijntjes te onderhouden met de wethouder (die ook op Twitter actief is), de pers en gemeenteraadsleden. Ik gebruik LinkedIn om hulp, kennis en collega's uit het land in vergelijkbare situaties te zoeken en te consulteren. Mijn netwerk breidt zich in no time enorm uit en ik word er steeds deskundiger door. Mijn professionele sociaal isolement, als de 'eenzame' opbouwwerker in een wijk, verdwijnt als sneeuw voor de zon. Wat een rijkdom aan kennis en fijne mensen! Op YouTubefilmpjes interview ik de bewoners over mijn rol in het geheel. Ze zijn zonder uitzondering lovend over mijn bijdrage. Trots stuur ik de linkjes naar deze filmpjes naar mijn leidinggevende.

Datzelfde jaar beoordeelt hij mij in de standaardbeoordelingscyclus, die dan voor alle medewerkers geldt. Ik ben stomverbaasd wanneer hij zegt dat ik onvoldoende zichtbaar ben als opbouwwerker. En dat ik daarom een negatieve beoordeling krijg. Het voelt als een klap in mijn gezicht.

Figuur 1.1   Mijn eigen wake-up-call: bezoekers Wijkcentrum het Klokhuis

De harde les die ik hier leerde is dat je nog zo goed je werk kunt doen, als je er niet over vertelt weet ook niemand het. In mijn geval ging ik er te gemakkelijk van uit dat mijn eigen organisatie ook wel op de hoogte zou zijn van mijn werk en het klinkende resultaat. Helaas.

Mijn leidinggevende en de top van de organisatie zaten toen nog niet op social media. Ze waren er dus ook niet getuige van hoe ik mijzelf in de wijk en als snel ver daarbuiten profileerde. De kwartaalrapportage die ik inleverde, was waar ze het mee moesten doen. Het verhaal achter de cijfers wisten ze niet.

Hoe zuur ook, ik had wel de kracht van internet en social media ontdekt. En dat liet me niet meer los. Er ontstonden mooie dingen door en die gun ik jou ook.

» De meeste sociaal werkers willen niet op de voorgrond staan. Het gaat immers niet om hen, maar om de bewoners die zij ondersteunen. Tijdens een training liet de cursusleider een foto van een groep bewoners voor een buurtcentrum zien en vroeg de cursisten wat ontbrak. Hij vertelde dat sociaal makelaars zichzelf niet vaak op de foto zetten. Ik heb daar zelf niet zo'n moeite mee, maar vergeet het soms ook. Toch ook te bescheiden op zijn tijd.

1.3   Het is 2025. Ontmoet je nieuwe collega's!

Jij kent ze nog niet maar ze zijn er al. Tessa, Zora, Pepper en Sophia, jouw nieuwe collega's. Het zijn robots die nu al ingezet worden in bijvoorbeeld de ouderenzorg om ouderen eraan te herinneren dat de taxi eraan komt. Of in de activiteitenbegeleiding om ouderen aan te zetten tot meebewegen en dansen. Of in de hospitality, om mensen wegwijs te maken in de organisatie en in het gebouw.

Misschien loop jij in 2025 wel samen met deze nieuwe collega's door de gang op weg naar de doelgroep. Jij bent dan degene die ze heeft geprogrammeerd voor hun taak. Ook nu al worden daar successen mee behaald. Ouderen vinden het al snel helemaal niet vreemd om mee te dansen met een robot zoals Zora. Voor verstandelijk gehandicapten zijn robots als Pepper of Phi, met een hoge aaibaarheidsfactor, in korte tijd een echt maatje. En de pratende bloempot Tessa helpt je wanneer je geheugen minder wordt zelfstandig te blijven, door je agenda-afspraken op te lezen en je eraan te herinneren dat je even wat moet drinken.

Nog even over Sofia. Sofia is een zogenoemde humanoïd. Een robot met een menselijk uiterlijk. In haar hoofd, een computer, zit artificial intelligence (AI, oftewel kunstmatige intelligentie). Sofia leert van ons gedrag. En ze herkent onze stem en gezichtsuitdrukkingen. Je kunt met haar een intelligent gesprek voeren, ook al is zij geprogrammeerd. In gesprek gaan met haar betekent nu nog: niet te veel afwijken van de vragen die je met de programmeur hebt afgesproken. Maar dat zal veranderen. Als eerste humanoïd ooit heeft Sophia het staatsburgerschap van het land ontvangen. Deze robot heeft nu officieel het paspoort van het land Saoedi-Arabië gekregen.

Steeds meer apparatuur wordt op het internet aangesloten. Het Internet Of Things (IOT), het internet van de dingen. Je broodrooster, je koelkast, je lichtknopje, je deurbel, enzovoort. Voorwerpen die voorzien zijn van sensoren en onderling communiceren in netwerken. Ook hier leren de systemen erachter van ons gedrag. Straks weten die precies wanneer jij je broodje geroosterd wilt hebben. Of wanneer de melk op gaat, jij het licht aan wilt doen en of er een bekende of een vreemde voor de deur staat. En ze sturen die informatie naar je smartphone en naar de servers van de makers van deze apparatuur. Zodat die makers ons steeds beter leren kennen en met die informatie (data) geld kunnen verdienen.

Voor een paar tientjes haal je een apparaat in huis dat je aansluit op het internet en dat je gesproken commando's geeft. Om de gordijnen te sluiten en het licht aan te doen. Of om je favoriete recept voor te lezen. Deze spraakgestuurde apparaten (voice) kunnen een rol gaan spelen bij mensen die lichamelijke functies missen. Want ze zijn 'frictieloos', dat wil zeggen: het kost je letterlijk geen moeite om ze aan te sturen.

Smartphones hebben dezelfde spraakgestuurde mogelijkheid. Je kunt al rijdend in je auto het commando geven om te appen naar je geliefde dat je in de file staat. Of je smartphone laten voorlezen hoe laat het in New York is. 'Hey, telefoon!'

En dat voorlezen zal al snel ook met jouw eigen stem kunnen. Dit is al mogelijk met een paar minuten opname van jouw stem. Dan laat de programmeur jouw stem al van alles zeggen. Met 'deep fake' kan iedereen gezichten verwisselen in videobeelden. Daar zit een nare kant aan, want wie weet straks zeker dat die politicus die verstrekkende uitspraak in die video echt zelf heeft gedaan? Hoe weet je of het gemanipuleerd is? Maar het kan ook handig zijn, bijvoorbeeld om het apparaat thuis met jouw stem je kind voor te laten lezen, terwijl jij in de keuken staat te koken.

1.4 Leven in een digitale tijd

De OESO (Organisatie voor Economische Samenwerking en Ontwikkeling) deed onderzoek naar hoe het leven van mensen beïnvloed wordt door de wereldwijde digitale transformatie.

Het rapport 'How's Life in the Digital Age? Opportunities and Risks of the Digital Transformation for People's Well-being' kwam in februari 2019 uit [1]. In het rapport worden conclusies getrokken op deze leefgebieden:
- Inkomen en welvaart
- Werkgelegenheid
- Gezondheid

- Onderwijs en vaardigheden
- Werk-levenbalans
- Maatschappelijke betrokkenheid en het openbaar bestuur
- Sociale contacten
- De kwaliteit van het milieu
- Persoonlijke veiligheid
- Subjectief welzijn

Hieruit blijkt dat digitalisering inmiddels impact heeft op vele facetten van ons leven. Nog even los van of deze effecten positief of negatief zijn. Digitalisering is onderdeel van ons dagelijks leven.

Positieve effecten zijn bijvoorbeeld dat digitale technologieën de beschikbaarheid van informatie vergroten en de menselijke productiviteit verbeteren (het is een economisch onderzoek). Maar digitalisering kent ook risico's voor het welzijn van mensen, zoals cyber-pesten, desinformatie en cyber-hacking.

De grote algemene wereldwijde conclusie na dit onderzoek is dat digitalisering voor het welzijn van mensen om gelijke digitale kansen vraagt (digitale inclusie noemen we dat in Nederland), een sterke digitale beveiliging nodig heeft én wijdverbreide digitale geletterdheid vereist (digivaardigheid). Drie op elkaar inwerkende basisvoorwaarden, voor het daadwerkelijk kunnen verbeteren van de levens van mensen.

De situatie in Nederland

De OESO trok ook conclusies per land [2]. Over het digitale leven in Nederland zijn die conclusies best goed, vergeleken met andere landen. Zo profiteren we met elkaar 'substantieel' van de mogelijkheden die de digitale transformatie ons biedt. We hebben vrijwel allemaal toegang tot internet. We gebruiken internet veel en participeren in vele vormen. De OESO stelt dat Nederlanders in hoge mate over digitale vaardigheden beschikken en dat die vaardigheden redelijk gelijkmatig door de hele bevolking heen, te zien zijn. Daar staat tegenover dat we vaker dan in andere landen stress ervaren doordat we werk ook digitaal buiten werktijd kunnen doen. En dat Nederlandse kinderen extreem veel online actief zijn.

Per leefgebied is dit het beeld dat de OESO over Nederland schetst:
- Kansrijk, veel Nederlanders kunnen door digitalisering thuis werken.
- Risicovol, omdat kinderen te maken kunnen krijgen met cyberpesten.
- Inkomen en welvaart
  Kansrijk, een arbeidsmarkt die digitaal transformeert en mogelijkheden biedt (voor hen die digitaal vaardig zijn). We consumeren en verkopen veel online.
- Werkgelegenheid
  Kansrijk, online zijn veel vacatures te vinden en in de ICT is werk.
  Risicovol vanwege de stress die werk veroorzaakt en doordat banen zullen verdwijnen door digitalisering.
- Gezondheid
  Kansrijk, online is veel informatie over gezondheid te vinden en online afspraken maken met zorgverleners is redelijk normaal geworden.
  Risicovol, voor kinderen die extreem veel online actief zijn.
- Onderwijs en vaardigheden

Kansrijk, met onze digitale vaardigheden zit het wel goed. Ook in het onderwijs zijn volop digitale bronnen voorhanden. E-Learning is nog niet echt van de grond gekomen. Risicovol is dat onderwijzers achterlopen op ICT-vaardigheden. (Zou dit vergelijkbaar zijn met sociaal werkers? HV)

- Werk-levenbalans
 Risicovol, omdat we ons buiten werktijd veel zorgen maken om het werk.
 Kansrijk, veel Nederlanders kunnen door digitalisering thuis werken.
- Maatschappelijke betrokkenheid en het openbaar bestuur
 Kansrijk, we kennen een open overheid die digitaal uitstekend te bereiken is, met veel online-informatie voor burgers.
 Risicovol, want een deel van de bevolking heeft moeite die informatie te benaderen. En er is een klein risico op desinformatie.
- Sociale contacten
 Kansrijk, om dat we digitaal veel sociale contacten warm houden.
 Risicovol, omdat kinderen te maken kunnen krijgen met cyberpesten.
- De kwaliteit van het milieu
 Risicovol, de OESO spreekt van een hoge mate van e-waste. Ons digitale leven gaat ten koste van het milieu.
- Persoonlijke veiligheid
 Risicovol, onze digitale beveiliging is niet op orde. Er is een risico op incidenten en onze online-privacy loopt gevaar. (Waarschijnlijk speelt hier mee dat we zoveel online actief zijn. Dan is de kans op incidenten ook meteen groter, HV)
- Subjectief welzijn
 Kansrijk, door digitalisering ervaren we als Nederlanders dat ons leven verbetert.

Een waaier aan kansen en risico's. Het algemene beeld is positief. Maar met kanttekeningen! Juist die kanttekeningen zijn aandachtspunten voor sociaal werkers. Zowel voor de eigen mogelijkheden, als voor die van doelgroepen.

De vraag die je als sociaal werker kunt stellen is deze: *'Hoe zorg ik ervoor dat de vele digitale mogelijkheden die we hebben, ook gaan werken voor mijn doelgroepen? En hoe zorg ik ervoor dat zij vooral de positieve effecten gaan ervaren en gevrijwaard blijven van de negatieve.'* Een begin van het antwoord hierop vind je bij het begrip digivaardigheid (▶par. 1.5).

1.5 Digivaardigheid

» Ik sms wel, ik app wel. Ik lees mijn mails per telefoon en beetje bij beetje leert een collega me af en toe een handeling bij. Soms weet ik niet eens dat iets mogelijk is. Bijvoorbeeld een foto of app-bericht naar mijn mail doorsturen ... ik wist tot vier maanden geleden niet dat het kon. En als je dat niet weet, kun je het ook niet benutten.

Digivaardigheid is kortweg de mate waarin je in staat bent via onlinemiddelen je doel te bereiken. Ben je in staat digitaal te participeren? Ben je vaardig genoeg om bijvoorbeeld je werk te doen, waarbij je steeds meer afhankelijk bent van computers, tablets en smartphones? Weet je de weg binnen apps en sites? En weet je ook wat er met alles wat je online doet, gebeurt?

Er is niet altijd een iets handigere collega of stagiair in de buurt om je te helpen met jouw technologievraagstuk. Dus zul je het toch voor een groot deel ook zelf moeten kunnen. Je leidinggevende (aanname, competenties, intervisie, functioneringsgesprekken) en je doelgroep (zichtbaarheid, bereikbaarheid, deel van hun leefwereld zijn, relaties verdiepen) vragen dat inmiddels ook van je. Digitale vaardigheden maken je 'duurzaam inzetbaar'. En dat is zowel voor jou zelf als voor je werkgever prettig.

Digivaardigheid is van toepassing op een aantal vlakken:
- Ondersteunen
- Aansluiten
- Communiceren
- Organiseren
- Nieuwe balans vinden

Ondersteunen

De digitale kloof is iets waar het sociaal domein mee te maken heeft. Er zijn groepen in de samenleving die niet automatisch mee kunnen komen op de digitale snelweg. We leven in een maatschappij waarin alles wat we willen door computers ondersteund wordt. Je moet daar dus de weg in weten en jezelf digitale vaardigheden eigen maken.

Wanneer het gaat om ontmoeten, geld en uitkeringen, het vinden van werk, leren, het zoeken van informele steun, hulp en informatie zijn sociaal werkers degenen die de weg wijzen naar volwaardige participatie in de maatschappij. Dat vraagt van sociaal werkers dat zij digivaardig zijn.

Ook voor sociaal werkers zelf is dat geen vanzelfsprekendheid. Toch wordt van hen verwacht dat zij daarin doelgroepen kunnen ondersteunen. Sociaal werkers dienen kwetsbare doelgroepen en hun netwerken de weg te kunnen wijzen en bij te kunnen staan. Om te werken aan de inclusieve samenleving, juist in een tijd dat polarisatie oprukt. Digitaal zijn sociaal werkers in staat om dicht bij de doelgroep te staan, deel uit te maken van de levenssfeer van de doelgroep.

Aansluiten

Digitaal kunnen werken biedt de kans aan te sluiten bij groepen die minder vanzelfsprekend tot de doelgroep behoren, maar die wel voor doelgroepen van waarde kunnen zijn. Denk aan informele steunnetwerken zoals familieleden, buren en vrienden waar je als professional online gemakkelijk deel van kunt uitmaken. Sociaal werkers kunnen online deelnemen in initiatiefrijke (lokale) netwerken van inwoners en ondernemers die samen werken aan maatschappelijke thema's.

Via onlinecontact kunnen minder traditionele doelgroepen zoals hoger opgeleiden, die misschien nog nooit een buurthuis vanbinnen zagen, toch worden bereikt en gevraagd actief te worden als vrijwilliger of coach.

Communiceren

Sociaal werkers vinden hun werk soms zo vanzelfsprekend dat ze er niet over communiceren. 'Ik ben als sociaal werker geboren.' Sociaal werkers beseffen onvoldoende dat de buitenwereld soms een vertekend beeld heeft van het werk en daardoor een verkeerde weging geeft aan het werk. Door het vertellen van de verhalen (storytelling) krijgen buitenstaanders, financiers, politici, collega-instellingen en klanten een beter beeld van de waarde die geboden wordt. Dat kan handig zijn voor het wel of niet krijgen van subsidie.

Social media bieden volop kansen om aan storytelling te doen. Laat zien wat je doet. Vertel, schrijf een wekelijkse blog over wat je meemaakt, maak foto's of video's/vlogs, laat je klant aan het woord voor dat krachtige verhaal dat jouw werk in de schijnwerpers zet.

Organiseren

De wijze waarop werk in deze tijd is georganiseerd leunt sterk op ICT en onlinediensten. Dat begint al bij intern communiceren, rapporteren en tijdschrijven. Maar ook steeds meer als het gaat om samenwerken. Apps en tools worden ingezet om het werk uit te voeren. Op thema of activiteit kun je onlinegroepen maken en er samenwerken, zelfs tegelijk in een document, waar je ook bent. Vergeet ook hier niet 'show and tell,' je collega's betrekken bij wat je doet door het ook aan hen te laten zien met onlinepresentaties, foto's en video's die je online zet, bijvoorbeeld op intranet.

Nieuwe balans vinden

Voor het ondersteunen, aansluiten, communiceren en organiseren, worden laptops, smartphones en tablets ingezet. Apparaten waarmee deze taken moeiteloos in elkaar grijpen. Daarmee kun je plaats- en tijdonafhankelijk je werk doen. Het werk wordt op straat, in de winkel, in de bus, op een bankje, aan de keukentafel van de cliënt, maar ook net zo makkelijk thuis en buiten werktijd, uitgevoerd. Een negen-tot-vijffunctie is hiermee achterhaald en sociaal werkers moeten daardoor steeds beter hun eigen grenzen bewaken. Niet iedereen vindt het prettig 's avonds nog appjes van de doelgroep te krijgen. En hoe ga je zelf om met de druk die dat kan geven? Voor iedereen ligt de balans tussen werk en privé anders.

1.5.1 Digivaardiger worden

In 2018 nam 's Heeren Loo als eerste grote zorginstelling het initiatief om al haar medewerkers door het hele land digivaardiger te maken. De aanleiding was tweeledig:
A. Deze begeleiders van verstandelijk gehandicapten kregen in hun werk steeds vaker te maken met cliënten die internet en social media gingen gebruiken, ondanks hun beperkingen. Dat riep natuurlijk vragen op. Hoe begeleid je verstandelijk beperkte cliënten op een manier die hen verantwoord en veilig gebruik laat maken van de mogelijkheden van internet en social media, zonder ze te betuttelen of inbreuk te maken op hun privacy? En hoe kun je cliënten die hiermee een manier van uiten hebben gevonden, bijvoorbeeld door enthousiast te gaan vloggen op YouTube, daar zo goed mogelijk bij ondersteunen?
B. Medewerkers werkten steeds meer met digitale tools, die bijvoorbeeld betrekking hebben op administratie, registratie en dossiervorming. Toen ze gingen tellen, kwamen ze per medewerker op zeventien digitale tools uit die je moet kunnen beheersen om je werk te kunnen doen.

's Heeren Loo stelde een pakket minimale eisen op waaraan iedere medewerker moet voldoen. Aan de hand van deze eisen is een onlineleeromgeving gebouwd. Naast de site heeft 's Heeren Loo ook intern digicoaches opgeleid die ondersteuning bieden aan collega's. Digivaardigheid is opgenomen in de beoordelingscyclus en maakt ook onderdeel uit van het aannamebeleid. Hiermee is er voor geen enkele medewerker, van hoog tot laag, nog langer een excuus om niet digivaardiger te worden (fig. 1.2).

De site is begin 2019 aan VWS beschikbaar gesteld en het platform voor de informatiesamenleving, Electronic Commerce Platform (ECP) werkt hard aan het ombouwen naar andere sectoren. Zoals de ouderenzorg en wellicht later ook voor de GGZ en welzijn.

Figuur 1.2 Screenshot website digivaardigindezorg

Deze site is ook nu al voor werkers in het sociaal domein toegankelijk én bruikbaar! Ondergetekende heeft hiervoor de leerbladen over social media geschreven. Kijk eens op ▶ www.digivaardigindezorg.nl [3].

1.5.2 Mediawijsheid

Naast digivaardigheid is ook de term mediawijsheid in omloop. Een beetje verwarrend misschien. Mijn indruk is dat mediawijsheid als begrip meer in het onderwijs gebezigd wordt. En dat mediawijsheid meer de nadruk legt op digitale communicatie. Andere digitale tools, om te registreren en de administratie te doen, worden hier niet mee bedoeld. Dit is de definitie van mediawijsheid:

» De verzameling competenties die je nodig hebt om actief, kritisch én bewust te kunnen deelnemen aan de mediasamenleving [4].

Vanuit de zorg en het onderwijs is een manifest opgesteld dat verder verduidelijkt waar het bij mediawijsheid om gaat:

» Waarom is mediawijsheid nodig voor de (aankomend) professional in de zorg- en welzijnssector?
  – Mediawijsheid is een onmisbare vaardigheid van de zorg- en welzijnsmedewerker van de 21^e eeuw.
  – Ook voor zorg- en welzijnsmedewerkers zijn media niet meer weg te denken uit hun beroepscontext. Al weten veel medewerkers nog niet hoe ze hun cliënten optimaal kunnen begeleiden bij een leuk online-leven. Daar moeten toekomstige medewerkers zich in ontwikkelen.
  – Het is belangrijk dat cliënten bij het gebruik van media zorgvuldig worden begeleid zodat zij, net als in de rest van hun leven, leren hier zelfstandig op een verantwoorde manier mee om te gaan.

- Voor mensen die zorg behoeven en al deels afhankelijk zijn van anderen is het (extra) belangrijk dat ze niet nóg afhankelijker worden als het om hun onlineleven gaat.
- Mediawijsheid betekent vakbekwaam omgaan met diverse communicatiekanalen en -middelen, informatiebronnen en -systemen op de werkvloer.
- Het is belangrijk dat teamleden elkaar scherp houden en aanspreken op onlinegedrag, zodat er een veilige werkomgeving is. Een constructieve dialoog met collega's, teamleider en cliënten als het gaat om kennis, privacy, en veiligheid van alle betrokkenen is hierbij essentieel [5].

Het aan Mediawijsheid.nl gekoppelde netwerk Mediawijzer.net [6, 7] geeft nog veel meer achtergrondinformatie en is bovendien een netwerk/community van professionals en instituten die zich hardmaken voor mediawijsheid onder kinderen en jongeren.

Hoewel het vooral op ouders en het onderwijs is gericht kun je er ook als sociaal werker je voordeel mee doen. Er zijn onder andere dossiers over social media, veilig internetten, 21^e-eeuwse vaardigheden en de toekomst. En kijk ook even op de site bij *Filter Bubble* en *Deep Fake*.

In dit boek gebruik ik verder vooral de termen digivaardigheid, digitaal vaardig of digivaardig. Daar zit mediawijsheid wat mij betreft ook bij inbegrepen.

1.6 Ethiek

» Ik zie dat collega's in de sociale wijkteams veel werk hebben aan het eindeloos knippen en plakken van hun WhatsApp-contacten naar contacten in het digitaal dossier. Als er nu eens een mogelijkheid is om vanuit het digitaal dossier te kunnen appen, zou dat mooi zijn.

Ja, dat zou mooi zijn. Ik ken een wijkteamwerker die gek werd van de verschillende systemen en alle informatie van cliënten dan maar in Dropbox ging opslaan. Dat is natuurlijk ook niet de bedoeling. Wanneer je digivaardig bent en digitaal je werk gaat doen, loop je direct tegen grenzen aan. Tegen de beperkingen van de software bijvoorbeeld, waar je dan een praktische en werkbare manier omheen probeert te vinden, toch?

» Als beheerder van (company owned) Smartphones zie ik razendsnelle ontwikkelingen en steeds meer 'vroege' adaptie van Apps door onze medewerkers. Op de door ons beheerde Smartphones staat een werkprofiel, met daarbinnen goedgekeurde apps die eventueel cliëntgegevens zouden kunnen bevatten.

De medewerkers hebben vaak niet het geduld om te wachten op goedkeuring en gaan dus, vaak geïnitieerd door cliënten, aan de slag met een app buiten het werkprofiel om.

Veel apps vragen bij installatie ook nog eens om al dan niet relevante toegang tot allerlei functies van de smartphone, zoals opslag en foto's.

Medewerkers realiseren zich vaak niet wat een app allemaal met de gegevens doet, lokaal op het apparaat, maar ook op een server van de (gratis) leverancier. Je hoeft maar een klein gedeelte van de hoorzitting van de Amerikaanse Senaat met Mark Zuckerberg te hebben gevolgd om je naïviteit voorgoed te verliezen.

Wat mag wel en wat mag niet? En waar moet je voor uitkijken? Dat heeft met privacy en beroepsgeheim te maken. Maar ook met het wel of niet kunnen doorgronden (en beoordelen) van de mechanismen achter digitaal actief zijn. Je wilt voorkomen dat je wellicht geheel onbewust en tegen je beste bedoelingen in, toch de mist in gaat.

Ethiek is niet iets dat er maar een beetje achteraan hobbelt. Digitaal vaardig zijn impliceert dat je ethisch 'gevoel hebt' over wat je doet. En dat je ernaar handelt. Niet voor niets lees je er nu al over, hier, in het eerste hoofdstuk. Ethiek is iets wat je vanaf het eerste moment dat je digitaal wil gaan werken mee moet nemen. Om zo zorgvuldig mogelijk te zijn naar je klanten, naar je collega's en naar jezelf als beroepsbeoefenaar. Want … als het uit de hand loopt, zou je het dan achteraf gezien ook zo hebben aangepakt?

1.6.1 Beroepsgeheim

Op LinkedIn ontstond in de groep van de Beroepsvereniging voor Professionals in Sociaal Werk (BPSW) een interessante discussie over het beroepsgeheim. De stelling was dat een sociaal werker toch nooit een sociaal rechercheur mocht worden om fraude op te sporen.

> Een sociaal werker, kortom, handelt in een vertrouwensrelatie altijd in het verlengde van diens cliënt en nooit als verlengstuk van een opsporingsambtenaar.

Dat is een interessante gedachte. Helaas is die met de invoering van wijkteams en de daarbij horende digitale registratiesystemen niet altijd houdbaar.

In de oude, analoge wereld kwam je daarmee weg. Sociaal werkers hielden dossiers bij op een beveiligde harde schijf van hun moederorganisatie. Informatie van cliënten werd niet automatisch gedeeld, daarvoor moest je eerst afspraken gemaakt hebben.

Dat is met de komst van wijkteams en daarmee gedeelde registratiesystemen veranderd. Niet alleen deel je dossiers met collega's in je team, die soms voor heel andere organisaties werken. Je deelt diezelfde dossiers nu ook met de lokale overheid, de gemeente, die de wijkteams heeft opgezet en er de benodigde faciliteiten voor verschaft. Dat delen doe je niet zomaar, maar omdat het een wettelijke taak is vanuit de decentralisatie van het Rijk naar lagere overheden.

Simpeler gezegd: vroeger bleef gevoelige informatie over kwetsbare groepen nog binnen de muren van de eigen instelling. Beschermd door beroepsgeheim en fysieke beperkingen van op zichzelf staande computernetwerken. Nu komt diezelfde informatie daar al niet eens meer terecht.

Gevoelige informatie van inwoners gaat rechtstreeks het gemeentehuis in. We zijn in de nieuwe situatie zo ver gekomen dat de overheid tot in detail zicht heeft op de levens van kwetsbare groepen. Dat je als burger met een probleem door een sociaal wijkteam of centrum voor jeugd en gezin (CJG) geholpen wordt, zorgt er tegelijk voor dat een digitaal dossier wordt aangemaakt. Je staat geregistreerd.

Dat is informatie die ingevoerd is door de hulpverlener die jou de hulp biedt. Wijkteamwerkers vullen immers digitale dossiers met data. Data waar de overheid inzage in heeft. Een beroepsgeheim is daarmee in feite achterhaald. De overheid weet nu van de eindgebruiker (de doelgroep) wie hij is en wat hem mankeert.

Deze informatie blijft niet hangen in het gemeentehuis. Er kunnen twee dingen mee gebeuren:
1. De overheid laat deze data door commerciële bedrijven analyseren (en deelt dit dus met die bedrijven) om er beleid mee te maken. Zo kan ze per wijk zien waar veel ouderen wonen, of waar veel eenpersoonshuishoudens zijn, welke ontmoetingsruimten er zijn,

welke inkomensniveaus er voorkomen, enzovoort. Om zo te kunnen voorspellen waar eenzaamheid een probleem gaat worden. Misschien moet je in zo'n wijk wel meer ouderenadviseurs inzetten.
2. De overheid koppelt allerlei databanken die ze zelf heeft aan elkaar om te analyseren. Het systeem om dat mee te doen heet SyRI, Systeem Risico Indicatie [8]. De overheid wil zo kunnen voorspellen welke personen risicovol gedrag kunnen gaan vertonen. Een opeenstapeling van een uitkering, schulden, verslaving, veel politiecontact, meldingen van burenoverlast, kan ertoe leiden dat iemand gericht gevolgd wordt. Of juist wordt uitgesloten van zaken. Maar volgens de overheid is dit géén middel om burgers te profileren door data bestanden met daarin persoonsgegevens te koppelen en te analyseren. Er loopt inmiddels een rechtszaak tegen de staat onder de campagnenaam '*Bij voorbaat verdacht*' [9].

Er zijn veel nadelen aan deze op algoritmes gebaseerde surveillancesystemen.
- Analyses worden losgelaten op toch al kwetsbare burgers, uit kwetsbare wijken, die daardoor nog eens sterker gestigmatiseerd worden.
- De mensen die geanalyseerd worden weten dat vaak niet en kunnen ook nergens terecht om zich te verweren of hun data uit de systemen te onttrekken.
- Wanneer ergens in de overheidssystemen een fout is gemaakt over jou of je situatie, kan dat jarenlang nadelig doorwerken. Andere overheidsdiensten baseren zich op gegevens die telkens overgenomen worden. Een fout kan zich zo door de overheid heen verspreiden. En niemand weet wat de bron is. Dat kan grote nadelige gevolgen hebben voor iemands persoonlijke leven. Er zijn verschillende gevallen bekend waar dit fout is gegaan.
- Het is heel lastig om een nieuwe identiteit op te bouwen. Ook niet als hun situatie zich verbetert doordat iemand bijvoorbeeld een vast contract te krijgen.
- Hulpverleners en beleidsmakers zien deze data als waarheid. Terwijl menselijk gedrag niet zwart-wit is. Er is weinig ruimte voor nuance als je alleen van cijfers uitgaat.

Ethisch omgaan met en privacygevoeligheid van persoonsgebonden data is hier in gevaar. In zorg en welzijn vullen sociaal werkers in bijvoorbeeld een sociaal wijkteam online dossiers over kwetsbare burgers. Die dossiers kunnen door SyRI gekoppeld worden aan andere databanken binnen de overheid. Dat die gedeelde informatie geanonimiseerd is en een wettelijke basis heeft, doet aan het principe geen afbreuk. De overheid kijkt mee.

>> Een goede reden waarom je als professional uiterst kritisch moet zijn op wat en hoeveel je registreert. Een omslag voor veel managers en uitvoerders in het sociaal werk omdat er jarenlang is opgedragen elke punt en komma goed bij te houden.

1.6.2 Appen of toch maar niet?

>> WhatsApp zit op je telefoon. Wat doe je met die data, die sowieso onder de privacywet valt?

Met name WhatsApp ervaar ik als een probleem: in hoeverre zijn wij als organisatie verantwoordelijk voor onze klanten die in een van onze appgroepen zitten en onderling van alles met elkaar communiceren. Hoe maken wij ze bewust van privacygevoelige aspecten?

Een concrete situatie: de meeste ouders van onze voorschool zijn lid van de WhatsApp-groep van die voorschool. Ze maken soms op de voorschool (tegen de afspraken in) foto's van kinderen waarvoor niet van alle ouders toestemming is en dat belandt dan op de app.

Bijna iedereen gebruikt WhatsApp. Ook professioneel. Het is handig en snel. Je kunt heel laagdrempelig contact hebben als sociaal werker of hulpverlener met je doelgroep. Het is handig om bijvoorbeeld ouders van kinderen te betrekken bij wat er in de groep gebeurt.

Bij jongeren is een-op-eencontact met een jongerenwerker vrij van groepsdruk. Jongeren zeggen in app-contact soms meer en vertrouwelijkere dingen, dan wanneer hun groep vrienden of vriendinnen eromheen staat. En als jongerenwerker ben je ook buiten je werktijd bereikbaar voor ze. Fijn voor jongeren in crisissituaties. Berichten zijn versleuteld (end-to-end-encryptie). Ze kunnen niet worden afgeluisterd.

Toch zijn er bezwaren.

Ten eerste gaan alle WhatsApp-data de grens over naar de Verenigde Staten. Daar gelden andere wetten inzake privacy. De overheid heeft daar veel meer bevoegdheden om mee te kijken.

Ten tweede is WhatsApp opgekocht door Facebook. Een bedrijf dat in 2018 een slechte reputatie kreeg vanwege de onzorgvuldige omgang met gegevens van klanten: zolang je er geld mee kon verdienen mocht alles. En zo werd de belofte, ooit gedaan onder druk van gebruikers, geschonden dat gegevens van WhatsApp-gebruikers nooit zouden worden gekoppeld aan Facebook. En dat er ook nooit commercieel gebruik van mocht worden gemaakt. Nee, dat zouden ze niet doen ...

Ten derde maakt de inhoud van je WhatsApp-gesprekken niet zoveel verschil. Interessanter is het te weten wie met wie contact heeft. En dát is voor WhatsApp/Facebook wel te zien. Daar komen de vriendschapssuggesties vandaan die Facebook je geeft. Het bedrijf analyseert je netwerk en suggereert dat die en die misschien ook wel in je sociale netwerk thuishoren.

Door te kiezen voor WhatsApp/Facebook als communicatiekanaal kies je hier ook allemaal voor. Je hebt er natuurlijk zelf voordeel bij. Maar je geeft ook inzicht in je netwerk en inzicht in persoonlijke omstandigheden, van jezelf en je doelgroepen, aan bedrijven die daarmee andere dingen kunnen doen dan dat jij zou willen (of zelfs maar weet). Dus... als je zou hebben geweten dat dit gebeurt, zou je het dan ook zo hebben aangepakt?

En wanneer er afspraken zijn gemaakt (en gedeeld met iedereen) en je ziet dat bijvoorbeeld een ouder uit het voorbeeld zich daar niet aan houdt? Dan is dat op z'n minst aanleiding die ouder daar even op aan te spreken. Want de verantwoording ligt waarschijnlijk bij jouw organisatie, gezien de AVG-wetgeving (Algemene verordening gegevensbescherming). Je moet ook je klanten soms even bij de les houden.

1.6.3 Afstand en nabijheid

Een klassiek dilemma, afstand en nabijheid van jou, als hulpverlener tot de mensen met wie je mee werkt. Hoe dicht ga je op elkaars huid zitten? Een dilemma dat twee kanten op werkt:
1. Hoe dichtbij kom jij als hulpverlener? Kun je ook te dichtbij komen?
2. Hoe dichtbij laat je jouw cliënt komen? Kan hij/zij ook te dichtbij komen?

Wil jij als hulpverlener alles weten van je doelgroep? Aan de ene kant is het fijn dat je de werkrelatie en daarmee de vertrouwensband die je zo opbouwt, kunt verdiepen door online deel uit te maken van iemands leefwereld. Social media zorgen er voor dat we elkaar steeds beter kunnen volgen.

Stel je voor: Je bent maatschappelijk werker. Je ziet op vrijdagavond, thuis op de bank, op Facebook vrolijke foto's voorbijkomen van jouw cliënt, duidelijk aangeschoten aan de bar van een café. Terwijl jullie maandagochtend een afspraak hebben om de alcoholverslaving van deze persoon te bespreken en de kwalijke gevolgen daarvan te helpen verminderen.

Wat doe je? Ga je deze informatie, die duidelijk niet voor jou bedoeld is, gebruiken door er maandag op terug te komen? Omdat het jullie traject ondermijnt. Met het risico dat je een conflict of zelfs een klacht krijgt. Of laat je het aan de cliënt om erover te beginnen en test je zo de vertrouwensband tussen jullie?

Nu andersom:

Je gebruikt waarschijnlijk zelf social media om in contact te blijven met de mensen die je dierbaar zijn. Daarom deel je wel eens wat uit je privéleven op Facebook, je vakantiefoto's bijvoorbeeld. Van je kinderen in een zwembad. Of je gebruikt Pinterest om ideeën te verzamelen voor de nieuwe inrichting van de slaapkamer. Je bent daarmee voor je cliënt te vinden.

Wat doe je? Vind je het prima dat iemand daar incidenteel een opmerking over maakt en laat je het zo? Omdat je dat zelf ook bij je doelgroep doet en je hebt gemerkt dat het contact er gemakkelijker door wordt. Of ga je na de eerste opmerking gelijk je privacy-instellingen dichtzetten en je Pinterestborden onzichtbaar maken voor anderen?

En hangt het er dan ook nog vanaf of je doelgroep de creatieve groep oudere dames uit de buurt is, of de zedendelinquent die veroordeeld is voor kinderporno?

Dus… hoe zou je dit aanpakken?

Bij zorgorganisatie Philadelphia, waar sociale robot Phi tijdelijk logeert bij en/of ingezet wordt voor begeleiding van verstandelijk beperkte cliënten, is een technisch-ethische adviesraad in het leven geroepen om op technologie gebaseerde vragen een advies te kunnen geven. Voluit heet de raad: Adviesraad van de mensgerichte technologie. Want het bleek dat cliënten snel een vriendschappelijke band opbouwen met Phi. En ook wel eens hun diepste geheimen aan de robot vertellen. *'Weet de cliënt dat de geheimen worden opgeslagen? … Mag je er als organisatie iets mee doen?'* [10].

De conclusie is dat je social media en digitale middelen prima kan gebruiken om er iets mee te winnen. Maar dat je er dus ook iets mee kwijt kunt raken.

1.7 Digitale transitie

De digitale transitie van het sociaal domein wordt nog vrijwel nergens binnen de sector als zodanig benoemd. In andere sectoren is het inmiddels wel een bekend begrip. Wanneer je dit in Google ingeeft, komen er 476.000 hits tevoorschijn. Organisatie omarmen digitalisering om te groeien en om te overleven. Digitale transitie (ook vaak transformatie genoemd) is voor iedere organisatie noodzakelijk om in de nabije toekomst nog te bestaan. Ze biedt nieuwe kansen en zorgt voor meer creativiteit in vergelijking met traditionele werkwijzen. Het begon bij de marketing- en salesafdelingen van bedrijven en organisaties, maar het raakt inmiddels alle onderdelen. Belangrijk is om daarbij 'Digital First' te denken. Hoe kan digitalisering waarde toevoegen aan onze dienstverlening?

De digitale transitie van het sociaal werk/sociaal domein is ook noodzakelijk door een aantal maatschappelijke ontwikkelingen die ik grofweg zal schetsen:

1. Veranderende rollen
2. Netwerksamenleving
3. Netwerkorganisaties

1.7.1 Veranderende rollen

Door digitalisering is een inwoner, cliënt of hulpvrager ineens niet meer de afhankelijke partij, maar kan hij/zij ook respectievelijk initiatiefnemer, vrijwilliger en/of ervaringsdeskundige worden.

Mensen hebben online een stem gekregen. Kijk maar naar de klachtafhandeling door de NS en KLM op social media, die daarvoor hele afdelingen 'webcare' hebben opgericht. Deze afdelingen monitoren de hele dag door wat er over hun bedrijf op het internet gezegd wordt en ze reageren daar actief op. Bij KLM-webcare heeft de klant op die manier zelfs bereikt dat ze binnen een kwartier na een online geplaatste klacht (vertraging/kwijtgeraakte koffer) 'iets' van KLM gehoord moet hebben, zo belangrijk is de wereldwijde onlinereputatie voor deze maatschappij.

Mensen weten zich online ook te mobiliseren met gelijkgestemden. Zie de 'gele hesjesbeweging' die groepen burgers met uiteenlopende belangen en op verschillende plaatsen, zelfs over landsgrenzen, toch onder één noemer naar buiten liet treden. Het gele hesje werd hun symbool, dat het ook op social media op foto's en in video's goed deed. Via Facebookgroepen werd opgeroepen samen te komen in demonstraties. Zo konden ze ook elkaar volgen.

Door digitalisering kan een sociaal werker die het leuk vindt om met zijn smartphone te filmen en daar succesvol mee is, ineens als vlog-specialist ingezet worden in de externe communicatie, om daarmee raadsleden te laten zien wat het werk inhoudt. Dezelfde sociaal werker (ook niet gek) kan vervolgens zijn eigen bedrijf beginnen en zelf werkgever worden van een team dat professionele video's en podcasts verzorgt voor maatschappelijke organisaties.

1.7.2 Netwerksamenleving

Het is niet zozeer van belang wat je allemaal geleerd hebt en wat je kan, maar net zo belangrijk is het of je in staat bent je te verbinden aan anderen. Wie ken jij en wie kent jou? Digitalisering maakt het mogelijk een netwerk op te zetten, in stand te houden en uit te breiden. Het heeft mij, als sociaal werker, geholpen mijn wereld te vergroten, toegang te krijgen tot kennis die anderen hadden, daarmee samen te gaan werken en 'uit mijn professionele sociaal isolement te komen'.

Daarmee bedoel ik dat ik na jaren in een wijk gewerkt te hebben, ontdekte dat er daarbuiten een wereld wachtte waar ik voor mijn werk ook veel aan had. Leuke interessante mensen, makkelijk kennis opdoen, mezelf ook profileren. En bijvoorbeeld een een-op-eenlijntje met de wethouder in een spannende tijd, via Twitter's DM (direct message) dienst. Zonder digitalisering had ik dat gemist.

De zogenaamde 'soft skills' (persoonlijke, emotionele, sociale en intellectuele vaardigheden, ... die kleur geven aan relaties met anderen) [11] bepalen hoe succesvol je binnen de netwerken om je heen bent. Weet jij anderen te overtuigen van de meerwaarde die jij levert? Ben je in staat die tijdelijk en in wisselende samenstelling te leveren? En ben jij in staat om je hiermee online te profileren? Want zeg nou zelf: wie heeft er nou nooit iemand gegoogeld of op LinkedIn gezocht?

1.7.3 Netwerkorganisaties

De soft skills zijn niet alleen toepasbaar op individuen, maar ook op organisaties. Netwerkorganisaties zijn een-op-een gekoppeld aan de netwerksamenleving. Je ziet steeds meer werk verzet worden in samenwerkingsverbanden van tijdelijke aard, met steeds wisselende samenstelling (op basis van wat in een bepaalde fase nodig is) en met nieuwe manieren van werken. Je wordt zelfs aangemoedigd fouten te maken omdat je daarvan leert en de volgende keer een beter product zult maken. De ontwikkeling vindt plaats met behulp van digitale samenwerkingsplatformen en de testgroep van eindgebruikers wordt ook digitaal betrokken.

Dat vraagt wel een andere organisatieopbouw. Heeft je instelling een strakke hiërarchie en wordt er stevig gestuurd op resultaat en efficiënte tijdsinvestering? Of liggen verantwoordelijkheden lager in de organisatie, bijvoorbeeld in de min of meer zelfsturende sociale teams. Krijg je tijd en mogelijkheden om nieuwe dingen uit te proberen? Dit soort teams wordt in hun nieuwe rollen en taken gecoached in plaats van gemanaged. Ze hebben vaak een heldere focus op meerwaarde voor de klant en werken samen met anderen uit hun netwerk om dat mogelijk te maken.

Daar hoort ook bij dat ze (een deel) van hun communicatie doen. Naast e-mail komen dan een Twitteraccount en Facebookpagina's te staan. Dat zijn de middelen om anderen te laten weten wat het aanbod is en waar het gevonden kan worden. Maar ook om voelsprieten in het werkgebied te hebben en informele netwerken te onderhouden met inwoners en instanties.

1.8 Bekende thema's, nieuwe dienstverlening

Digitalisering moet je ook weer niet groter maken dan het is. Natuurlijk, het vraagt aandacht, maar in wezen ondersteunt digitalisering het oplossen van problemen die in het sociaal domein al bekend zijn, maar nu anders kunnen worden aangevlogen.

Neem inhoudelijke problemen waar welzijnswerkers al aan werken als startpunt. Het gaat ook hier niet om het middel, social media of een ander technologisch middel, maar om het doel.

Bijvoorbeeld:
- Isolement
- Eenzaamheid
- Digitale kloof
- e-Overheid
- Vergrijzing
- Mantelzorg
- Schulden
- Burgerinitiatief
- Participatie
- Informeel netwerk
- Deelnetwerken
- Start-ups
- Sociale ondernemingen
- Buurtcoöperaties
- Burgerinitiatieven
- Pop-up sociale projecten
- Empoweren
- Community building
- Leefomgeving
- Gezondheid
- Preventie

- Mantelzorg
- Kennisachterstand
- Sociaal minimum
- Terugtrekking/onttrekking
- Passiviteit
- Armoede
- Structuur
- Weerbaarheid
- Vermoeidheid

Voor elk van deze thema's kun je je afvragen: kan digitalisering helpen om op dit thema verder te komen? Op welke manier maakt digitalisering iets bereikbaar? Dan hebben we het bijvoorbeeld over de volgende voordelen van technologie in een sociale context:

- Geheugensteuntjes
- Contact leggen
- Contact verdiepen
- Op afstand meekijken
- Op afstand meten
- Zelfredzaamheid vergroten
- Druk verminderen
- Veiligheid vergroten
- Veilig leren en oefenen
- Plaats- en tijdonafhankelijk
- 24 uur per dag beschikbaar
- Zichtbaar zijn
- Bereikbaar zijn
- Vanuit huis werken
- Op locatie werken
- Meer regie voor de klant
- Informatie vastleggen
- Informatie delen
- Informatie analyseren
- Toegang verlenen
- Altijd toegang hebben
- Snel wijzigingen aanbrengen
- Snel overzicht krijgen
- Kosten besparen
- Tijd winnen
- Hogere productiviteit
- Innovatie mogelijk maken
- Beter geïnformeerd zijn

In het bedrijfsleven is de term 'digital first' niet onbekend. Daaronder zit de gedachte dat je in de huidige tijd je klanten het best bedient door al bij het eerste contact, ver voor je klant een (betalende) klant wordt, digitaal aanwezig te zijn en meteen waarde toe te voegen. Anders gezegd: meteen betekenisvol te zijn voor de ander.

Kijk maar eens naar een hotelketen. Je wilt op vakantie. Je zoekt op internet naar een hotel. Daar doe je al een eerste indruk op. Je proeft wat van de sfeer en je krijgt de eerste informatie over ligging, service, de kamers en de prijs. Je ziet foto's en video's. Informatie die iedereen wil kennen wordt zo beschikbaar gesteld. Je hebt nog geen mens gesproken.

Vervolgens is het hele reserveringsysteem geautomatiseerd, zodat je nog diezelfde middag de e-tickets in je mailbox hebt. Tot aan je vakantie krijg je af en toe een berichtje van je hotel via hun nieuwsbrief. Je kunt alvast een keuze maken uit de activiteiten die ze in jouw vakantie organiseren.

Ter plekke scan je de barcode vanaf je smartphone en de deur gaat voor je open. Afhankelijk van de gekozen prijsklasse is er wel of geen hostess die je daarbij ontvangt en helpt. En zo gaat het door. Jij als klant bent in alles de centrale figuur. Alles is erop gericht het jou naar de zin te maken en je te ontzorgen. En digitalisering maakt dat mogelijk.

Wat zou er gebeuren als je met die blik naar je huidige werkzaamheden en je huidige werkdoelen zou kijken? Als je eerst bedenkt:
- Hoe kan digitalisering mij hierbij helpen?
- Waarmee zou jij je klant al kunnen helpen nog vóórdat die bij jou over de drempel stapt?
- In welke digitale vorm zou je de informatie die je klant nodig heeft kunnen verpakken en beschikbaar kunnen stellen?
- En hoe kan digitalisering ondersteunen in wat er daarna volgt?
- Welke vormen van nieuwe dienstverlening kunnen er dan ontstaan?

Bronnen

1. OESO wereldwijd rapport 'How is live in the digital age?' ▶ http://www.oecd.org/social/how-s-life-in-the-digital-age-9789264311800-en.htm.
2. OESO-conclusies voor Nederland ▶ https://read.oecd-ilibrary.org/science-and-technology/how-s-life-in-the-digital-age/how-s-life-in-the-digital-age-in-the-netherlands_9789264311800-29-en#page1.
3. Digivaardig worden als sociaal werker ▶ www.digivaardigindezorg.nl.
4. Mediawijsheid-definitie ▶ https://www.mediawijsheid.nl/veelgestelde-vraag/wat-is-mediawijsheid/.
5. Manifest mediawijsheid ▶ https://mbomediawijs.nl/manifest/.
6. Netwerk Mediawijzer: ▶ https://www.mediawijzer.net.
7. Mediawijsheid Competentiemodel: ▶ https://www.mediawijsheid.nl/competentiemodel/.
8. Systeem Risico Indicatie ▶ https://www.security.nl/posting/570528/FNV%3A+Staat+moet+stoppen+met+risicoprofileringssysteem+SyRI.
9. Bij voorbaat verdacht ▶ https://bijvoorbaatverdacht.nl.
10. Zorgvisie.nl, Eerste technisch-ethische adviesraad adviseert rvb Philadelphia ▶ https://www.zorgvisie.nl/eerste-technisch-ethische-raad-adviseert-rvb-philadelphia/.
11. Wikipedia Soft skills ▶ https://nl.wikipedia.org/wiki/Softskills.

De urgentie van digitalisering

Samenvatting

De digitale transitie van het sociaal werk is urgent om verschillende redenen. We moeten uitgaan van een maatschappij die inmiddels sterk ver-digitaliseerd is, met doelgroepen die moeite hebben om digitaal te participeren en die om ondersteuning vragen, met maatschappelijke thema's die digitaal aangevlogen kunnen worden en het vermogen van sociaal werkers om het werk te kunnen blijven doen. De digitale kloof verhindert een deel van de traditionele doelgroepen om te participeren in de maatschappij. Groepen die het ook zonder digitalisering al lastig hadden. Voor het sociaal werk ligt een rol te wachten om de digitale inclusie van deze groepen te (helpen) bevorderen. Bedrijven staan te trappelen om het werkveld te betreden en het radicaal anders aan te pakken. Op basis van de nieuwste technologie en data dreigt disruptie (ontwrichting). De vraag is: ben jij degene die eet, of word je gegeten? In hoeverre kun je relevant zijn als persoon, als organisatie en als sector?

2.1 Inleiding – 25

2.2 Negen urgente redenen – 25
2.2.1 De context is digitaal geworden – 25
2.2.2 Blijven aansluiten als beroepsgroep – 25
2.2.3 Doelgroepen ondersteunen participatie – 25
2.2.4 Het mee-oplossen van grote maatschappelijke problemen – 26
2.2.5 Aansluiten op de zorg die met digitale technologie de wijk in komt – 26
2.2.6 Duurzaam inzetbaar zijn als individuele professional – 27
2.2.7 Innovatie van dienstverlening – 28
2.2.8 De digitale kloof – 29
2.2.9 Het ontstaan van digitaal gerelateerde hulpvragen – 30

2.3 De digitale kloof verder verkend – 30
2.3.1 Soms wordt de kloof langzaam onoverbrugbaar – 30

© Bohn Stafleu van Loghum is een imprint van Springer Media B.V., onderdeel van Springer Nature 2019
H. Versteegh, *Digivaardig sociaal werk*, https://doi.org/10.1007/978-90-368-2351-7_2

2.3.2	Een rol voor sociale wijkteams – 31	
2.3.3	De DigiD-groep – 31	
2.3.4	Bevestigd door onderzoek – 32	
2.3.5	Digitale inclusie – 32	
2.4	Disruptie – 34	
2.4.1	Amazon is op oorlogspad (in de zorg) – 35	
2.4.2	Help je eigen organisatie om zeep – 36	
2.5	Relevant blijven – 38	
2.5.1	Als persoon – 38	
2.5.2	Als organisatie – 38	
2.5.3	Als sector – 39	
	Bronnen – 39	

2.1 Inleiding

Dit hoofdstuk geeft antwoord op de vraag waarom digitalisering zo urgent is voor het sociaal domein. De urgentie wordt verduidelijkt met negen legitieme redenen. Uit die redenen blijkt dat de digitale transitie in het sociaal werk heel serieus te nemen is. Er is een duidelijke rol weggelegd voor deze beroepsgroep en daarnaast helpt digitalisering bij het kunnen voortbestaan van onze organisaties, in de zich alsmaar vernieuwende maatschappij. Daar is het nieuwtje er inmiddels wel zo'n beetje af. Hoog tijd om de inzet van digitale middelen in onze sector professioneel te wegen. De ontwikkelingen wijzen op een toenemend belang, dat de maatschappelijke relevantie van de sector raakt. *'Keep calm and think digital first'.*

2.2 Negen urgente redenen

Waarom is de digitale transitie een onderwerp waar binnen het sociaal domein blijvend aandacht voor zou moeten zijn? Iedere werker, leidinggevende en bestuurder doet er goed aan zich af te vragen hoe je inspeelt op digitalisering. Met welke aspecten krijg jij te maken in je werk? En hoe ga je daar vervolgens mee om? Wat zijn je mogelijkheden en onmogelijkheden? Hierna volgen negen urgente redenen waarom sociaal werkers zich professioneel moeten verdiepen in digitalisering.

2.2.1 De context is digitaal geworden

Digitalisering/sociale technologie heeft sterk te maken met maatschappelijke ontwikkelingen en trends. Zo'n beetje alles in onze maatschappij gaat nu via computers, apps, het web, slimme apparaten, enzovoort. Het is een (de laatste?) grote stap in de ontwikkeling van de mensheid. En we zitten er nog middenin. Digitale technologie is overal en altijd om ons heen. Het maakt ons leven makkelijker. Maar tegelijk ook ingewikkelder. Als werker sta je midden in de maatschappij en krijg je met beide aspecten te maken.

2.2.2 Blijven aansluiten als beroepsgroep

Dat is de achilleshiel van de sociale sector. Van huis uit zijn werkers vaak mensen-mensen. Techniek heeft niet hun grootste interesse. Werkers hebben de neiging weg te kijken en te hopen dat het overwaait. Dat zal niet gebeuren. Doelgroepen en (werk)processen doen een beroep op digitale vaardigheden van werkers. Niet meedoen is jezelf buitenspel zetten. Als beroepsgroep stevig inzetten op digitalisering biedt juist de kans om relevant en van betekenis te blijven voor de samenleving. Zie de volgende punten.

2.2.3 Doelgroepen ondersteunen participatie

» Bijhouden wat er allemaal via internet, buurtapps, Facebook enzovoort in de wijk of buurt te doen is? Leuk voor af en toe, maar ik verlies mezelf erin, laat staan dat ik bewoners er fatsoenlijk op kan attenderen. Ik doe het wel en geef aan dat ze maar een zoon/dochter/kleinkind moeten vragen om hen verder te helpen.

Nu participeren betekent dat je digivaardig moet zijn. Wie zelfredzaam wil zijn, zal op internet zijn zaakjes moeten kunnen regelen. Denk aan sociale voorzieningen aanvragen, een OV-kaart aanschaffen, inloggen met DigiD, solliciteren op een (online geplaatste) vacature, enzovoort. Maar ook ons betekenisvolle sociale (informele, steun)netwerk warm houden, doen we massaal online. Niet binnen kantoortijden maar 24/7.

Professionals moeten zich daar bewust van zijn en in staat zijn om zelf digitaal te ondersteunen, of voorzieningen op te zetten of te vinden waar de doelgroep die ondersteuning kan krijgen. Dit is zeker voor de doelgroepen van het sociaal werk van belang.

2.2.4 Het mee-oplossen van grote maatschappelijke problemen

De wereld kent eenzaamheid, gezondheids- en cohesieproblemen. Digitalisering biedt kansen om bij te dragen aan een betere wereld. Wanneer mensen de deur niet uit – kunnen – komen kan via internet toch een venster op de wereld geboden worden. Sociale media en beeldbellen zorgen voor menselijk contact zonder fysieke nabijheid. Hoogleraar Lilian Lechner heeft het gebruik van social media onder ouderen onderzocht en beweerde in *de Volkskrant* '*dat gebruikers van sociale media hoger scoren op welzijn en lager op eenzaamheid*' [1].

Wanneer werken binnen een bedrijf een onmogelijkheid is, kan iemand wel zelf een onlinedienst gaan aanbieden en zo zelfstandig inkomen verwerven/participeren. Via apps en gamification-elementen worden mensen aangespoord te sporten en hun gezondheid te monitoren. En het was nog nooit zo makkelijk om de levens van dierbaren te volgen zonder dat je elkaar alleen treft op de verjaardag van je tante. Maar ook op straatniveau kunnen buren per appgroep iets voor elkaar betekenen zonder dat je bij elkaar over de vloer komt. Dit zijn kansen die werkers kunnen initiëren en uitbouwen.

Een groep creatieve oudere dames in een buurthuis heeft waarde voor de deelnemers omdat er sociale verbanden onderhouden worden. Zo'n groep kan een digitaal verlengstuk krijgen met een WhatsApp-groep, om ook buiten de wekelijkse activiteit contact te hebben en dingen te ondernemen. Of ze kunnen kiezen voor een vangnet-achtige insteek zoals vroeger de belcirkels, om te weten wie er mogelijk hulp nodig heeft op enig moment. Sociale cohesie en zorg komen zo samen met een aangename dagbesteding.

Een ander aspect aan de grote maatschappelijke opgaven is dat ze niet exclusief door overheid en sociale sector opgelost moeten worden. Soms zetten zeer lokale coalities van betrokken inwoners en start-ups hier ook hun tanden in, vanuit hun directe betrokkenheid. Voor hen zijn het internet en digitalisering middelen om zich te organiseren, financiering te vinden, deuren te openen via onlinenetwerken, van zich te laten horen en anderen aan zich te binden.

2.2.5 Aansluiten op de zorg die met digitale technologie de wijk in komt

In de zorg is de trend ingezet dat zorgverlening bij de mensen thuis, in de wijk geleverd wordt. Tal van digitale diensten, apps en digitale apparaten maken dat mogelijk. De overheid ziet hierin kansen om de zorgkosten omlaag te brengen en tegelijk het arbeidstekort in de zorg tegen te gaan. Er gaat veel geld naar de ontwikkeling van zorggerelateerde technologie. Zo krijgen we een Persoonlijke Gezondheids Omgeving (PGO, vervolg op het geflopte EPD) en voor aanbieders daarvan worden standaarden rondom informatie-uitwisseling en -opslag ontwikkeld door MedMij en de Patiëntenfederatie in samenwerking met het ministerie van VWS.

Voor (chronische) zorgbehoevenden betekent het dat ze minder vaak naar het ziekenhuis of de huisarts hoeven, wat minder belastend is voor het dagelijks leven. Zij kunnen via zelfmonitoring en digitale verbindingen medische gegevens doorgeven aan verpleging en artsen. Wanneer afwijkingen geconstateerd worden, nemen die contact op met de patiënt.

In wijken en dorpen kunnen mensen die voorheen naar verzorgingshuizen verhuisden, nu in hun woning blijven wonen. Ze worden er niet minder hulpbehoevend door, maar de zorg bereikt hen anders. Digitale zorg maakt het mogelijk. Misschien biedt het ook mogelijkheden voor aanvullende diensten, zoals een taxidienst, opgezet vanuit de welzijnsorganisatie. Of maaltijdservice, medicijnbezorging, nieuwe ontmoetingsactiviteiten, enzovoort. Het sociaal werk kan hierin de mediator zijn tussen zorgvragers en vrijwilligers. Je ziet nu al vaak dat vrijwilligers mantelzorgondersteuning leveren.

Met digitale technologie komen ook data over de stand van zaken in de wijk of het dorp beschikbaar. Uit demografische gegevens, gegevens over inkomens, opleiding, samenstelling van het huishouden enzovoort kan een actueel beeld gevormd worden, met beleid als gevolg. In een vergrijzend dorp kan zo tijdig extra ouderenwerk ingevlogen worden. In een wijk met veel aanstormende tieners: extra jongerenwerk.

Werkers kunnen op basis van digitale data én hun ervaring conclusies trekken over wat nodig is, en innovatieve diensten ontwikkelen. Voorwaarde is dan wel dat de sociaalwerkorganisaties en of het sociaal wijkteam toegang hebben tot die data. Gemeenten zijn daarin een belangrijke bron. Hier valt nog veel te winnen.

2.2.6 Duurzaam inzetbaar zijn als individuele professional

Een sociaal professional is nooit uitgeleerd. Dat is een van de mooie dingen van het vak. Je leert steeds iets bij, naargelang de omstandigheden dat vragen. Want je wilt je werk goed kunnen blijven uitvoeren. En je werkgever vraagt dat ook van je. In het sociaal werk zijn daar competenties voor opgesteld. Daar dienen werkers grotendeels aan te voldoen en ze worden erop afgerekend in functioneringsgesprekken.

Wie de competenties goed leest, ziet dat er een paar competenties zijn die impliciet verwijzen naar digitalisering en wat dat met zich meebrengt. Je moet dan wel goed zoeken. Zo wordt er van sociale professionals verwacht dat ze kunnen netwerken, signaleren, activeren, enzovoort. En ergens staat ook beschreven dat ze social media moeten kunnen toepassen. De vereisten van de digitale transitie zijn nog nauwelijks vertaald in deze competenties. Dit vraagt van werkers vooralsnog enige creativiteit en pioniersgeest.

Nou is digitalisering zelfs voor stagiaires en net afgestudeerden geen vanzelfsprekendheid. Misschien speelt hun sociale leven zich wel voornamelijk online af. Maar ook zij moeten de kansen en mogelijkheden van digitalisering in een arbeidscontext leren zien. Vanuit je werk een Facebookbericht opstellen voor wijkbewoners is toch iets anders dan je beste vriendin een selfie sturen. Deze net afgestuurden hebben een voorsprong als het gaat om gewenning aan digitale middelen. Maar ze hebben nog weinig ervaring in het veld.

Oudere medewerkers hebben op hun beurt veel ervaring in het veld, maar niet zelden een digitale achterstand, omdat ze nog niet altijd vertrouwd zijn met sociale technologie. Vaak hebben werkers privé wel Facebook en WhatsApp, maar diezelfde middelen toepassen in het werk doet bij sommigen het koude zweet uitbreken. Die onzekerheid is een van de redenen voor dit boek.

◘ Figuur 2.1   Innovatie van dienstverlening

Beide groepen kunnen dus van elkaar leren. En samen zijn ze in staat de huidige dienstverlening naar een eigentijds niveau te tillen. Met deskundigheidsbevordering op digitaal vlak en coaching op innovatie zijn ze vanuit beide aanvliegroutes in staat creatief te kijken naar het eigen handelen en de problematiek van de doelgroepen. Mits de organisatie ze hierin ondersteunt en de ruimte geeft, ook om fouten te mogen maken.

Los hiervan is het natuurlijk voor iedereen die werkt belangrijk om bij te blijven. Een medewerker zal basale computervaardigheden moeten bezitten om te kunnen solliciteren (online!), om te e-mailen, om de registratie te doen en om tijd te schrijven. Daarnaast zijn er apps en sites die helpen het werk vast te leggen, te structureren en inzichtelijk te maken.

Bijscholing op digitale vaardigheden is essentieel om duurzaam inzetbaar te zijn als werknemer in het sociaal domein.

2.2.7   Innovatie van dienstverlening

Met digitale vaardigheden kunnen medewerkers de bestaande dienstverlening en producten van de organisatie anders benaderen. Digitale kennis kan ertoe leiden dat mogelijkheden ontdekt worden waarmee verbeteringen of aanvullingen doorgevoerd kunnen worden. Voldoet de dienstverlening nog in deze digitale tijd? Of kan er een online variant van gemaakt worden? Het opent ook de weg naar volledig nieuwe vormen van dienstverlening die voorheen niet mogelijk waren (◘fig. 2.1).

Nieuwe diensten kunnen helemaal online bestaan, zoals chatten met maatschappelijk werkers die ook buiten kantoortijd bereikbaar zijn. In plaats van chatten kun je ook online-beeldverbindingen benutten. Onlinehulpverlening of e-hulp heeft zichzelf al bewezen, omdat het voor de klant prettig is. Op zijn of haar gekozen moment, op de zelfgekozen plek staat de ontvanger open voor hulp en ondersteuning. Dat legt minder druk op de ontvanger, en de kans dat ondersteuning effectief is neemt net als de motivatie toe. Van de werkers vraagt het wel een extra set digitale vaardigheden omdat in de communicatie vaak doorgevraagd moet worden hoe iemand erbij zit en hoe de boodschap ontvangen wordt door de hulpvrager. Maar dat is te trainen.

Digitalisering biedt mogelijkheden om de organisatie en de werkers zelf te profileren. Op manieren die aansluiten bij de tijdsgeest en die gebruikmaken van nieuwere marketingtechnieken als *social selling* en *story telling*. Deze communicatie heeft een sterk persoonlijk kenmerk. Een moderne organisatie wil de klant graag persoonlijk aanspreken en een menselijk gezicht tonen. Medewerkers zijn daarin belangrijke ambassadeurs van de organisatie en bieden dat menselijke gezicht. Social media zijn hier heel goed bruikbaar. Voor medewerkers in sociale organisaties is het niet anders dan de vaak innige relaties die zij nu al met hun doelgroepen hebben. Je neemt jezelf mee in het werk en doet het vanuit je hart. Digitalisering biedt de mogelijkheid die relaties te verdiepen door ook buiten de fysieke contacttijd elkaar te volgen. En tegelijk nieuwe relaties makkelijk aan te knopen.

Een stap verder is dat digitalisering het mogelijk maakt om nieuwe organisatievormen te starten. Organisaties die uitgaan van community's/netwerken, soms per project een wisselende en tijdelijke samenstelling hebben, met een gedeelde visie, veel ruimte voor creativiteit en snel kunnen inspelen op wat nodig is. Je ziet dit bijvoorbeeld terug bij nieuwe bewonersinitiatieven in dorpen en steden, waarin bewoners samen een lokaal maatschappelijk knelpunt zoals sociale samenhang aanpakken, die wordt gedragen door een stevige onlinecommunicatie, zowel intern als extern en een platte organisatiestructuur.

2.2.8 De digitale kloof

» Er zijn in Nederland 2,5 miljoen laaggeletterden en een miljoen digibeten voor wie het versturen van een e-mail al ingewikkeld is. 'Onze informatiesamenleving lijkt hen te vergeten, er ontstaat een digitale kloof' waarschuwde het Sociaal en Cultureel Planbureau vorig jaar [2].

» Staatssecretaris Knops wijst erop dat rond de 2,5 miljoen Nederlanders laaggeletterd zijn. Eenzelfde aantal vindt het moeilijk om te werken met digitale apparaten, zoals een computer, smartphone of tablet. 1,2 miljoen Nederlanders hebben nog nooit internet gebruikt, aldus de staatssecretaris. Ook op het werk zorgt digitalisering vaak voor problemen. Soms zorgt het ervoor dat mensen hun werk niet goed kunnen doen [3].

Het sociaal domein heeft een rol om mensen bij hun zelfredzaamheid en participatie te ondersteunen. Daar hoort in deze tijd ook dit fenomeen bij. Een naar gevolg van digitalisering. Hoe voorkomen we dat de kloof te groot wordt? Hoe voorkomen we dat mensen het niet meer bij kunnen benen en de maatschappij de rug toe keren? Dat vraagt digivaardige werkers die in wijken en instanties hun doelgroepen met kennis en daden kunnen bijstaan.

Zie ook ▶ par. 2.3.

2.2.9 Het ontstaan van digitaal gerelateerde hulpvragen

Denk aan internetverslaving, gameverslaving, psychische druk (fear of missing out), sexting, cyberpesten, enzovoort. Stuk voor stuk nadelige bijwerkingen die ontwrichtend kunnen werken op levens, in community's en binnen informele netwerken.

Als sociaal werker heb je hierin een signalerende functie. Je ziet of hoort wel eens wat. Misschien denk je nu nog niet snel aan een digitale oorzaak, maar het zou in deze tijd best kunnen.

Stel dat een wat stillere jongere zich liever afsluit in een game dan dat hij meedoet aan een leuke activiteit in het jongerenwerk. Vraag jij je als werker dan af hoeveel uur per dag hij gamet? Ga je erachter proberen te komen of hij nog normale sociale contacten heeft? Hoe het met zijn geestelijke en lichamelijke gezondheid is? Hoe het met zijn schoolprestaties gaat? En als je door krijgt dat het niet goed gaat, weet je dan waar je hulp kunt krijgen?

Misschien ga jij een activiteit opzetten voor anderen in dezelfde situatie? Je speelt dan in op een nieuwe hulpvraag, of op een bekende hulpvraag maar met een nieuwe oorzaak. Een oorzaak die ligt in de nieuwe media en digitale wereld. Later komen we hier op terug.

2.3 De digitale kloof verder verkend

Digitale middelen kunnen veel betekenen in het sociale domein. Prachtige kansen voor burgers/mensen om een netwerk op te bouwen, kennis op te doen, aan hun gezondheid te werken, ervaringen en spullen te delen en aan geld of werk te komen.

Tegelijk zijn er zorgen over groepen in de samenleving die digitale vaardigheden missen. Mensen die niet uit zichzelf in staat zijn mee te komen op de digitale snelweg. Voor wie de afstand tot de online-netwerksamenleving impact heeft op alle facetten van het leven.

2.3.1 Soms wordt de kloof langzaam onoverbrugbaar

Groepen die last hebben van de digitale kloof zijn bijvoorbeeld (licht) verstandelijk beperkten, analfabeten, ouderen, mensen met een psychische stoornis en mensen die de taal niet goed kennen. Ook mensen die vanwege armoede of schulden het geld niet hebben om computers, tablets en smartphones aan te schaffen dreigen op achterstand te raken.

Het gaat ook over mensen die door een stapeling van problemen het bijltje erbij neergooien. Ze hebben te lijden van een traumatische gebeurtenis of van discriminatie, uitbuiting en laaggeschoold werk, psychosomatische of lichamelijke klachten, spanningen, huiselijk geweld, armoede, schulden, een klein of helemaal geen netwerk, afhankelijkheid van een uitkering, drankproblemen, dreigende uithuisplaatsing, sociaal isolement, enzovoort.

Het gaat om mensen die zichzelf onttrekken aan de maatschappij, moedeloos geworden. Hun overzicht is verloren gegaan. Zij weten niet waar ze moeten beginnen en komen er op eigen kracht niet meer uit. Leren met de computer is het laatste waar ze aan denken. Zo komen ze in een vicieuze cirkel. De kloof wordt langzaam onoverbrugbaar.

2.3.2 Een rol voor sociale wijkteams

> We hebben een prachtige online tool, een platform, om vraag en aanbod in het informele sociaal domein bij elkaar te brengen. In de praktijk van het wijkteam heb ik echter gemerkt dat juist de sociaal zwakkeren (die de input van de tool goed kunnen gebruiken) deze tool niet zelf benutten. Hun geringe sociale inzicht maakt hen extra kwetsbaar in het toelaten van anderen ('vreemden') in hun leven en andersom. Daardoor belandden wij weer bij het oude handwerk om op basis van bekende relaties mogelijkheden van mensen voor elkaar te ontsluiten. Bewoners die met een hulpvraag kwamen, werden ook uitgedaagd om er te zijn voor anderen. Dat gaf mooie verbindingen en tevens konden we als wijkteam een beetje in de gaten houden of de hulpbieder zichzelf niet te veel belast. Kortom: het platform is zeker nuttig, maar bij kwetsbare mensen vergt het toch dat er iemand meekijkt.

Sociale wijkteams krijgen te maken met hulpvragers die het tijdelijk, maar ook vaak langer, niet zonder ondersteuning redden. De kans is aanwezig dat deze mensen digitale vaardigheden missen om ook in de digitale wereld te kunnen participeren, waardoor ze afhankelijk zijn van anderen.

De vraag die dit oproept, is of sociale wijkteams als taak hebben om die digitale vaardigheden te helpen ontwikkelen. Vanuit het idee de 'eigen kracht' en zelfredzaamheid van hulpvragers aan te spreken zou je dat misschien mogen verwachten, maar vanzelfsprekend is het niet. Er is op dit gebied, cliënten ondersteunen zelf hun weg te vinden op de digitale snelweg, nog een wereld te winnen. Hierna volgt een voorbeeld (de DigiD-groep) van hoe je dat vanuit een wijkteam vorm zou kunnen geven.

2.3.3 De DigiD-groep

Wanneer je geen computer hebt, geen e-mailadres, of geen tijd en geld om je nieuwe digitale vaardigheden eigen te maken, dan is de drempel om te kunnen participeren in deze tijd hoog.

Deze groep mensen kan gebaat zijn bij kleinschalige digitale (wijk)servicepunten waar mensen geholpen kunnen worden bij het gebruik van internet en waar zij kunnen oefenen op hun niveau. Ken je de 'digitale trapveldjes' nog?

Een mooi voorbeeld is ook de DigiD-groep. De DigiD-groep sluit aan op de Sorteergroepen van U-Centraal in Utrecht, waarbij administratieve hulp geboden wordt aan mensen met een veelheid aan problemen. Uit de Sorteergroep krijgen deelnemers regelmatig online uit te voeren actiepunten. In de DigiD-groep kan dat, onder begeleiding. Er is geen programma. Dat wat mensen zelf moeten regelen, is leidend.

> Een medewerkster: "Wij moeten ze uit de problemen helpen van Werk en Inkomen (Gemeente Utrecht, HV). Digitalisering is een heel belangrijk onderwerp om mensen zelfredzaam te maken. Als mensen een steuntje krijgen en er samen even achter gaan zitten, dan lukt het! Bijvoorbeeld in de DigiD-groep. En dan blijkt dat het eigenlijk heel leuk is."

Het is onbekendheid. In feite zijn ze heel onzeker. Ze hebben dit vaak nog nooit gedaan. Je moet er dus de tijd voor nemen om het te leren. Dat blijkt dan met enige aandrang prima te werken. Je moet mensen een andere mindset geven. Ze zitten daarnaast op een heel ander communicatievlak. Het gaat in heel veel culturen niet zoals wij het in Nederland gewend zijn. Sneller. Dan hebben zij al een enorme achterstand. Voor het communiceren op de digitale snelweg moet je toch een bepaalde handigheid hebben. En heel veel mensen zijn daarin toch minder handig.

De DigiD-groep werd samen met een collega opgezet. In hun netwerk vonden zij een vrijwilligster die kennis heeft van psychosociale problemen en een vrijwilliger met ervaring bij het Rode Kruis.

Ook in andere steden zie je vrijwilligers in de rol van administratieve vraagbaak met wekelijks een inloopspreekuur. Daar wordt de tijd genomen met de inwoner samen online zaken te regelen en uit te zoeken. Zoals bij Samen Doen in Almere, waar de vrijwilligers zijn aangehaakt bij de sociale wijkteams. Zozeer zelfs dat zij als voorportaal van het wijkteam werken. Wie niet (verder) geholpen kan worden door de vrijwilligers wordt warm overgedragen aan het wijkteam.

2.3.4 Bevestigd door onderzoek

In het advies aan gemeenten over (digitale) informatievoorziening van Alares in opdracht van de Vereniging van Nederlandse Gemeenten (VNG) en het Kwaliteitsinstituut Nederlandse Gemeenten (KING, sinds 1 januari 2018: VNG Realisatie) in samenwerking met De Digitale Stedenagenda werd gezocht naar antwoord op de vraag *'Hoe zorg je als gemeente voor een goede (digitale) informatievoorziening op het gebied van zorg en welzijn?'* Het onderzoek richtte zich op *'de inrichting van de informatievoorziening in het sociaal domein in het kader van de decentralisaties.'*

De onderzoekers onderkennen dat het voor sommige groepen *'een uitdaging is om toegankelijke en betrouwbare informatie te vinden over zorg en welzijn. Gemeenten kunnen een belangrijke rol spelen als gids en begeleider in het doolhof van de informatievoorziening, met name vanwege hun onafhankelijke positie en toegankelijkheid.'*

Persoonlijke bereikbaarheid blijft volgens het rapport van belang, ook bij een digitale overheid die het doel heeft vertrouwen te bouwen bij de burger. Zowel sociale wijkteams, andere professionals en de Klant Contact Centra (KCC's) moeten dat vertrouwen laten groeien door hun cliënten goed en adequaat te verwijzen.

Alares ziet voor gemeenten een rol in het ontsluiten van de vele digitale informatie die al voorhanden is voor burgers. Het rapport pleit voor het oprichten van een Informatieplatform Sociaal Domein (IPSD). Een overzicht voor de burger met informatie over en vanuit het sociaal domein. Het IPSD maakt duidelijk welke organisaties verantwoordelijk zijn voor welke vragen. En het geeft ook inhoudelijk antwoorden.

Er is al veel informatie voorhanden via het internet. Gemeenten zouden die kunnen ontsluiten via een IPSD. De hulpverleners moeten daar de weg in weten te vinden om hun cliënt te kunnen ondersteunen. En tegelijkertijd moet er ook altijd de mogelijkheid zijn om een mens te spreken (via de telefoon of aan de balie) [4].

2.3.5 Digitale inclusie

Dat de digitale kloof er is wordt ook door de overheid erkend. En ook dat dit een maatschappelijk ongewenste ontwikkeling is. Immers, die overheid leunt zelf zwaar op digitalisering en op digitale communicatie met burgers. Er zitten ook economische nadelen aan wanneer een deel van de arbeidzame bevolking onvoldoende digitaal vaardig is. Dat kost de BV Nederland geld. Los van wat het met iemands eigenwaarde doet wanneer je het gevoel hebt aan de kant te staan.

2.3 · De digitale kloof verder verkend

Eind 2018 verscheen een Kamerbrief van de staatssecretaris van Binnenlandse Zaken en Koninkrijksrelaties, dhr. Knops, waarin de Tweede Kamer werd geïnformeerd over het programma dat ingezet werd om de digitale kloof te verkleinen en de digitale inclusie te vergoten [5]. Dat programma belooft veel goeds:

» We hebben twee plannen gemaakt: de Nederlandse Digitaliseringsstrategie en de Agenda Digitale Overheid: NL DIGIbeter. Een belangrijk doel van deze plannen is: iedereen kan meedoen in de (digitale) samenleving. Dit noemen we "digitale inclusie"
We willen voorkomen dat mensen worden buitengesloten. (…) Daarom gaan we inspelen op wat mensen willen en wat ze nodig hebben.

Ambitie genoeg dus. Iedereen laten meedoen in de digitale samenleving is nogal wat. En ook daar is men zich in Den Haag bewust van. *'Het verbeteren van digitale inclusie is een grote uitdaging. Het gaat tijd kosten en er moeten veel verschillende partijen gaan samenwerken. De verschillende plannen moeten elkaar versterken.'*
Er werden in deze Kamerbrief vier doelen geschetst om dit hogere einddoel waar te maken:

» 1. Digitale diensten voor iedereen makkelijker maken.
2. Mensen helpen om met digitalisering om te gaan.
3. Uitleggen wat de gevolgen van digitalisering zijn.
4. Samenwerken met bedrijven en andere organisaties.

De digitale diensten onder punt 1 zijn vooral de overheidsdiensten zelf, die gemakkelijker toegankelijk moeten worden gemaakt. Iedereen moet toegang hebben tot de overheid en de informatie van de overheid kunnen begrijpen. Punt 2 is interessanter in de context van het sociaal domein, mensen helpen om met digitalisering om te gaan:

» Omgaan met digitalisering is net zo belangrijk als lezen, schrijven en rekenen. (Urgentie onderkend! HV) Daarom doet de overheid nu al veel om mensen erbij te helpen. Maar het is niet genoeg. Daarom gaan we nog meer hulp geven. Als ministerie van Binnenlandse Zaken en Koninkrijksrelaties (BZK) zijn wij verantwoordelijk voor de digitale overheid. We gaan meer samenwerken met andere overheidsorganisaties. Bijvoorbeeld met ministeries die werken aan sociale zaken en aan onderwijs. En ook met gemeenten, want zij hebben direct contact met de mensen die extra hulp nodig hebben. Veel organisaties helpen mensen met lezen, schrijven en omgaan met digitalisering. Bijvoorbeeld de bibliotheek en Stichting Lezen en Schrijven. Die organisaties lukt het nog niet om iedereen te bereiken. Daarom gaan we verder onderzoeken waarom iemand wel of niet meedoet met digitalisering.

Er zijn al veel mensen die anderen willen helpen met taal en digitalisering. We gaan dit netwerk van ondersteuning vergroten en versterken. Zo kunnen we nog meer gebruikmaken van de kennis en ervaring die er al is.

Hier ligt een kans voor een nieuwe rol van het sociaal domein. In plaats van het initiatief over te laten aan de overheid, met daarbij de bibliotheken als preferente uitvoeringsorganisatie, ligt hier voor een slimme ondernemende bestuurder of werker een kans om al bekende doelgroepen op een ander, nieuw vlak ten dienste te zijn.

Misschien in samenwerking met de bibliotheek, die de beoogde doelgroep niet altijd zelf kent. Het sociaal domein kan helpen deze groepen over de drempel te helpen en toegang te geven tot de daar geleverde digitale ondersteuning. En anders wellicht door zelfstandig de eigen dienstverlening een innovatieve impuls te geven en/of uit te breiden. Ik ben benieuwd naar de businesscases.

Ook punt 4 kan in dit verband interessant zijn. Er wordt samenwerking gezocht met organisaties en bedrijven. Je zou kunnen denken dat een ander dus de problemen die de overheid heeft gecreëerd, mag gaan oplossen. Je kunt je daar ook overheen zetten en bedenken wat jij zou kunnen bijdragen zodat je er ook zelf een goed gevoel van krijgt (en bijbehorende inkomsten …).

> Sinds de zomer (de zomer van 2018, HV) denken verschillende organisaties in een netwerk samen na over digitalisering. Dit netwerk heet de 'Alliantie digivaardig Nederland'. We gaan dit netwerk vergroten en slimmer gebruiken. Zo willen we in Nederland nog meer kennis en ervaring met elkaar delen. In een digitale samenleving moeten overheden, bedrijven en andere organisaties samenwerken. Zo weten ze waar ze mee bezig zijn en kunnen ze elkaar helpen. Samen kunnen ze het dan makkelijker maken voor de burger. Aandacht voor digitalisering kan altijd beter. En dat moet ook. Samen werken we aan een Nederland waarin iedereen (digitaal) mee kan doen. In 2019 informeer ik u verder over onze aanpak.

Het moment om digitalisering op te pakken en om te zetten in acties is daarmee aangebroken. De tijd is er rijp voor. De overheid zoekt naar mogelijkheden en partnerschappen. 2,5 miljoen mensen moeten meegenomen worden in de vaart der volkeren, het Nederlandse volk in dit geval. Van digitale kloof naar digitale inclusie. Was het sociaal domein ook niet bezig met het werken aan een inclusieve samenleving?

2.4 Disruptie

Wanneer we wachten met digitale inclusie lopen we met elkaar het risico links en rechts ingehaald te worden. Ik noemde al de bibliotheken die vanuit de overheid de taak hebben om digitale cursussen aan te bieden.

Nog niet zolang geleden liepen in buurthuizen jongeren uit de wijk digitale trapveldjes in. Ik heb er zelf ook in gewerkt, als sociaal werker. Want die nieuwe gesubsidieerde computers waren stukken beter dan het oude barrel op mijn eigen bureau. Maar wat is ervan overgebleven? En waarom is deze ontwikkeling niet doorgezet, met de buurthuizen als vindplaats voor juist die groepen die in de maatschappij achterblijven (en ook niet zelf de bibliotheek in gaan, omdat ze niet kunnen lezen en schrijven …).

Moeten we onszelf beter op de kaart zetten, als mogelijke en logische partner in het streven naar digitale inclusie? Kan dat? Past dat bij ons? Past dat bij het imago dat anderen van de sector hebben? Kunnen we dat imago beïnvloeden? Kunnen wij transformeren? Het sociaal domein heeft aangetoond dat het een dergelijke slag prima kan maken, als de druk van buitenaf maar groot genoeg is. Zie de hele kanteling met de Wet maatschappelijke ondersteuning (WMO), de Participatiewet en veranderingen in de Jeugdzorg.

Disruptie in sociaal werk? Het zou kunnen, denk ik. En misschien is het ook van levensbelang. Maar waar komt disruptie vandaan? Wie of wat is een bedreiging voor de manier waarop we nu werken en georganiseerd zijn? Hebben we dat in de gaten? Of is er een blinde vlek?

Het verleden heeft laten zien dat het zomaar ineens gedaan kan zijn met je. Er waren grote en heel bekende bedrijven die het toch niet gered hebben. Doordat andere en nieuwe spelers op de markt kwamen, die het anders en beter gingen doen.

Twee inmiddels klassieke voorbeelden van disruptie zijn:

Kodak dat ten onder ging aan een verkeerde inschatting van de opkomst van digitale fotografie ('mensen willen toch wel graag een afdrukje').

V&D dat ten onder ging aan webgigant Coolblue en andere webwinkels ('mensen kopen toch liever in een winkel') [6, 7].

Bij disruptie in het sociaal domein kun je denken aan de volgende ontwikkelingen:
- medische en gezondheidsapps op smartphones van burgers;
- data die niet naar het sociaal domein gaan maar naar grote tech-bedrijven;
- start-ups, deeleconomie die snel en slim vernieuwt op maatschappelijke problemen;
- lokale initiatieven (bijvoorbeeld van ex-medewerkers, die ooit de jongste collega's waren, maar door bezuinigingen niet konden blijven en nu bij de genoemde start-ups aan de slag zijn gegaan);
- op waarde samengestelde tijdelijke fluïde organisatievormen, netwerken, los/vast.

Disruptie is lastig te onderkennen. Het kan zijn dat een bedrijf dat geheel nieuw is, of een bedrijf dat traditioneel uit een heel andere sector komt, ineens enorm succesvol is in jouw markt. En wanneer je het merkt, is het te laat.

Picnic leert ons hoe een nieuwe speler in een oude markt het tegenwoordig aanpakt. Ze groeien snel in de markt van het bezorgen van boodschappen aan huis. Daarvoor hebben ze geen winkels, wel elektrische wagentjes. En een digitaal systeem dat extreem klantvriendelijk is. In een aantal weloverwogen stappen komt Picnic van disruptie tot innovatie:

> - Fileer de werking van de oude branche.
> - Verzin een efficiëntere manier om het zelf aan te bieden.
> - Werk dat tot in de puntjes uit met de nieuwste technologie.
> - Trek pas-afgestudeerden aan, die nog geen vijf jaar werkervaring hebben.
> - Geef ze een doel en zeg: 'regel het maar'.
> - Geef de door hen nieuw ontwikkelde spelregels de ruimte.
> - Creëer reuring rondom je nieuwe dienst [8].

2.4.1 Amazon is op oorlogspad (in de zorg)

Het VPRO-programma Tegenlicht [9] maakte onlangs nog eens helder dat data en kunstmatige intelligentie (Artificial Intelligence of AI) het voor tech-bedrijven als Amazon mogelijk maken dienstverlening uit te breiden naar de gezondheidszorg. Het bedrijf is in staat gezondheid en het gebruik van zorg te voorspellen. En ontwikkelt nu eigen gezondheidsdiensten die ook in Europa/Nederland geleverd gaan worden. De vraag is hoe dit gaat uitpakken. Amazon kun je hier trouwens net zo makkelijk vervangen door Apple, Microsoft of Google.

Hoe werkt het?

Binnen Amazon stelt men zich de vraag: '*Hoe kunnen we ons bedrijf het best om zeep helpen?*' Daar komen een paar verontrustende ideeën uit die zo reëel mogelijk worden uitgewerkt. En vervolgens gaan ze juist dát doen, om de concurrent voor te blijven. Want, als zij het kunnen bedenken, dan kan de concurrent dat ook! En die zal het gaan doen, als je zelf te lang wacht.

Amazon neemt de markt over door zich te verbinden aan een aantal grote spelers. Die in feite hun concurrenten zijn. Denk aan grote zorgaanbieders, verzekeraars, grote kennisinstituten en ook aan de overheid. Die zien natuurlijk wel wat in zo'n machtige innoverende partner en zetten de deuren open.

Amazon zal de hele keten van zorg verlenen zo gaan organiseren dat het sneller, beter en goedkoper kan, gebaseerd op informatie (data) uit cloud- en webservices. ICT/technologie, als basis van vernieuwing en leidend van begin tot eind. Van reclame tot opslag, verzenden, transporteren, aanbieden tot klanttevredenheid. Wat ze aanbieden is daarbij gratis of net onder de kostprijs.

Binnen 'samenwerkingsverbanden' haalt Amazon de krenten uit de pap en laat de rest (verliesgevende diensten die niet te digitaliseren zijn) doodbloeden. Daar waar gevestigde organisaties binnen het stelsel moeten handelen, zal Amazon als een soort Uber zich eronderuit proberen te wringen. Zonder last van verantwoordelijkheidsgevoel of maatschappelijke waarden.

Waarna afscheid genomen wordt van de partner/concurrent en consumenten meer gaan betalen vanwege de bereikte monopoliepositie. Bestuurders, organisaties en medewerkers in verwarring achterlatend. Dat noemen we disruptie [10].

Dat brengt ons op de vraag: ben jij degene die eet of word jij gegeten?

Loopt het zo'n vaart niet?

Biedt de structuur zoals wij die in het zorgstelsel kennen waarborgen voor continuïteit op langere termijn? Of gaat dat juist een blok aan het been zijn voor innovatie? De gemiddelde levensduur van organisaties is al gedaald van 65 naar 10 jaar. Gaan we er last van hebben wanneer organisaties het gevaar wel degelijk zien, maar gebonden zijn aan de kaders van ons stelsel?

Daarbij komt nog dat onze sector soms aardsconservatief lijkt. De digitale transitie van zorg en het sociaal domein gaat stroperig. Oké, er is aandacht voor elektronische patiëntendossiers, robots logeren bij cliënten om van te leren en patiënten leren beeldbellen en chatten met zorgaanbieders (of andersom). Maar er zijn nog weinig organisaties die grootschalig diensten verlenen die louter gebaseerd zijn op ICT en data. En die zijn vooralsnog alleen zorggerelateerd.

Maar wie weet. Wanneer je dit boek tien jaar na het verschijnen weer in handen hebt, kijk dan eens terug. Had je in 2019 kunnen voorzien waar technologie en digitalisering je nu hebben gebracht? Wil je als sociaal werker relevant blijven voor de maatschappij dan zul je vroeg of laat werk moeten maken van je digitale geletterdheid. En ik ga je daar bij helpen.

2.4.2 Help je eigen organisatie om zeep

De 'Amazon- exercitie' kun je ook in je eigen organisatie met je collega's doen. Stel jezelf als organisatie de vraag '*Wat kunnen wij bedenken om onze organisatie om zeep te helpen? En hoe doen we dat met gebruik van nieuwe technologie?*' Maak kaartjes met op ieder kaartje één van deze technologische ontwikkelingen:

- Apps
- Nano- en biotechnologie
- Artificial Intelligence
- Drones
- Virtual Reality

- Platformen/social media
- Bots
- E-mail
- Direct messaging
- Robots
- Smart speakers
- Internet Of Things
- Bitcoin
- Blockchain
- Zelfrijdende voertuigen
- Data-analyse
- Trackers
- Sensoren
- Hacken
- Virtuele assistenten
- Games

Maak tweetallen, pak een kaartje en bedenk een ondermijnende activiteit voor jouw organisatie. Schrijf die op een geeltje en plak die op een flap-over of muur. Welk team bedenkt de meeste disruptieve acties?

Deze sessie heb ik met sociaal werkers gedaan op het Zorg + Welzijn Congres De Dag van de Sociaal Werker 2019, in Ede. Er kwamen inderdaad enkele nieuwe werkwijzen uit. Twee daarvan werden door meer teams genoemd:
1. Je help je organisatie om zeep door niet mee te doen met de digitale en technologische ontwikkelingen.
2. Nieuwe technologie biedt tal van innovatieve mogelijkheden.

Dat bleek uit de genoemde acties waarmee de deelnemers hun organisaties ten onder zagen gaan:
- door niet mee te doen me je doelgroep;
- door de Algemene verordening gegevensbescherming (AVG) niet in acht nemen;
- door geen apps te ontwikkelen;
- door keukentafelgesprekken te vervangen door data-analyse;
- door virtuele assistenten die werkers overbodig maken;
- idem voor smart speakers;
- door gehackt te worden;
- door flyers met drones te verspreiden, dan heb je geen vrijwilligers nodig;
- door een haatcampagne op social media tegen je organisatie;
- door het ontbreken van een goed digitaal platform in je organisatie;
- door ervan uit te gaan dat iedereen in de organisatie digivaardig is (…);
- door vragen te laten beantwoorden door chatbots;
- door slecht bereikbaar te zijn via direct messaging (bijv. WhatsApp en Messenger);
- door alleen maar digitaal te werken;
- door niet zichtbaar te zijn (daar is die weer!).

Je kunt deze sessie nog interessanter maken door eerst een rij maatschappelijke problemen te noteren, waar jullie aan werken of aan willen gaan werken. En dan te kijken waar je uitkomt als je daar de technologische mogelijkheden aan koppelt. Voordeel: het is meteen heel concreet.

2.5 Relevant blijven

Dit alles overziend is het alarmerend om te zien hoe weinig je hier van terugziet in het sociaal domein. De digitale transitie is nog in de beginfase en rammelt aan de poort. Wat in contrast staat met de rest van de wereld. Technologie is in de sector lang niet altijd vanzelfsprekend, en dat kan een groot probleem worden. De sector loopt het risico achter te blijven.

Bekende argumenten om er niets mee te doen zijn er volop: geen tijd, komt er ook nog bij, lastig, vervelend, onbegrip. Of: '*Het gaat toch goed zoals het gaat. Ik heb het altijd zo gedaan.*' Soms zit daar nog angst onder, angst voor het onbekende, angst om het verkeerd te doen. Ook belangrijk: oude structuren en verhoudingen remmen innovatie af [11].

Nu 40 % van de wereldbevolking en 98 % van de Nederlanders op social media actief is, is digitalisering niet meer weg te denken uit de maatschappij. Zulke volumes bieden nieuwe kansen. Wil je als sociaal domein relevant blijven voor de maatschappij dan zul je hier vroeg of laat letterlijk werk van moeten maken. Of in ieder geval zou je een mening moeten vormen over en een visie moeten hebben op de inzet van technologie in je werk. Laten we een schot voor de boeg doen en eens kijken hoe relevantie middels digitalisering eruit kan zien.

2.5.1 Als persoon

De ideale toekomstbestendige professional is zichtbaar en benaderbaar, staat dicht bij zijn of haar doelgroep. Maakt ook online onderdeel uit van de leefwereld van klanten. En weet met digitale middelen het informele steunnetwerk te bereiken en te activeren. De cliënt die moeite heeft mee te komen in de gedigitaliseerde maatschappij staat hij of zij bij met kennis en kunde.

Als verbinder en aanjager binnen sociale netwerken in wijken, buurten en rondom zorgbehoevenden deelt de professional online zijn of haar expertise, signaleert, organiseert, geeft een podium aan thematieken en brengt samen.

2.5.2 Als organisatie

Organisaties blijven relevant ten eerste door online zichtbaar en vindbaar te zijn. Organisaties die online onzichtbaar zijn, bestaan niet. Via digitale communicatie bieden zij al waarde aan klanten, nog voordat die (betalende of gefinancierde) klant zijn. Standaardinformatie wordt online beschikbaar gesteld. Gratis, schaalbaar en deelbaar. Wie meer nodig heeft, wordt klant en komt in contact met service verlenende medewerkers die steeds vaker 24/7 bereikbaar zijn en uitstekende digitale communicatievaardigheden bezitten. Waar dat niet kan of niet gewenst is, zorgen zij voor face-to-faceondersteuning.

Organisaties zullen online van zich laten horen. Door actief mee te doen op social media en in onlinegroepen. Ze laten met innovatieve dienstverlening zien hoe ze bijdragen aan maatschappelijke thema's. En haken aan bij start-ups en de deeleconomie die beide op digitalisering zijn gebouwd.

Steeds belangrijker worden flexibele en tijdelijke samenwerkingsverbanden in wisselende samenstellingen. Het team dat aan een klus begint, zal niet het team zijn dat de klus afrondt. En het team zal ook niet uit louter mensen van de eigen organisatie bestaan. Uit de netwerksamenleving wordt waarde toegevoegd op momenten en plekken waar dat nodig is. Zolang dat nodig is. Organisaties zijn platter georganiseerd en leunen zwaar op online tools die deze manier van werken mogelijk maken.

2.5.3 Als sector

Maatschappelijke organisaties nemen deel aan het debat en bepalen vanuit een zorg voor de maatschappij mede de maatschappelijke agenda. Ook op spannende onderwerpen als verantwoord datagebruik, nieuwe hulpvragen door digitalisering, ethiek, privacy, burn-out door constante druk (fear of missing out), internetverslaving als gevolg van games en social media, segregatie, isolatie, polarisatie en de digitale kloof.

Ook komen maatschappelijke organisaties nadrukkelijk op voor door digitalisering getroffen slachtoffers van sexting, grooming, phishing, persoonsverwisseling enzovoort, die hierdoor ernstige ontwrichting van hun levens ervaren en het niet alleen redden.

In de sector worden succesvolle methodieken getoetst voor toepassing bij problematiek met een digitale oorsprong. En waar nodig worden die methodieken aangepast of nieuw ontwikkeld.

Een gebrek aan digitale vaardigheden maakt burgers extra kwetsbaar en de gevolgen zijn het eerst in de maatschappelijke sector merkbaar. Dat maakt dat het sociaal domein een verantwoordelijkheid heeft. De weg wijzen aan anderen die moeite hebben om mee te komen en ervoor zorgen dat de mogelijkheden daarvoor blijven bestaan.

Bronnen

1. ▶ https://www.volkskrant.nl/nieuws-achtergrond/hoogleraar-lilian-lechner-sociale-media-kunnen-het-welzijn-van-eenzame-ouderen-verhogen-~bfbd04bb/.
2. Digitale kloof, Cathy O'Neil en Casper Thomas, De Groene, 2018. ▶ https://www.groene.nl/artikel/ons-ontzag-voor-digitale-technologie-is-misplaatst.
3. ICT&Health interview Staatssecretaris Knops. ▶ https://www.icthealth.nl/nieuws/overheid-wil-iedereen-digitaal-laten-meedoen-digitale-inclusie/.
4. Kok, David (2014). De digitale kloof dichten uit Digitale Dialoog. Utrecht: Eburon. ▶ https://www.bol.com/nl/p/digitale-dialoog/9200000035577140/.
5. Ministerie van Binnenlandse Zaken en Koninkrijksrelaties (2018). Kamerbrief 12 december 2018, digitale inclusie – iedereen moet kunnen meedoen, Kenmerk 2018-0000945243.
6. Coudron, Jo, & Van Petheghem, Dado (2018). Digital transformation. Tielt (België): Lannoo. ▶ https://www.lannoo.be/nl/digital-transformation.
7. Video economische wereldwijde disruptie: ▶ https://youtu.be/upmVlx2tm7o.
8. Interview met de oprichter van Picnic, dhr. Muller in de Volkskrant, 4 januari 2018. ▶ https://www.volkskrant.nl/economie/michiel-muller-is-geen-rebel-toch-vecht-hij-steeds-tegen-de-grote-jongens~b1bbc548/.
9. Amazon zij met ons, Tegenlicht, VPRO. ▶ https://www.uitzendinggemist.net/aflevering/449533/Vpro_Tegenlicht.html.
10. Blog op ▶ www.zorgwelzijn.nl, december 2018.
11. Demo Google Duplex ▶ https://youtu.be/D5VN56jQMWM.

Overige bronnen

12. Spraakgestuurde zorg in de VS: ▶ https://www.statnews.com/2019/02/06/voice-assistants-at-bedside-patient-care/.
13. Van der Heijde, Coen (2017). *Innovatie welzijn ontwricht nog niet*. Geraadpleegd op ▶ http://www.pulsarpartners.nl/innovatie-welzijn-ontwricht-nog/.

14. Tv-programma De Toekomst, drie afleveringen januari 2018, BNN/Vara. ▶ https://dewerelddraaitdoor.bnnvara.nl/media/425574.
15. Raad voor de Volksgezondheid en Samenleving (2019). *Waarde(n)volle zorgtechnologie*. Geraadpleegd op ▶ https://www.raadrvs.nl/documenten/publicaties/2019/02/05/waardenvolle-zorgtechnologie?utm_source=Laposta&utm_campaign=Nieuwsbrief+RVS+februari+2019&utm_medium=email.
16. Visiebrief digitale overheid, minister Plasterk 2017 (niet meer beschikbaar).
17. Algemene Rekenkamer 2016, Aanpak van Laaggeletterdheid. 2 CBS 2016 – ICT-vaardigheden van Nederlanders.
18. Stichting Al Amal in Utrecht, ▶ http://www.al-amal.nl.
19. De noodkreet van Fatouch Chanaat, Bestuursvoorzitter Al Amal ▶ http://www.gemeente.nu/ICT/Opinie/2013/9/Digitale-noodkreet-uit-Kanaleneiland-1360337W/.
20. Klute, Ed (2013). Mira Media in Utrecht ▶ http://www.miramedia.nl/media/file/SB-2013-11-22.pdf.
21. En ▶ www.miramedia.nl/nieuws/raadsbrief-digitalevaardigheden-utrecht.htm.
22. Mediawijzer.net ▶ www.mediawijsheid.nl.
23. Stichting Expertisecentrum ETV.nl ▶ http://oefenen.nl/programma/soort/internet.
24. De Digitale stedenagenda ▶ http://zorgendestad.digitalestedenagenda.nl/onderzoek-alares-zo-organiseer-je-informatievoorziening-zorg-en-welzijn/.
25. Het onderzoeksrapport van Alares ▶ https://www.visd.nl/sites/visd/files/140711Alaresrapportage-Informatievoorzieningontrafeld_KING.pdf.
26. De Tweetfabriek ▶ https://www.detweetfabriek.nl.
27. Blog van de auteur voor opinieblad en -site Zorg en Welzijn. ▶ http://www.zorgwelzijn.nl/Wmo/Opinie/2014/5/De-decentralisatie-en-digitalisering-1530487W/.
28. Blog van de auteur over het functieprofiel van de digitaal sociaal makelaar ▶ http://www.welzijn30.nl/digitaal-sociaal-makelaar-een-functieprofiel-2/.
29. De tweet van de peiling: ▶ https://twitter.com/Welzijn30/status/501981545373388800.
30. Met dank aan Alexandra van Dorst, voormalig sociaal werker bij U-Centraal in Utrecht, initiatiefnemer van de DigiD-groep. ▶ https://www.u-centraal.nl/groepen-en-cursussen/sorteergroepen/.

Digitale trends en digitaal gerelateerde hulpvragen

Samenvatting

De digitale transitie kent vele vormen. Sommige daarvan lijken recht uit sciencefictionfilms te komen. Gezichtsherkenning, met je stem apparaten aansturen. Tot voor kort ondenkbaar in het dagelijks leven. De mogelijkheden zijn we nog aan het ontdekken. Waar liggen nieuwe kansen voor het sociaal werk? In ieder geval liggen die bij de gevolgen van al deze digitale ontwikkelingen. Hoe triest of vervelend ook, voor het sociaal domein zijn het verschijnselen waar je mee te maken kunt krijgen, afhankelijk van je doelgroep. Sexting, grooming, FOMO enzovoort: je hoort als digitaal professional te weten wat ze betekenen. Ze vragen dat je rekening houdt met de (nieuwe) oorzaken van al bekende maar ook nieuwe hulpvragen in de levens van (soms jonge) mensen. Mogelijk zijn ze aanleiding om een nieuwe activiteit, dienst of hulpprogramma op te zetten. Misschien met e-Health, of onlinehulpverlening. Daar is al een schat aan expertise.

3.1 Inleiding – 43

3.2 Het houdt niet op bij social media – 44
3.2.1 Apps en platformen – 44
3.2.2 Apparaten worden kleiner en krachtiger – 45

3.3 Video – 46

3.4 Live – 46

3.5 Mobiel – 47

3.6 Data – 47

3.7 Artificial Intelligence (kunstmatige intelligentie) – 48

© Bohn Stafleu van Loghum is een imprint van Springer Media B.V., onderdeel van Springer Nature 2019
H. Versteegh, *Digivaardig sociaal werk*, https://doi.org/10.1007/978-90-368-2351-7_3

3.8	Beeldherkenning – 49	
3.9	Gezichtsherkenning – 49	
3.10	Spraakherkenning – 50	
3.11	Games – 51	
3.12	De zorg loopt voorop – 53	
3.13	eHealth/online hulpverlening – 54	
3.14	Negatieve gevolgen en nieuwe hulpvragen – 55	
3.14.1	Eenzaamheid en sociaal isolement – 55	
3.14.2	Fear of missing out – 56	
3.14.3	Gameverslaving – 57	
3.14.4	Cyberpesten – 57	
3.14.5	Sexting en shaming – 58	
3.14.6	Grooming – 58	
3.14.7	Sextortion, afpersing – 58	
3.14.8	Nepprofielen en identiteitsfraude – 58	
3.14.9	Victim blaming – 58	
3.14.10	Deepfake – 58	
3.14.11	Stalking – 59	

Bronnen – 59

3.1 Inleiding

Wanneer je dit boek over tien jaar nog eens uit de kast pakt, zal het volgende je als ouderwets/de goede oude tijd of hopeloos achterhaald kunnen voorkomen. Dus op het gevaar af dat dit handboek toch niet zo tijdloos is als gewenst, staan we toch even stil bij trends die we nu kunnen zien. Want ze zijn nu (2019) handig om te weten om innovatie mogelijk te maken.

'Trend' is hier trouwens een rekbaar begrip. Het gaat ook om ontwikkelingen die zich in technologie voordoen doordat de techniek zich doorontwikkelt. Snellere chips, met meer geheugen en rekenkracht zorgen voor betere apparatuur, en daarmee voor nieuwe kansen in dienstverlening.

Om digitalisering te doorgronden is het belangrijk dat je weet wat er achter de schermen van socia-mediaplatformen, apps en websites gebeurd. Onthoud dit: alles wat je daarmee doet, iedere klik, alles wat je ermee bekijkt, wordt vastgelegd, bewaard en verkocht. En het is erg lastig, zo niet ondoenlijk, het weer te verwijderen. Deze informatie heet 'big data'.

Achter de schermen ontstaan zo profielen van klantgroepen en van ieder van ons als individu. Door alles vast te leggen voeden we grote systemen zoals van Google, Microsoft, Apple, Samsung en Amazon, over wie en wat de mensheid is. Met iedere klik laat je die systemen meer van jou als mens zien. Van jou als persoon, maar ook van ons als mensheid. Deze systemen kunnen zo inspelen op onze behoeften.

Zelf geef ik vaak het voorbeeld van de smartphone die in je broekzak zit terwijl je door de winkelstraat loopt. Je hebt ooit een mooi paar schoenen gekocht in de plaatselijke schoenenwinkel. Op basis van het signaal van jouw telefoon krijgt een baken in de winkel door dat je eraan komt. Op dat moment trilt je telefoon en zie je op het scherm een uitnodiging om even binnen te komen om de nieuwe collectie te komen bekijken, onder het genot van een kopje koffie. En misschien met een leuke korting op je volgende aankoop.

In de winkel is destijds opgeslagen dat jij al eens klant was en is de unieke code van jouw telefoon daaraan gekoppeld. Die data worden gebruikt op het moment dat het voor jou relevant is of kan zijn.

Een ander voorbeeld dat je wel eens gehoord zult hebben is dat winkels het signaal van je telefoon volgen terwijl jij in de winkel je schoenen uitzoekt, je kleding past of je boodschappen doet. Waarom denk je dat Albert Hein een app heeft die de volgorde van je boodschappenlijstje in de winkel van jouw keuze kan tonen? En waarom hebben ze gratis wifi in die winkel? Deels om het jou gemakkelijk te maken, maar ze komen zo ook veel over jou te weten. Bijvoorbeeld over de producten die je vaak koopt. Door dat regelmatig te volgen kan Albert Hein voorspellen wat je volgende week nodig hebt en jou daar persoonlijke aanbiedingen voor bieden. De winkeluitbater kan zien welke route je loopt en bij welk schap je langer blijft staan. Kennelijk was daar iets interessants voor jou. Is dat een schap met aanbiedingen en heb je die daadwerkelijk gekocht, dan weet hij dat je de volgende keer verleid kan worden wanneer je daar weer een aanbieding treft.

In dit hoofdstuk staan we stil bij dit soort ontwikkelingen. Allereerst bekijken we de grotere trends. Zodat je daar over mee kunt praten. Daarna kijken we naar een aantal maatschappelijke gevolgen van verdergaande digitalisering en komen we uit bij nieuw ontstane hulpvragen, waar jij wellicht ook mee te maken hebt of krijgt.

3.2 Het houdt niet op bij social media

Social media zijn voor veel sociaal werkers de eerste kennismaking met de digitale transitie. Makkelijk, want je gebruikt het privé ook al. Maar er is (veel) meer. Wanneer jij je gaat verdiepen in digitaal werken zijn er een paar dingen die je moet weten. Hiervoor kreeg je daar al tips over. Om in grote lijnen mee te kunnen praten is het handig als je nog iets verder kijkt dan die tips. De ontwikkelingen gaan snel en die snelheid zie je op verschillende gebieden. Om je een completer beeld te geven kijken we nog wat specifieker naar apps, apparatuur, games, eHealth en waar de medische wereld nu staat.

Social media lijken een mooi opstapje om bekend te raken met digitalisering in het sociaal domein. Je kunt als het ware spelen en oefenen in de speeltuin. Maar met de apps, platformen, apparatuur, de huidige medische technologieën, games en eHealth/onlinehulpverlening is er een heel nieuwe werkelijkheid ontstaan.

3.2.1 Apps en platformen

Er zijn momenteel veel nieuwe apps die uit de zorg en medische hoek komen. Apps waar bijvoorbeeld je hartslag mee gemeten kan worden, je bloeddruk bijgehouden kan worden, je stemming inzichtelijk wordt. Sinds kort kun je met de Apple-watch zelfs een hartfilmpje maken en dat delen met je arts. Mede hierdoor verplaatst de zorg zich van ziekenhuizen en artsenpraktijken naar de thuissituatie van patiënten, en dus naar de wijk. We zitten midden in deze ontwikkeling.

- **Leefstijlapps**

Er zijn verschillende apps en platformen die in het sociaal domein bruikbaar zijn of eruit zijn ontstaan. Hierbij kun je denken aan leefstijlapps waarmee je een positieve gedragsverandering probeert te bereiken bij cliënten met onwenselijke dagelijkse patronen, zoals roken of te weinig bewegen. Apps die je stappen tellen of mee helpen letten op wat je eet. Hier zit vaak een spelelement in met stimuleren en belonen.

- **Organiseren en samenwerken**

Verschillende apps helpen je je dagelijks leven en/of werk te organiseren en samen te werken. Apps om je deelnemersbestand op orde te houden en om (e-mail-)nieuwsbrieven te versturen. Of om samen aan een nieuw project te werken, tegelijk in dezelfde documenten, overzichtelijk in te delen in deelprojecten. Apps om je creatieve ideeën snel vast te leggen en te ontsluiten. Apps om samen een rooster op te stellen of vrijwilligers aan aangeboden klussen te koppelen. Enzovoort.

- **Buurtalarmgroepen**

Natuurlijk mogen we hier de buurtalarm-WhatsApp-groepen niet vergeten. Een slim systeem om snel meerdere ogen in de wijk te activeren wanneer er iets gaande is wat niet pluis is. Ze hanteren een strikte code voor het melden van een opvallende situatie: SAAR.

SAAR staat voor Signaleren, Alarmeren, Appen en Reageren. Dus als je wat ziet, eerst de hulpdiensten bellen (112) en dan pas de alarmgroep met buurtbewoners een appje sturen. Dan kan je daarna eventueel samen ernaartoe of samen oppletten. Deze groepen hebben een beheerder die erop toeziet dat er geen gevonden voorwerpen, weggelopen huisdieren of borrelafspraken in deze groep gemaakt worden. Meestal lopen er vanaf die coördinator ook lijntjes naar de wijkagent. Het is dus puur voor signalering in onveilige situaties bedoeld: meer ogen ter plaatse.

- **Buurtplatformen**

Dan zijn er nog de (buurt)platformen. Daar waar mensen onderling contact niet meer vanzelfsprekend in de buurt kunnen maken, bijvoorbeeld omdat iedereen in de ochtend de wijk uit rijdt naar het werk en laat weer terug is, of waar mensen opgaan in anonimiteit, zie je wel onlinepogingen om sociale cohesie na te streven.

In Nederland zijn in de loop der tijd tal van buurtgebonden platformen ontstaan. Sommige zijn heel kleinschalig, andere hebben als doel zo veel mogelijk te groeien. Gemeenten stimuleren het gebruik (en gaan samenwerking aan met aanbieders) omdat ze hopen daarmee de druk op sociale voorzieningen in de gemeente te verkleinen (kostenposten). De kanteling naar meer eigen regie en inzet van informele steunnetwerken en daarmee hopelijk minder leunen op voorzieningen, heeft de groei en verspreiding aangewakkerd. Welzijnsorganisaties zijn regelmatig partner in het project.

Ze hebben prachtige namen: Buurtkracht, Wehelpen, Mijnbuurtje, Wijkconnect, Buurboek, Buurtlink en KopjeSuiker, Nextdoor (uit de VS overgewaaid), om er een paar te noemen. Meestal hebben deze steunnetwerken ze per buurt een of meerdere trekkers (communitymanagers, al dan niet vrijwillig) die zowel online als offline mensen proberen te interesseren en de gesprekken op het platform op gang houden. Hoe succesvol ze zijn, hangt erg samen met hoeveel mensen per buurt instappen. Wanneer jij de enige in je buurtje bent, heeft zo'n platform geen zin. De platformen worden aantrekkelijker gemaakt met uitbreidingen, zoals vraag en aanbod bij elkaar brengen en wijkagenda's publiceren [1].

- **Online burgerparticipatie**

Gemeenten in Nederland zijn manieren aan het bedenken om burgers via platformen meer te betrekken bij wat er gaande is. Los van een zaaltje huren en telkens met dezelfde witte grijze buurtburgemeester te discussiëren, zoeken ze naar verbreding en groter draagvlak voor plannen. Deze onlineburgerparticipatie kent inmiddels ook vele vormen, die per gemeente kunnen verschillen. Voorbeelden zijn Burgerpeilinggemeente, CitizenLab, Ikpraatmee, Open Stad, Petities.nl, Verbeterdebuurt en Digitale Buurtschouw. Die ook allemaal weer andere kenmerken hebben. Movisie heeft in 2018 een mooi overzicht gemaakt in de online '*Keuzewijzer E-tools*' [2].

Verderop, in ▶ H. 6, leest je meer in detail over een aantal voorbeelden van deze apps en platformen. Misschien zit er iets tussen dat ook in jouw situatie bruikbaar is. Het loont de moeite je erin te verdiepen.

3.2.2 Apparaten worden kleiner en krachtiger

Van de eerste mobiele telefoons zo groot en zwaar als bakstenen naar de hippe smartwatch van nu is een periode van ongeveer 20–25 jaar. In die tijd is ook de rekenkracht van chips enorm toegenomen. Deze tendens zet door. De chip die in je bankpasje zit, vind je nu ook terug in een ring, waarmee je contactloos kunt betalen in winkels.

Tablets kunnen meer aan dan de pc die vroeger op je bureau stond. Waar één apparaat nu ongeveer hetzelfde kan als één menselijk brein, gaan we naar de situatie toe dat hetzelfde apparaat in zijn eentje iets kan wat vergelijkbaar is met wat een veelvoud aan mensen kunnen.

Je smartphone is het meest bekende en meest gebruikte apparaat. Voor bijvoorbeeld apps die de leefstijl meten, die je ook terugziet in smartwatches. De digitale horloges waarop apps lichaamsfuncties meten en die informatie naar je smartphone sturen. Via wifi of 4G gaat dat dan door naar de servers van de appbouwer.

Denk ook aan beeldbellen via de tablet waardoor patiënten niet iedere keer naar een arts moeten reizen. In een kwartiertje of minder is het consult klaar.

Met virtual-realitybrillen kun je veilig spannende situaties oefenen. Zoals het lopen over een balk die over de rand van de flat hangt om je hoogtevrees te leren beheersen. Terwijl die balk gewoon op de vloer ligt zie jij in de virtual-realitybril dat je boven op een flatgebouw staat.

Ook worden robots ingezet in de begeleiding van verstandelijk gehandicapten zoals robotpoes Ginger, die spint en miauwt en met de ogen knijpt bij aanraking. Met dat dier als afleiding kan de begeleiding even een ander persoon wat persoonlijke aandacht geven.

3.3 Video

Video is hot en we kennen het allemaal. Niet de videobandjes van weleer, maar onlinevideo's op platformen zoals Vimeo en YouTube. Video is binnen social media een heel belangrijke trend, die nog wel even zal blijven. Op alle social-mediaplatformen zie je dat video ruim baan gegeven wordt. Ten nadele van berichten die alleen maar uit tekst bestaan of berichten met foto's.

Niet voor niets. Uit onderzoeken blijkt dat wij mensen informatie beter opslaan als we iets gezien hebben. Dus niet wanneer we iets hebben gelezen (uit boeken …). Zo leren nieuwe medewerkers in de auto-industrie aan de hand van instructiefilmpjes reparaties uitvoeren. Zelf kun je dat ook proberen, want er is een overvloed aan 'How to …'-filmpjes online te vinden.

Korte video's die vrij ruw zijn in hun uitstraling doen het gewoon goed. Kijk maar naar populaire (Nederlandse) vloggers. Het enige wat ze nodig hebben is een selfiestick en een smartphone. Even snel een onderwerp aanstippen, hooguit een paar minuten. Zonder je al te veel zorgen te maken of het allemaal wel zo goed en netjes in beeld komt. Bewegend beeld? Geen probleem, dat is dynamisch.

- **Tips voor handige tools voor video's, foto's enzovoort**

» Wat zijn tips voor handige tools voor het maken van video's, foto's en dergelijke voor op social media?

Oké, even tussendoor: zelf ben ik gecharmeerd van de gratis apps Splice (iPhone) [3] en het broertje Quik voor Android [4], beide van Go Pro. Vergelijkbaar met deze twee, met wat meer voorgebakken thema's (waarmee je binnen Instagram je foto's mooier kunt maken) is Spark, van Adobe [5].

3.4 Live

Live gaan is een stapje gedurfder dan het maken van een video. Met je smartphone kun je op ieder willekeurig moment een live-uitzending beginnen, waar je volgers een signaal van krijgen zodat ze meteen mee kunnen kijken. Ook hier geldt weer dat social-mediaplatformen voorrang geven.

Daarvoor moet je wel je angsten overboord zetten. Want live gaan heeft natuurlijk iets ongrijpbaars. En ja, je gaat vast de fout in, maar dat maakt je meteen menselijker en – het toverwoord – authentiek. De boodschap die je overbrengt, wordt zo heel persoonlijk. En daar kun je gebruik van maken.

Het grote voordeel is dat je live direct contact hebt met degene die kijkt, omdat er vaak een chatfunctie aan gekoppeld is. Kijkers kunnen reacties geven en jij kunt daar weer live op reageren. Alsof je met elkaar in gesprek bent. Het maakt niet uit of de kijker in Nederland zit of aan andere kant van de wereld. Door live te gaan is je bereik theoretisch oneindig.

3.5 Mobiel

Mobiel internet gebruiken is een trend die al enige tijd geleden in gang is gezet. We kennen smartphones, tablets en sinds een aantal jaar ook digitale horloges en slimme brillen.

De werkplek met een vaste computer wordt steeds meer verruild voor een tablet en een smartphone met internetverbinding, waarmee je bij je cliënt aan de keukentafel of op de bank je werk kunt doen.

Je informatie staat niet langer op een harde schijf of een server, maar 'in de cloud', op servers van de aanbieder van de software en de apparatuur. Die servers kunnen fysiek heel ver weg staan, in een heel ander werelddeel. Maar via internet kun je daar vliegensvlug bij en wijzigingen en aanvullingen uploaden.

3.6 Data

» Ik blijf en ben me bewust van wat ik meld op het platform. Als ik Facebook de rug toe zou moeten keren dan zou ik dat ook moeten doen bij tal van apps die op mijn mobiel naarstig op zoek zijn naar informatie. Zelfs mijn Fitbit-app wil uit alle macht mijn contactpersonenlijst en meldingen ontvangen.

Data (oftewel informatie) zijn goud waard. En je smartphone is een van de plekken waarop bedrijven informatie over jou verzamelen. Zowel de fabrikant van het apparaat, als de bouwers van de apps, verzamelen achter de schermen veel informatie over jou. Ze verkopen dat in een *split second* door, via een altijd actieve online-informatieveiling. Of de fabrikanten en bouwers laten anderen die jouw gegevens willen hebben in hun databanken meekijken.

Vervolgens zie jij advertenties en berichten die helemaal bij jouw interesses passen, je eigen internetbubbel. Je vrienden hebben waarschijnlijk dezelfde voorkeuren, dus die zijn ook interessant voor de commerciële bedrijven die data verzamelen. Je ziet het niet, je merkt het niet. En het is gebeurd voor je het weet. Open de app en daar gaat je informatie, de wijde wereld in.

Data en het gebruik van data zijn op lokaal niveau doorslaggevend geworden voor het maken van beleid. Alleen komt die data niet van zeg, Google, Microsoft of Apple enzovoort. Iemand heeft die informatie in gemeentelijke computersystemen gestopt. Sociaal werkers doen dat door registratiesystemen te vullen met wat zij hebben gedaan. Dossiers van cliënten, in digitale vorm bevatten data. Deze data zijn soms zeer persoonlijk.

Data zijn op zich interessant, maar je hebt er pas wat aan als je ze kunt toepassen. Profielen, data-analyse, datamining, het analyseren van gegevens en daar conclusies aan verbinden. Misschien zelfs wel kunnen voorspellen. Het gaat steeds belangrijker worden in het sociaal domein. Zou je in de wijk of in het wijkcentrum ook van deze techniek en deze data gebruik kunnen maken?

Ik geef twee voorbeelden van experimenten:

Zo wilden planologen na een aantal incidenten weten hoe jongeren de openbare ruimte van een stad in de Verenigde Staten gebruiken en ervaren. Wat deden ze? Ze gaven die jongeren een app waarmee ze te volgen waren. De bewegingen van de jongeren door de wijk werden vastgelegd en op kaarten zichtbaar gemaakt. Zo kon je zien welke routes ze door de wijk namen en waar ze samenkwamen om te chillen. Door ze daarna te interviewen kwamen de onderzoekers erachter hoe de jongeren de plekken en routes beleefden. Waarna het makkelijker was de openbare ruimte aan te passen zodat jongeren zich veilig voelen.

Anderzijds kan het gebeuren dat mensen geen informatie (data) meer willen afstaan. Omdat ze niet in (zorg)dossiers opgenomen willen worden. Daar hebben ze goede redenen voor. Deze mensen kiezen ervoor geen deel van het probleem te zijn. Opname in dossiers stigmatiseert en problematiseert volgens hen, waardoor ze geen deel van de oplossing kunnen zijn. En eigenlijk wil de maatschappij dat burgers nou juist wel op oplossingen aangesproken worden. Hier is sprake van een tegenstelling [6].

Vind jij dat mensen de vrijheid moeten kunnen hebben om tegen jou te zeggen dat je niets (digitaal) van ze mag vastleggen en toch door jou geholpen willen worden? Is dat eigenlijk wel werkbaar? Of dwingt de organisatie van werkprosessen en financiering je tot een inbreuk op deze wens? Ik kom er later, in ▶H. 5 nog op terug. Daar bespreken we de rol van gemeenten hierin.

3.7 Artificial Intelligence (kunstmatige intelligentie)

Of kortweg AI. Computersystemen die steeds meer weten en steeds meer kunnen. Omdat ze van ons gedrag. Iedere keer dat wij iets online bestellen leert een systeem wat onze voorkeuren zijn.

Iedere website die we bezoeken vertelt iets over onze interesses en die informatie wordt opgeslagen. Je merkt het aan suggesties die vlak na het bestellen verschijnen over vergelijkbare producten. Wanneer je iets hebt opgezocht op Google krijg je iets later een advertentie te zien die daarmee te maken heeft.

Dat is nog kinderspel vergeleken bij AI-systemen waarmee we een gesprek kunnen hebben. Humanoïd Sophie is daar een voorbeeld van. Nu is het nog zo dat dit allemaal tevoren ingeprogrammeerd is door mensen. Maar de systemen zijn erop gericht dat ze dat straks niet meer hoeft omdat ze zelf van ons leren.

- **IOT en sensoren**

Hiermee samen hangt het Internet of Things, apparaten die aangesloten zijn op het internet en voorzien zijn van sensoren. Ze kunnen met elkaar communiceren en gegevens delen.

Domotica is hier een voorbeeld van. In verzorgingshuizen detecteren sensoren wanneer iemand uit bed stapt en misschien valt, hetgeen online wordt doorgegeven aan de telefoon van het personeel. Dat kan bijvoorbeeld 's nachts, wanneer er over het algemeen maar één medewerker als nachtwacht aanwezig is; deze kijkt online mee in het appartement van de betrokkene. Zo kan de medewerker inschatten of hij of zij ernaartoe moet.

Die sensoren kunnen ook heel klein zijn. Denk aan pillen die je inslikt en die van binnenuit waarden in je lichaam meten. Of contactlenzen die hetzelfde doen. Of aan nanotechnologie en biometrix die kijken naar lichaamseigenschappen en ze vergelijken met data van anderen. En die dan uit die informatie voorspellende waarden genereren. In de medische technologie industrie word hier hard aan gewerkt.

3.8 Beeldherkenning

Artificial Intelligence maakt het mogelijk beelden met elkaar te vergelijken. De systemen worden nu getraind om bijvoorbeeld foto's van kokosnoten te onderscheiden van foto's van de koppies van stokstaartjes. Of om wollige puppy's te onderscheiden van kipnuggets. In de medische wereld kunnen AI-systemen al beter huidziekten determineren dan artsen, het AI-systeem heeft het vaker bij het rechte eind.

3.9 Gezichtsherkenning

Je merkt er niets van, maar het gebeurt wel: intelligente systemen die je gezicht scannen en herkennen (◘fig. 3.1). Berucht is het voorbeeld van de Nederlandse Spoorwegen die op stations reclamezuilen plaatste met gezichtsherkenning. Deze zuilen legden vast of je keek, terwijl je langs liep of ervoor bleef staan, en hoe lang je keek. Of deze gegevens werden opgeslagen was niet bekend. Dat bleek niet het geval. Maar na een rel hierover werd de gezichtsherkenning toch uitgeschakeld.

In China gaat het een stapje verder. Daar registeren camera's op straat met gezichtsherkenning wie er lopen of in auto's rijden. Dat wordt realtime gekoppeld aan een databank met afbeeldingen van vermeende terroristen. Die worden eruit gefilterd en politie-eenheden gaan eropaf om die persoon ter plekke aan te houden.

Iets 'onschuldiger', dezelfde techniek gebruikt China om voetgangers die door rood licht oversteken aan de schandpaal te nagelen. Je gezicht wordt dan gescand, jouw naam en gegevens worden gekoppeld en dat alles verschijnt realtime op grote billboards op straat. Iedereen kan dus zien wat je fout deed.

Je kunt je smartphone met gezichtsherkenning beveiligen. Na de pincode en de vingerafdrukscanner kunnen smartphones nu ook je gezicht scannen en herkennen waarna het apparaat ontgrendelt. Nu nog kun je dit systeem foppen door een foto van de eigenaar voor de telefoon te houden, maar dat zal vast verbeterd worden.

Gezichtsherkenning wordt ook ingezet om je toegang te geven tot gebouwen en ruimten. Poortjes op stations blijven gesloten als jij niet voorkomt in het systeem of wanneer het systeem jou op een zwarte lijst heeft staan (weer China). Of – als je een kat bent – of je wel of geen toegang krijgt tot lekkere brokjes via de katten-gezichtherkennende voerbak Mookie.

Figuur 3.1   Gezichtsherkenning

3.10 Spraakherkenning

Spraakherkenning hangt samen met AI als het gaat om het leren van de mens. Apparaten luisteren mee en leren van ons. Voor een paar tientjes haal je een apparaat in huis waaraan je van alles kunt vragen. Je favoriete recept klinkt door de keuken, je belt met je moeder zonder de telefoon aan te raken, de volgende afspraak in je agenda wordt hardop aan je meegedeeld. Via het internet krijg je antwoorden en tegelijkertijd wordt je interesse vastgelegd in je profiel.

Met Siri hebben Apple-gebruikers spraakherkenning op hun smartphone staan. Wie 'hey Siri' roept tegen zijn Apple-telefoon of -tablet heeft er snel een digitaal hulpje bij. Zelfs WhatsAppjes sturen zonder je telefoon aan te raken zijn mogelijk, handig in de auto als je wat later bent.

Met 500 seconden van onze stem is de techniek in staat ons alles te laten zeggen wat een programmeur wil, zonder dat we er zelf aan te pas komen. Je hoeft iets dus helemaal niet gezegd te hebben. Maar anderen kunnen dat wel gaan denken.

Dit kan je ook gaan helpen in de dienstverlening. Google experimenteert met een dienst, Google Duplex, die telefonisch, namens jou een afspraak bij bijvoorbeeld de kapper kan maken. De kapper heeft niet door had dat hij/zij een computer aan de lijn heeft in plaats van een persoon. Deze dienst is in dertien landen beschikbaar [7].

De wereld is nog een stukje kleiner geworden met de app Google Translate op je smartphone. Arabisch, Japans, Koerdisch, Pools, Roemeens, Somalisch, Turks, het is allemaal geen probleem meer. Je kunt het nu live vertalen door tegen je telefoon te praten, het antwoord in de andere taal uit te laten spreken. En andersom: de buitenlander geeft antwoord in de eigen taal en jij hoort, en ziet, het in het Nederlands. Ben je in het buitenland, dan kun je ook via de al genoemde beeldherkenning verkeersborden en menukaarten in restaurants met deze app vertalen. En natuurlijk leert Google's AI-systeem, meteen, van wat jij met deze app doet.

Nu in de Verenigde Staten blijkbaar 25 % van de huishoudens een slimme speaker in huis heeft [8] is de verwachting binnen de zorg, dat het niet lang zal duren voordat patiënten die opgenomen zijn in ziekenhuizen, daar dezelfde technologie verwachten die ze thuis hebben.

Deze instellingen zijn druk bezig zich op die vraag voor te bereiden en te bekijken in welke vorm een spraakgestuurd systeem kan bijdragen aan de zorgverlening. Denk dan aan gesproken instructies bij het verplegen van een wond (ook bij de herstellende patiënt thuis) en aan opgenomen gesprekken tussen arts en patiënt die in tekst omgezet automatisch in het medisch dossier belanden.

Het grote voordeel is dat deze communicatie 'frictieloos' is; je hoeft er fysiek geen apparaat voor te bedienen. Je hoeft de knopjes of je scherm niet langer aan te raken. Alles gaat via je stem. Dat geeft enorme mogelijkheden voor mensen die een fysieke beperking hebben. Er is al een restaurant waar fysiek gehandicapten toch voedsel kunnen serveren, met behulp van robots. Zij hebben zo toch een baan.

3.11 Games

Games vragen even wat meer verdieping. Je denkt misschien nog: leuk, een spelletje op de computer spelen. Maar je vergist je. Er zit meer aan vast. Er lijkt een trend te ontstaan dat jongeren social media minder gaan gebruiken en hun sociale contacten verplaatst hebben naar games. Voor opvoeders en beroepskrachten is het dus noodzaak zich daarin te verdiepen.

De eerste tekenen daarvan zag je al toen de groep jongeren die Facebook groot heeft gemaakt, daarvan wegtrok toen ook hun ouders en grootouders op Facebook te vinden waren. Instagram was een veiliger plek en je kon er lekker creatief op zijn met coole foto's en selfies. Voor de nog jongere kinderen bleek Snapchat een uitkomst. Beelden die na een aantal seconden verdwijnen en oudere generaties die er de lol niet van inzien.

Maar het lijkt niet voldoende. De online sociale contacten van tieners en jongeren lijken zich te verplaatsen naar games. Niet alleen het spelen van games wordt populairder. Ook via Twitch online meekijken met ander gamers én online met elkaar chatten in en rondom een game, slaan aan bij jongeren. Games als FIFA, World of Warcraft, Fortnite en League of Legends zijn platformen geworden waar gamers elkaar treffen en met elkaar chatten. Live, tijdens het spelen van het spel.

Ik was benieuwd naar de impact van gamen op het contact met jongeren onderling en hoe werkers daarop inspelen om de groep te blijven bereiken. Via Instagram nam ik contact op en een paar jongerenwerkers en hulpverleners reageerden op deze vraag:

» Vinden jongeren social media steeds minder tof en verhuizen ze naar games voor online sociaal contact? Wat denk jij?

Hieronder lees je de antwoorden.

» De jongeren die ik ken zitten nog wel op Instagram. Facebook is voor de oudere generatie, zeggen ze. Verder online samen gamen. En vloggen, zelf filmpjes online zetten.

Alles heeft een periode. Meestal wordt gamen als verslaving gezien, terwijl het eigenlijk meer een tijdelijke vlucht is om even uit de harde realiteit te stappen. Ouderen zijn geneigd om alles wat wij niet kennen het stempel negatief te geven.

Ik zie soms verschuivingen maar die zijn tijdelijk. Soms zijn zij contact via social media zat omdat anderen vervelend lopen te doen. Dus dan gaan ze weer wat gamen. Met gamen heb je hetzelfde doel en gaat het om samenwerken en creativiteit. Met social media is het vaak pesten of concurreren. Dan wil de ene meer likes dan de andere. En de meesten hebben zomaar iets gezegd zonder na te denken.

Maar ik zie wel verschil tussen meisjes en jongens. Meisjes willen vaak de controle en gaan er vaak tegenin als iets niet waar is. Heeft ook met leeftijd te maken.

Twitch ken ik niet. 't Is Instagram en Snapchat en daar zijn ze slim in. Omdat je het kunt zien wanneer een ander een screenshot maakt van jouw gesprek. Dat is de enige manier om iets te bewaren, gesprekken kunnen maar één keer worden gelezen.

Mijn dochter deed veel Minecraft maar das al een paar jaar terug. Zo nu en dan vindt ze het leuk om gewoon creatief bezig te zijn en samen met anderen een land in te richten.

Ik denk zowel jongens als meisjes! Alhoewel ik het idee heb dat steeds meer meiden zijn gaan gamen, wat voorheen vooral jongens deden. Tegenwoordig spelen steeds meer meiden ook meer 'stoere' games, zoals Fortnite en Warcraft.

Games werden ook al in mijn jeugd gebruikt voor veel sociale contacten. Ik denk eerder dat de jeugd nu vooral te vinden is in de chats van Twitch terwijl ze kijken naar en/of interactie hebben met games en gamers. Nu ik er verder over nadenk, gebruikte ik games al voor sociale contacten ver voordat ik social media had.

Wellicht kan het zo zijn dat jongeren voor *socials* op zoek zijn naar nog meer anonimiteit. Dit vinden ze in games terwijl ze daar toch contact kunnen hebben met anderen. De reguliere socials (Facebook, Instagram, Twitter) zijn wellicht toch nog te persoonlijk en komen te dichtbij. Daarbij zijn de reguliere socials ook vaak een zeer positief gekleurde versie van het echte leven. In games kan je dat niet 'faken'.

Het heeft er inderdaad alle schijn van dat jongeren meer en meer sociaal actief zijn binnen games. De negatievere kanten van social media (minder privacy, ouders die meekijken) lijken daarbij een rol te spelen. Dit is wellicht een domper voor wie nog denkt dat deze doelgroep via social media te bereiken is. Wil je dat, dan doe je er verstandig aan games serieus te nemen. Er is een lichtpuntje: jongeren heffen hun eenmaal gemaakte social-media-accounts vooralsnog niet massaal op.

◘ **Figuur 3.2** De zorg loopt voorop, robots in de ouderenzorg

Een aandachtspunt is wel dat binnen diezelfde games ook de minder leuke dingen kunnen gebeuren waar jongeren het slachtoffer van worden. Van online pesten, grooming (kinderlokken) tot afpersing. Daar lees je zo meteen meer over.

Wil je alles weten over games, lees dan het boek van André Parren: 'Grip op gamen' [9].

3.12 De zorg loopt voorop

In de zorg zijn de technologische mogelijkheden op een enorme schaal aan het doorontwikkelen. Ieder jaar komen nieuwe 'snufjes' op de markt. Het kan niet anders of het sociaal domein krijgt daar ook mee te maken. Wanneer mensen minder naar het ziekenhuis hoeven en meer thuis behandeld worden, betekent dit dat deze mensen in de wijk zorg verwachten. En omdat zorg en welzijn steeds meer verweven raken, is het wel handig dat je weet wat er allemaal kan.

Wat denk je van 3D geprinte harnassen voor bijvoorbeeld gebroken armen. En exoskeletten waarmee mensen weer kunnen gaan lopen. Of zelfs 3D geprinte organen en botweefsel? Bioprinting heet dat. Pillen die je inslikt en die in je lichaam rondkijken. Lenzen die oogvocht meten ... De techniek is al zo ver dat we ons hele lichaam en al onze organen kunnen vervangen door kunstmatige exemplaren.

En de ontwikkelingen gaan maar door (◘fig. 3.2). Wil je meer weten over technologie en ICT in de zorg en op de hoogte blijven? Kijk dan op ▸www.icthealth.nl [10] waar alles wordt bijgehouden. Jaarlijks organiseert dit platform ook de e-healthweek, in januari, en er zijn een blad en een gratis nieuwsbrief.

3.13 eHealth/online hulpverlening

Nederland en België hebben inmiddels een mooie traditie in onlinehulpverlening. Ook in het sociaal domein werden de mogelijkheden daarvan al snel onderzocht. Zoals Klik voor Hulp, waar maatschappelijk werkers konden chatten met hulpvragers (of eigenlijk andersom natuurlijk).

» Een club die onder andere het maatschappelijk werkveld ondersteunt, wil zijn leden, de Centra Algemeen Welzijnswerk (CAW's die onlinehulpverlening verzorgen), een training aanbieden rond social media. De club heeft hierover namelijk sectorafspraken. Die komen er eigenlijk op neer dat zij geen onlinehulp – in de zin van hulpverlening – mogen bieden via sociale media. Dus via Messenger een afspraak maken kan wel, maar geen hulpvraag stellen of beantwoorden. Sommige organisaties dreigen hierdoor bepaalde jongeren te verliezen, indien ze niet ingaan op de vragen van die jongeren.

Het grote voordeel van onlinehulpverlening in al haar vormen (zie verderop), is dat de cliënt of patiënt veel minder belast wordt met de behandeling. Die kan namelijk op een zelfgekozen plaats, op een zelfgekozen tijdstip, soms ook via een zelfgekozen kanaal, hulp ontvangen. Hoe klantvriendelijk wil je het hebben?

Maar is dat wel zo handig? En waar vind je dan goede informatie? Nog altijd is het *Handboek Online Hulpverlening*, van Frank Schalken en collega's, hierin leidend. Dat boek kwam oorspronkelijk in 2010 uit, maar biedt ook nu nog de beste en meest complete informatie die je kunt krijgen om je te verdiepen in onlinehulpverlening. Het richt zich vooral op hulpverlening via e-mail en chat. Maar gaat ook in op de argumenten waarom je dit inzet, en op drempels en veiligheid.

Onlinehulpverlening vraagt van werkers een set extra digitale vaardigheden. Omdat de communicatie tweedimensionaal is bij chat en e-mail moet je als hulpverlener alert zijn op hoe je gesprekspartner erbij zit. En er alert op zijn of alles wat je zegt goed begrepen wordt. Dat vereist dat je moet doorvragen en blijven checken. Onlinehulpverleners worden hier dan ook in getraind.

Vaak zie je dat onlinetraining wordt aangeboden in een combinatie met onlinebegeleiding, of met begeleiding in groepen die fysiek bij elkaar komen: blended hulpverlening. Blended hulpverlening biedt hulpvragers de mogelijkheid die hulp te krijgen die zij het prettigst vinden. Niet iedereen vindt het fijn om in een groep over problemen te praten; anderen hebben daar juist weer steun aan. Het is een klantvriendelijke manier om hulp te bieden.

Er zijn veel verschillende onlineplatformen die iemand kunnen helpen. Ik noem er slechts een paar:

- Online begeleid door maatschappelijk werkers, of met zelfhulptrainingen aan je problemen werken kan bij Kwadraad.
- Het platform 113 online is er ter voorkoming van zelfdoding en biedt een crisis-chat en online-trainingen.
- De Kindertelefoon is behalve telefonisch ook online te vinden, met een chatfunctie.
- Op Meldknop.nl kun je meldingen en aangifte doen over online pesten, seks, misbruik, stalking en lastiggevallen.
- Slachtofferhulp Nederland heeft een online community waar slachtoffers van verkeersongelukken, verkrachting, overvallen enzovoort onderling ervaringen kunnen uitwisselen.
- Schuldhulpverlening is online beschikbaar bij SchuldHulpMaatje.

- Jongeren zijn gebaat bij kort contact via Appke (een mobiel telefoonnummer en Whatsapp), met jongerenwerkers achter de knoppen om snel vragen te kunnen stellen over relaties, ouders, school en het gebruik van middelen.
- Op de (prijzen winnende) Vraagapp krijgen verstandelijk beperkten snel antwoorden over dagelijkse onderwerpen als koken, het schrijven van een brief, het doen van het huishouden, omgaan met de computer en telefoon, reizen met het openbaar vervoer, en over regels en wetten.

3.14 Negatieve gevolgen en nieuwe hulpvragen

We weten allemaal dat met het internet ook minder leuke zaken mee zijn meegekomen. Dat er nieuwe hulpvragen opkomen door toedoen van nieuwe media en technologische ontwikkelingen. Bekende hulpvragen hebben er soms een digitale oorzaak bij gekregen. Hoe dan ook, er zijn onmiskenbaar nadelen in de samenleving zichtbaar, veroorzaakt door social media en digitalisering. Hulpvragen die soms vooral de veelgebruikers van digitale middelen treffen, onze kinderen en jongeren.

Wil je hen kunnen blijven helpen, dan is het handig dat je snapt waar hulpvragen vandaag de dag vandaan kunnen komen. Hieronder gaan we dieper in op een paar belangrijke verschijnselen waarmee je in je werk te maken kunt krijgen:
- eenzaamheid en sociaal isolement;
- fear of missing out;
- gameverslaving;
- cyberpesten;
- sexting en shaming;
- grooming;
- sextortion, afpersing;
- nepprofielen en identiteitsfraude;
- victim blaming;
- deepfake;
- stalking.

3.14.1 Eenzaamheid en sociaal isolement

Eenzaamheid en sociaal isolement is een thema dat in het sociaal domein veel aandacht heeft en tegelijk lastig en taai is. Benader je het met een digitale bril op, dan zijn ook verschillende kanten zichtbaar.

■ **Digitalisering werkt eenzaamheid in de hand**
Digitalisering zou eenzaamheid in de hand werken. Niemand praat meer met elkaar, iedereen zit maar op z'n scherm te staren. In bus en tram zegt niemand meer iets. Het onfatsoen en de onverschilligheid zijn schrikbarend. Men ziet elkaar niet meer staan. En omdat iedereen daar zo druk mee is, is er geen tijd meer om bij elkaar op bezoek te gaan. Ze appen nu liever even hoe het gaat.

Mensen die het geld er niet voor hebben en/of digitale vaardigheden missen, lopen het risico in een (sociaal) isolement te komen. De wereld om hen heen raast digitaal door, maar zij staan aan de zijlijn toe te kijken.

- **Digitalisering geeft een venster op de wereld**

De krant is de deur al uit. Het nieuws volgen we online en realtime. Tv-kijken doen we steeds minder. We zien wat onze vrienden en familie allemaal aan het doen zijn. Hun levens zijn nog nooit zo inzichtelijk geweest. En dat kan allemaal digitaal, op het moment dat het ons uitkomt. Ook ouderen ontdekken de voordelen. Zij die het kunnen betalen zijn blij met hun tablets. Seniorweb geeft al jaren Ipad-trainingen (en veel meer!).

- **Digitalisering geeft inhoud aan betekenisvolle relaties**

Via de tablet en smartphone onderhouden onder andere ouderen meer en meer hun relaties digitaal. Bijvoorbeeld met uitvliegende kleinkinderen die gaan backpacken in Azië en oma met prachtige foto's op Facebook op de hoogte houden. Ouderen zijn een groep waarin de meeste groei in gebruik van dit platform te zien is, die groei is er ook onder 80+'ers.

Betekenisvolle relaties kun je ook vinden op de vele datingsites. Voor iedere voorkeur en leeftijd is er een platform met gelijkgestemden te vinden. Het is al lang niet gek meer dat je online het eerste contact legt als basis voor een succesvolle relatie. Dat helpt natuurlijk erg goed tegen je eenzaamheid. Maar het kan ook slopend zijn om van date naar date te gaan.

- **Digitalisering geeft vorm aan een informeel steunnetwerk**

Misschien dat de in sociaal isolement verkerende hulpvrager zelf niet digitaal vaardig is, maar de omgeving is dat misschien wel. Zo kun je denken aan onlineondersteuning van mantelzorgers met een netwerk gelijkgestemden, opvang, kennis, tips en uitnodigingen voor ontspanning.

Ook zijn buren en vrienden makkelijker bereikbaar wanneer je digitale communicatie inzet. De kans dat je vrijwilligers vindt, neemt toe wanneer je een gerichte vraag op bijvoorbeeld Facebook of Instagram stelt. Wie je oproep ziet, kan zelf in actie komen, of jouw bericht doorsturen aan mensen die buiten jouw kring staan.

Via onlinemedia bereik je ook makkelijker groepen die voorheen lastiger te vinden waren. Denk aan werkende tweeverdieners, die 's morgens de wijk uit rijden, maar wel de hele dag zowel privé als op hun werk op het internet zijn aangesloten. Ook zij willen best iets betekenen voor een ander of de maatschappij.

3.14.2 Fear of missing out

Fear of missing out (FoMo), deze angst kent twee verschillende uitleggen.
A. De druk voelen om alles wat er op social media gebeurt, ook te willen zien. Je wilt niks missen. Je wilt erbij zijn. Doen wat al die andere gave mensen doen. Naar New York, bungeejumpen, zwemmen met dolfijnen. Of de foto's zien van je stappende vrienden waar je weer niet bij was. Dat kan enorme stress geven, wanneer je het lastig vindt om jezelf hierin te beperken en prioriteiten te stellen. Je blijft kijken, vergelijken en je ongemakkelijke gevoel voeden.
B. FoMo is óók de druk om niet buiten de groep te willen vallen. Wanneer al je vriendinnen van school in een WhatsApp-groepje zitten en jij hoort er niet bij, dan kan dat een hel zijn. Je mist de leuke afspraakjes buiten school, de roddels over de jongens en hebt geen idee van alle nieuwtjes. Sociaal lig je eruit [11, 12].

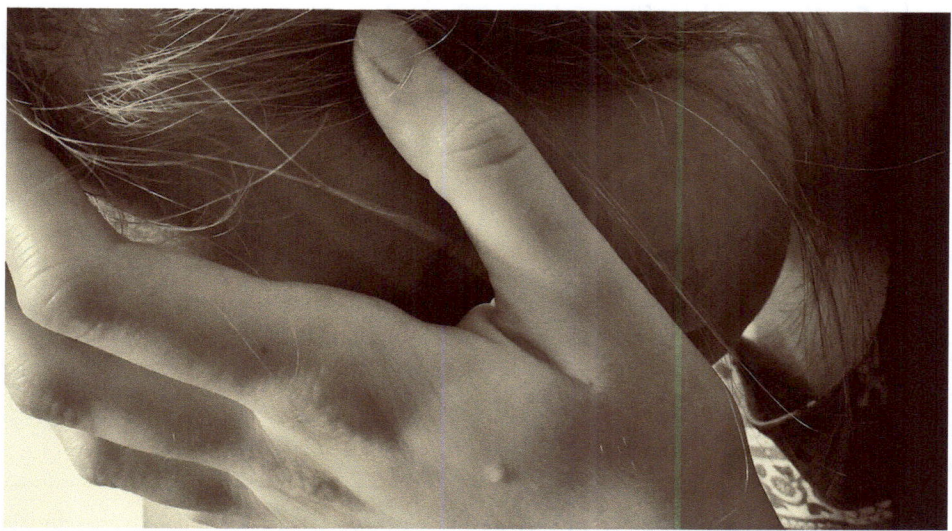

◘ **Figuur 3.3** Cyberpesten

3.14.3 Gameverslaving

Een beetje gamen, wat is daar mis mee? Niks natuurlijk. Tot het je leven gaat beheersen en ontwrichten. Op de site van Jellinek ►www.jellinek.nl [13] staat gameverslaving in het rijtje crackverslaving en GHB-verslaving. Dat geeft al aan hoe serieus deze verslaving kan zijn.

'*Voor twee op de honderd verandert gamen of internetten in een verslaving. Gamen gaat dan ten koste van andere belangrijker dingen, zoals nachtrust, school of werk en vrienden. Je kunt geïrriteerd zijn als je niet kunt spelen*.' Zag je dat Jellinek gameverslaving en internetverslaving in één adem noemt? Met cognitieve gedragstherapie kun je behandeld worden.

3.14.4 Cyberpesten

Cyberpesten, of digitaal pesten via social media is een bekend maar ook breed begrip. Het komt voor in verschillende vormen. '*Misbruik van privégegevens (zoals het stelen van wachtwoorden of het aanmaken van nep-accounts). Uitsluiting in Whatsapp-groepen. Het verspreiden van beeldmateriaal (zoals intieme foto's of filmpjes van mishandeling). Dreigtweets en haatposts*.' Wat je ertegen kunt doen staat op de site ►www.mediawijsheid.nl die hieronder nog een keer terugkomt [14].

Cyberpesten kent een paar vormen die inmiddels hun eigen(tijdse) benaming hebben gekregen. De met social media verbonden hulpvragen die je hieronder ziet, vind je allemaal terug op ►www.helpwanted.nl [15]. Daar staan ook heel bruikbare tips en adviezen voor wat je (een kind) kunt (aanraden om te) doen. Want deze problemen komen het meest voor bij kinderen, tieners en jongeren (◘fig. 3.3). En hebben een enorme impact op hun leven. Er zijn jongeren die hierom zelfdoding plegen.

3.14.5 Sexting en shaming

Sexting is naaktfoto's verspreiden via smartphones en digitale media zoals Whatsapp of Snapchat. Vaak spannend om met je vriendje of vriendinnetje te doen. Wanneer die gedeeld worden buiten deze bekende kring ontstaat shaming [16, 17].

3.14.6 Grooming

Onder grooming valt online kinderlokken, volwassenen die zich voordoen als leuke jongen en afspreken met een meisje of jongen onder de 16, om haar of hem seksueel te misbruiken [18].

3.14.7 Sextortion, afpersing

Sextortion is chanteren en afpersen met naaktbeelden of vermeende video's van seksuele handelingen, door te dreigen deze door te sturen naar bekenden. Tenzij de afperser betaald wordt. Bijvoorbeeld in bitcoins [19].

3.14.8 Nepprofielen en identiteitsfraude

Identiteitsfraude is heel gemakkelijk: door een nepprofiel op social media te maken van een ander. Daar kunnen ook nog seksuele of beladen berichten op verschijnen [20].

3.14.9 Victim blaming

Victim blaming laat het gevaar zien dat niet de dader (degene die een naaktfoto doorstuurt of daarmee afperst) de schuld krijgt, maar het slachtoffer dat in beeld is. Terwijl het juist dit slachtoffer is dat bescherming en steun nodig heeft [21].

3.14.10 Deepfake

Een van de nieuwe mogelijkheden van kunstmatige intelligentie is dat je met deze systemen zaken kunt leren herkennen. Niet alleen getallen en tekst, maar ook foto's en bewegende beelden zoals video. De techniek Deepfake maakt het mogelijk om het beeld van iemand te gebruiken en die persoon in een situatie te brengen waar die nooit in is geweest, of hem/haar iets te laten zeggen wat die nooit gezegd heeft. Je kunt dus een nepvideo maken van wie je maar wil [22].

De bekende actrice Scarlett Johansson had hier last van toen haar hoofd zonder toestemming werd gebruikt in een pornofilm. In Nederland zijn voor zover bekend nog geen grote (persoonlijke) ongelukken gebeurd, maar in verband met de angst voor nepnieuws rond verkiezingen en politieke stromingen is de overheid wel beducht [23].

3.14.11 Stalking

Sociale media hebben helaas een nieuwe impuls gegeven aan stalking, de hinderlijke en belastende vorm van bemoeien. Niet alleen moet het slachtoffer onlineaccounts afsluiten of verwijderen om de stalker geen kans te geven. Het vraagt van het slachtoffer ook discipline om zich niet te laten verleiden tot zoeken naar wat de stalker nou weer over hem/haar heeft geplaatst. Want die dader heeft nu meerdere platformen beschikbaar om het slachtoffer in een kwaad daglicht te kunnen stellen en onwaarheden op een veel grotere schaal te verspreiden [24].

Als gevolg van een aantal net al genoemde zaken zoals cyberpesten en nepprofielen, kunnen ook ineens andere, totaal onbekende mensen zich met het slachtoffer gaan bemoeien, voor de lol of omdat ze er bewust op uit zijn om iemand te schaden, waardoor het slachtoffer wanhopig wordt. Er zijn al mensen geweest voor wie de druk hierdoor te hoog werd en die geen andere uitweg zagen dan zichzelf van het leven te beroven.

Bronnen

1. Een overzicht van negen buurtplatformen, Frankwatching ▶ https://www.frankwatching.com/archive/2018/06/20/leer-je-buren-kennen-9-digitale-buurtplatforms-vergeleken/.
2. Movisie Keuzewijzer E-tools burgerparticipatie ▶ https://www.movisie.nl/publicatie/keuzewijzer-e-tools.
3. Splice app ▶ http://spliceapp.com.
4. Quik app ▶ https://quik.gopro.com/nl/.
5. Spark app ▶ https://spark.adobe.com.
6. Uitzending van Tegenlicht, op 12 november 2017, met Naseem Akthar uit Birmingham.
7. Google Duplex ▶ https://ai.googleblog.com/2018/05/duplex-ai-system-for-natural-conversation.html.
8. Smartspeakers in de zorg ▶ https://www.statnews.com/2019/02/06/voice-assistants-at-bedside-patient-care/.
9. Video over gamen, Andre Parren, Rule the game ▶ https://rulethegame.nl.
10. Technologie en ICT in de zorg ▶ https://www.icthealth.nl.
11. FoMo 1 ▶ https://www.gezondheidsnet.nl/psychische-klachten/heb-jij-last-van-fomo-fear-of-missing-out.
12. FoMo 2 ▶ https://en.wikipedia.org/wiki/Fear_of_missing_out.
13. Gameverslaving ▶ https://www.jellinek.nl/ben-ik-verslaafd/gameverslaving/.
14. Cyberpesten ▶ www.mediawijsheid.nl.
15. Helpwanted ▶ https://www.helpwanted.nl.
16. Sexting ▶ http://www.helpwanted.nl/jongeren/naaktfoto-verspreid-via-mobiel/.
17. Jongeren overzien de gevolgen van sexting niet, NOS ▶ https://nos.nl/op3/artikel/2080274-jongeren-overzien-de-gevolgen-van-sexting-niet.html.
18. Grooming ▶ http://www.helpwanted.nl/jongeren/online-benaderd-seks/.
19. Sextortion ▶ https://www.helpwanted.nl/jongeren/sextortion/.
20. Nepprofielen ▶ http://www.helpwanted.nl/jongeren/profiel-misbruik-social-media/.
21. Victim blaming en andere vormen van online problemen ▶ https://www.helpwanted.nl.
22. Deepfake ▶ https://www.mediawijsheid.nl/deep-fake/.
23. Scarlett Johanssons reactie op deepfake video's ▶ https://www.washingtonpost.com/technology/2018/12/31/scarlett-johansson-fake-ai-generated-sex-videos-nothing-can-stop-someone-cutting-pasting-my-image/?noredirect=on&utm_term=.00510070fd9b.
24. Meldknop.nl ▶ https://www.meldknop.nl.

Deel II Wat vindt het sociaal werkveld van digitalisering?

Hoofdstuk 4 Wat zeggen professionals zelf? – 63

Hoofdstuk 5 Hoe kijken anderen naar een digitaal sociaal domein? – 73

Wat zeggen professionals zelf?

Samenvatting

Hoe denken sociaal werkers over digitalisering, en dan vooral over het professioneel gebruik van social media? Veel sociaal werkers zijn privé al bekend met social media, maar aarzelen soms om deze ook in het werk in te zetten. Sociaal werkers vinden zichzelf redelijk digivaardig, met de neiging daar voorzichtig in te zijn. Een magere 6 of 7 blinkt niet uit, maar is ook niet rampzalig slecht. Er is verbetering mogelijk en de basis is aanwezig. Het moet natuurlijk wel zin hebben. Sociaal werkers zien een scala aan praktische mogelijkheden voor de professionele inzet. Zichtbaarheid is het meest genoemde doel. Dat sluit mooi aan op de doelgroepen van het sociaal werk. Uit cijfers blijkt dat vrijwel iedere doelgroep in Nederland actief is op een of meerdere social-mediaplatformen. En dat platformen leeftijdsgebonden zijn. Zo heeft bijna iedereen Facebook en WhatsApp. Maar je zult geen ouderen op Snapchat tegenkomen.

4.1	Inleiding – 64	
4.2	Privé en werk – 64	
4.2.1	De balans – 64	
4.2.2	Stagiaires – 65	
4.3	WhatsApp wint – 66	
4.4	Digivaardigheid van professionals – 66	
4.5	Nieuwsgierigheid – 67	
4.6	Over de eigen organisatie – 67	
4.7	Uiteenlopende doelen – 68	
4.7.1	Profileren, hoe dan? – 69	
4.8	Doelgroepen – 70	
4.8.1	Uiteenlopende doelgroepen – 70	
	Bronnen – 71	

© Bohn Stafleu van Loghum is een imprint van Springer Media B.V., onderdeel van Springer Nature 2019
H. Versteegh, *Digivaardig sociaal werk*, https://doi.org/10.1007/978-90-368-2351-7_4

4.1 Inleiding

Wat zeggen professionals in het sociaal domein zelf over hun gebruik van digitale middelen. Dit hoofdstuk geeft daarvan een idee, door in te zoomen op hun professionele inzet van social media. Omdat dit vaak de meest toegankelijke vorm van digitaal werken is en daarmee, naast e-mail, het meest wordt toegepast.

Dit hoofdstuk is grotendeels gebaseerd op cijfers die ik haal uit een online-enquête die deelnemers aan het begin van mijn 'Onlinebasistraining social media voor sociaal werkers' [1] invullen. Soms vul ik dat aan met de ervaringen en indrukken die ik zelf heb opgedaan tijdens talloze social-mediaworkshops en strategische sessies, die ik door heel het land aan welzijnswerkers en hun organisaties geef.

Dit hoofdstuk is, net als dit hele boek, daarmee zeker niet wetenschappelijk verantwoord. Dat is ook niet de bedoeling. Het is bovendien een momentopname. Het geeft wel een indruk van de realiteit waarmee sociaal werkers in het veld te maken hebben. Daar gaat het nu om.

4.2 Privé en werk

Werkers in het sociaal domein zeggen bijna allemaal 'ja' op de vraag of ze social media of andere digitale manieren van communiceren, als privépersoon gebruiken. Bijna iedereen zit op Facebook en/of heeft WhatsApp.

Als je ze dan vraagt of ze diezelfde middelen ook in het werk toepassen, gaat meestal 40 % van de handen naar beneden. Dus ongeveer 60 % zet een of meerdere digitale middelen wel in. En er is een heel klein percentage sociaal werkers (5,5 %) die geen social media gebruiken. Bovendien wordt er over getwijfeld of WhatsApp nu wel of geen social media is. De groep die het geen social media vindt blijkt WhatsApp toch ook regelmatig te gebruiken.

Eigenlijk kun je zeggen dat professionals in het sociaal domein, net als bijna de hele samenleving, als privépersoon digitaal actief zijn. Maar op het werk dezelfde tools toepassen, is een ander verhaal. De één heeft daar meer moeite of aarzeling mee dan de ander. WhatsApp is de uitzondering.

4.2.1 De balans

Door sociale technologie lopen voor veel beroepsgroepen werk en privé makkelijk door elkaar. Je bent in staat plaats- en tijdonafhankelijk je werk te doen en te communiceren. Voor anderen ben je makkelijker bereikbaar en dat wetende wordt er ook sneller een beroep op je gedaan.

Zo ook voor werkers in het sociaal domein. Hoe verleidelijk is het om toch nog even dat appje te beantwoorden tijdens het boodschappen doen? Of om op zondagavond alvast je e-mails weg te werken? Zeker wanneer je parttime werkt en toch betrokken wil blijven bij je organisatie. Je komt dan niet los van je werk.

Dat is voor iedereen anders. De één vindt het geen probleem. Je voelt je er juist prettig bij omdat het rust geeft op het werk of omdat daar juist de rust ontbreekt. De ander bewaakt streng grenzen en zet de smartphone van de zaak uit, op weg naar huis. Ieder moet daar zelf een balans in vinden.

Dat geldt ook zeker voor wat je van jezelf online zet. Gooi jij je hele privéleven open? Of ben je daar juist heel terughoudend in? Wat vind jij acceptabel en wat laat je liever niet zien? Wat weet je doelgroep nu al van je, bijvoorbeeld? En wat niet? Mag iedereen je hobby's weten? Je gezinssituatie? Vakantiebestemming? Interesses? Favoriete winkels? Muziek, eten, drinken? Enzovoort.

En wat doe je wanneer ik je vertel dat je volgers op social media het waarschijnlijk best leuk zullen vinden om daar iets persoonlijks van je te zien. Berichten die iets van je privéleven onthullen doen het aantoonbaar beter dan zakelijke berichten; die lokken veel meer en sneller reacties van je volgers uit. Net zoals wanneer jij bij de koffie vertelt wat je in het weekend hebt gedaan. Je laat zien dat je ook een mens bent. En wij zijn nou eenmaal allemaal benieuwd naar anderen. Hier kun je dus een beetje mee spelen, om je account aantrekkelijk te houden en toch ook je zakelijke boodschap over te brengen.

4.2.2 Stagiaires

Even een zijstapje. Wanneer het over privé en werk gaat, is mijn ervaring met studenten vergelijkbaar. Dat hoor ik ook terug uit het veld. Kennis en digitale vaardigheden van stagiaires worden nog wel eens overschat. Zeker door professionals die zelf niet of beperkt digivaardig zijn.

Studenten zijn prima in staat online hun relaties te onderhouden en snel informatie te delen en te vinden. Maar eenmaal in een werkomgeving gelden toch andere normen en uitgangspunten.

Zonder kaders vanuit de organisatie (social-mediastrategie en -beleid) ben ik geen voorstander van wat je vaak ziet, namelijk dat een stagiaire de social media 'er wel even bij doet.' Je zou als professional de onlinerelaties met je doelgroep zelf moeten willen hebben. Het zijn immers je eigen klanten.

Bovendien is de stagiaire binnen een jaar weer vertrokken en blijft de organisatie achter met een social-media-account dat niet langer actief gebruikt wordt, maar nog wel te vinden is. En soms zelfs zonder het wachtwoord gedeeld te hebben met de begeleider. Met als gevolg dat die er niks meer mee kan. Geen goede reclame.

Tips voor stagiaires:
- Vraag om het social-mediabeleid en communicatieplan van de instelling. Hou je eraan (of zorg dat het er komt).
- Maak accounts in overleg met je begeleider aan.
- Check of de vormgeving en naam overeenkomen met wat gebruikelijk is in de organisatie (of stel die regels op samen met de afdeling communicatie).
- Informeer je over privacyregels en eigenaarschap van beelden. Plaats nooit foto's of video's van iemand zonder diens (schriftelijke) toestemming.
- Zorg dat je berichten passen in hoe de organisatie zich naar buiten wil laten zien. Overleg desnoods met je begeleider voor je iets plaatst.
- En stel voor ieder account onder je collega's twee of drie medebeheerders aan en regel dat het account ook door hen voorzien wordt van content.
- Maak desnoods een handleiding voor ze.

Deze tips zijn ook bruikbaar voor iedere professional …

4.3 WhatsApp wint

De groep die zegt social media op het werk te gebruiken, gebruikt vooral WhatsApp (91 %) dat met kop en schouders boven andere platformen uit steekt. Facebook is alweer iets minder gangbaar onder professionals (76 %). Gevolgd door LinkedIn (62 %) en Twitter (44 %). Andere social-mediakanalen scoren allemaal lager dan 35 %. Een groeiend aantal sociaal werkers, met name jongerenwerkers en opbouwwerkers, heeft daarnaast Instagram voor zakelijk gebruik ontdekt. Dat past ook in de landelijke trend, Instagram-gebruik neemt overal toe [3].

4.4 Digivaardigheid van professionals

» Ik denk: Laat vooral mijn jongere collega's en stagiaires zich hierop storten. Ik lever wel aan wat leuk en belangrijk is om de wijde wereld in te brengen. Als er een folder gemaakt moet worden, wil ik het wel doen.

Herkenbaar? Ken jij een collega die er zo over denkt? Of ben jij het zelf? Dat is er werk aan de winkel. Wil je een beetje zicht hebben op de kansen die digitalisering in het sociaal werk biedt dan is het handig dat je weet waar het over gaat. En nog fijner is het als je zelf al wat ervaring hebt opgedaan en digitale vaardigheden hebt ontwikkeld. Hoe staat het daarmee?

In een enquête naar gebruik van social media [2] scoorden sociaal werkers zichzelf. Gevraagd naar het ervaringsniveau konden ze meerdere dingen aanvinken. Dat zie je terug aan de percentages.

Een kwart (25 %) ziet zichzelf als beginner. Een dikke meerderheid van de geënquêteerden vindt zichzelf een beginner met wat ervaring (82 %) gevolgd door een grote groep die zich een ervaren gebruiker noemt (70 %). Iets meer dan een kwart (27 %) durft van zichzelf te stellen dat ze zeer ervaren zijn.

Kortom: een kleine groep ziet zichzelf als beginner, een even kleine groep is ervaren. Het gros zit er ergens tussenin. Als je dit als norm neemt voor de hele beroepsgroep dan is dat nog helemaal niet zo'n slecht beeld.

Wanneer sociaal werkers zichzelf een cijfer mogen geven, zitten de meesten op een 7 of een 8 (28 % en 20 %). Bij hen zit het met het vertrouwen in eigen kunnen wel goed, al zien ze dat er verbetering mogelijk is. Met een beetje coaching kunnen zij vaak snel resultaten boeken. Let op, dit zijn dus mensen in organisaties die 'iets' met digitalisering willen.

Maar er is ook een redelijk aantal dat zichzelf een 3 of een 5 geeft (11 % en 17 %). Dat zijn collega's die meer moeite hebben om uit zichzelf digitaal mee te komen.

Als het gaat om actuele kennis van social media is men iets terughoudender. Veruit de meeste sociaal werkers geven zichzelf hiervoor een cijfer tussen de 4 en 7. Met als hoogste percentage de 34 % die een 7 noteert.

Gevraagd naar de actuele digitale vaardigheden zegt men over zichzelf dat ze een 6 of een 7 scoren (beide 22 %). Gevolgd door een 5 (17 %) en een 3 (11 %). Al met al niet erg hoog, zelfs een beetje aan de lage kant. Anders gezegd … er is ruimte voor verbetering!

4.5 Nieuwsgierigheid

Uit het voorgaande doemt een wat somber gekleurd beeld op. Maar daar staat tegenover dat de grondhouding ronduit positief is!

Tegenover de lage zelfinschatting staat namelijk wel een grote behoefte aan meer kennis. 51 % van de sociaal werkers is nieuwsgierig naar digitale middelen in hun werk, met name social media. Maar liefst 77 % ziet dit als een kans! 49 % vindt het interessant en 45 % vindt het een leuk onderwerp en 40 % beoordeelt het als inspirerend. Ook hier konden meerdere antwoorden gegeven worden.

De scores hangen samen met de eigen ervaringen met social media. En dat hangt weer samen met de doelgroep die men heeft. Zo zijn jongerenwerkers positiever en nieuwsgieriger dan collega's die met ouderen werken. Je zou verwachten dat in het werken met jongeren het inzetten van social media inderdaad ook beter werkt dan met ouderen, al is dat verschil langzaam aan het veranderen. Bij ouderen is de grootste groei in gebruik te zien. Ook 80+'ers zijn steeds vaker online. Ouderenadviseurs en mantelzorgconsulenten zouden daar dus op kunnen inhaken.

4.6 Over de eigen organisatie

Maar liefst 71 % van de professionals vindt dat de eigen organisatie absoluut zichtbaar moet zijn op social media, waarvan 28 % daar voorwaarden aan verbindt. Bijvoorbeeld, dat het pas zin heeft als de hele organisatie digitaal actief wordt. En niet slechts één of twee collega's. En dat er voldoende kennis moet zijn (zie hiervoor). Bovendien moet digitaal werken wel functioneel zijn (geen koffiepraat gewenst). Er zijn ook sociaal werkers die in het oog houden dat ook cliënten/deelnemers met social media uit de voeten moeten kunnen, wil je zichtbaar zijn voor die groepen.

Van de ondervraagden vindt 34 % dat de eigen organisatie al actief en zichtbaar is. Dat beeld wordt gekleurd doordat de respondenten vrijwel allemaal werken in organisaties die wel enige feeling met digitalisering hebben.

In de praktijk kom ik zelf nog wel eens aankondigingen tegen van sociaal-werkorganisaties/welzijnsorganisaties die oproepen deel te nemen aan computercursussen voor ouderen, maar zelf bijvoorbeeld niet op Twitter of Facebook te vinden zijn met een bedrijfsaccount.

Gevraagd naar de inschatting van professionals of de organisatie 1.0 (alleen een website en e-mail), 2.0 (website, e-mail en social media), 3.0 (hetzelfde, aangevuld met andere digitale tools) of 4.0 (nadruk op digitaal werken) schatten zij hun organisatie vaak voorzichtig tussen 1.0 en 2.0 in. Zelfs wanneer ze hun registraties op de computer invullen en documenten online delen. Dit kan duiden op een stevige aarzeling bij of onderschatting van eigen vaardigheden, wat betreft het omarmen van digitaal werken.

En hoe zit het met de benodigde apparatuur? Werk je op je werk nog met verouderde computers? Kun je bepaalde websites niet bezoeken omdat die zijn afgeschermd door je systeembeheerder (in opdracht van …?). Heb je thuis betere apparaten dan op je werk? Of hebben de managers die wel en moet jij het met oude afdankertjes doen? Ik heb het in mijn trainingen voor sociaal werkers allemaal gezien. En dan is het geen wonder dat ze niet staan te trappelen om digivaardiger te worden en digitaal te gaan werken.

4.7 Uiteenlopende doelen

» Ik werk met (voornamelijk) ouderen en die hebben over het algemeen niet zoveel met social media. Ik ben niet superhandig met computers en smartphones. Ik wil niet continu met social media bezig zijn, dus het is belangrijk dat het functioneel is en geen doel/bezigheid op zichzelf.

Vooral die laatste opmerking is een treffende, digitaal werken moet niet tot last zijn, maar wel nuttig. Zo denken veel sociaal werkers erover. De valkuil is dat je digitaal werken als doel op zichzelf gaat zien, helemaal wanneer het niet makkelijk gaat. Maar digitaal werken, bijvoorbeeld met social media, is altijd een middel. Het dient een ander doel.

Digitalisering toepassen kan verschillende doelen hebben. Professionals geven aan dat de onderstaande doelen ongeveer even belangrijk zijn. Er is er niet één dat er echt uitspringt. Al wordt het eerste doel: zichtbaar zijn, wel vaak als eerste genoemd. Vrijwel alle sociaal werkers die ik spreek, zien zichtbaar zijn als belangrijkste doel.

Ook brancheorganisaties geven zichtbaar zijn veel aandacht, als is het maar om de tekorten aan arbeidskrachten in zorg en welzijn op te heffen. Laten zien hoe leuk het werk is en hoeveel voldoening dit geeft. Ook via digitale kanalen.

Mogelijke doelen zijn:
- Zichtbaar zijn/het werk zichtbaar maken/zich profileren.
- Tijd (en geld) besparen.
- De doelgroep beter leren kennen.
- Dat de doelgroep de sociaal werker beter leert kennen.
- Gevonden worden.
- Contact met vrijwilligers onderhouden.
- Professioneel netwerk onderhouden (ketenpartners, overheid, enz.).
- Makkelijker intern communiceren.
- Weten wat intern speelt.

» De dingen waarvoor je niet de telefoon pakt, die je niet in een vergadering deelt, maar waarvan je wel je collega's op de hoogte wil brengen.

- De organisatie en haar diensten naar buiten promoten.
- Het (hulp)netwerk rond de doelgroep bereiken.
- Social media net zo gebruiken als bellen en mailen (bijv. via WhatsApp).
- Onderdeel laten uitmaken van de begeleiding/hulpverlening (bijv. chatten, beeldbellen).
- De doelgroep kunnen voorlichten en begeleiden in het gebruik van social media.
- Zelf zichtbaar zijn voor toekomstige werkgevers.

Vaak heb je de kans om de relatie met de mensen die jou al kennen te verdiepen, door:
- verdieping
- informeler contact
- 'top of mind' zijn (dus dat ze aan je denken wanneer jij van betekenis kunt zijn);
- makkelijker nieuwe mensen aantrekken (cia de mensen die jou al kennen);
- nieuwe volgers;
- nieuwe deelnemers;
- het informele netwerk rondom iemand;
- nieuwe vrijwilligers;
- nieuwe partners.

◘ **Figuur 4.1** Profileren, hoe dan

Hoewel het lijkt alsof er geen duidelijk opvallende allerbelangrijkste reden te verzinnen is om met social media aan de slag te gaan, kun je het ook anders zien. Er zijn kennelijk legio redenen die ervoor pleiten wel met social media aan de slag te gaan! Wat een overvloed. Er zijn er vast enkele die van toepassing zijn op je eigen situatie en organisatie.

4.7.1 Profileren, hoe dan?

Zichtbaar zijn en jezelf profileren. Het wordt vaak als eerste genoemd bij de doelen om digitaal te gaan werken. En dan vooral wanneer social media in beeld zijn. In de sterk bewegende markt van het sociaal domein moet jij inderdaad goed duidelijk kunnen maken waar jij voor staat (◘ fig. 4.1).

Dat is niet makkelijk. Zeker als je dit niet gewend bent. Je wilt absoluut niet met jezelf lopen leuren en zeuren. Maar jij weet ook dat meer zichtbaarheid je goed zal doen. Dat je dat zal helpen om je invloed en je impact te vergroten. Dat er meer mogelijk is voor jou als jij je stevig profileert. En dat het je dichter bij je klanten brengt zodat je hen nog beter kunt helpen!

Veel van de hiervoor genoemde doelen komen terug in mijn programma Hier Sta Ik Voor! [4] Ooit ontwikkeld door Anneke Krakers, nu door mij aangeboden. Het helpt je een goed antwoord te geven op de vraag '*Wat doe jij eigenlijk?*' Je ontdekt je professionele identiteit en weet die uit te dragen naar klanten, collega's en partners. Online en offline. Op een manier die bij jou, als sociaal werker, past. Einde van deze reclameboodschap.

4.8 Doelgroepen

Ook jouw doelgroep is al online! Zo kunnen kinderen van 6 jaar of jonger al prima met smartphones en tablets overweg. Je ziet dat ouderen op social media de grootste groep zijn, waar groei zit in het gebruik van die social media. Ook 80+'ers zijn steeds vaker op Facebook en in online community's te vinden.

Hoe zijn doelgroepen verdeeld over social-mediaplatformen? De top vijf van social-mediaplatformen bestaat uit

5. Instagram;
4. LinkedIn;
3. YouTube;
2. Facebook;
1. WhatsApp [3].

Je kunt zeggen dat eigenlijk iedere doelgroep of iedere leeftijdsgroep nu wel online te vinden is. Bijvoorbeeld Snapchat wordt door 67 % van de 15–19-jarigen gebruikt. En diezelfde groep gebruikt voor 96 % WhatsApp. Jongeren kun je vooral vinden op Instagram, Facebook (neemt af) en WhatsApp. Als je kijkt naar de 80+'ers zie je 0 % op Snapchat. Maar 61 % op Facebook. WhatsApp wordt door 36 % van de 80'ers gebruikt.

De grootste groep gebruikers van social media zie je in de leeftijdsgroep 20 tot en met 65 jaar. En dan met name WhatsApp en Facebook. Zakelijk gezien is LinkedIn nog steeds het grootste platform in Nederland. Twitter is iets gezakt, maar telt toch nog altijd mee, zeker in het zakelijke circuit.

Wil je weten waar jouw doelgroep te vinden is, vraag het dan vooral eens aan je doelgroep zelf. Vraag op welke platformen zij actief zijn, wat ze daar aan het doen zijn. Waarom zitten ze op dat platform? En vraag ook eens of ze het leuk zouden vinden om jou als professional daar tegen te komen. En ook: wat verwachten ze dan van jou?

4.8.1 Uiteenlopende doelgroepen

De door professionals meest genoemde doelgroep is de klant/cliënt/bewoner/deelnemer. Veel werkers zien mogelijkheden om zich hier online op te richten. En dat is natuurlijk ook heel goed mogelijk. Deze primaire doelgroep wordt op de hielen gevolgd door (keten)partners en door vrijwilligers.

Vanuit de uitvoerend werkers zijn dit geen verrassende doelgroepen. Het zijn groepen waar ze ook nu al mee te maken hebben. Het is mooi dat ze daar mogelijkheden zien. Het is tegelijk jammer dat er niet veel verder wordt gekeken dan naar wat bekend is.

Opmerkelijk laag scoren doelgroepen als de leidinggevenden (!), collega's en de eigen communicatieafdeling. Dat is vreemd, omdat dit partijen zijn die kunnen helpen het belang van de uitgevoerde werkzaamheden verder te brengen. Door ze slim te informeren heb je kans op een grotere betrokkenheid binnen en buiten de organisatie. En daar kan de organisatie zelf ook vruchten van plukken. Het gaat hier om de profilering van de hele organisatie. Niet onbelangrijk in een sector waar nog wel eens een aanbesteding gewonnen dient te worden. Beeldvorming is dan medebepalend en daar heb je iedereen in de organisatie bij nodig.

Er zou verder onderzocht kunnen worden of professionals toepassingen zien voor digitaal communiceren en samenwerken met minder voor de hand liggende doelgroepen. Groepen die denkbaar zijn vanwege de transitie en die meer een beroep moeten gaan doen op eigen kracht in de participatiesamenleving, ook door de opkomst van de deeleconomie.

Het gaat dan over informele steunnetwerken, mantelzorgers, bewonersplatformen, sociaal ondernemers, bewonersinitiatieven, mensen die spullen delen en eten weg geven, enzovoort.

Voor zeker een aantal van deze mogelijke doelgroepen geldt dat het voor hen vanzelfsprekend is dat ze zich organiseren en communiceren door middel van social media en/of andere digitale middelen. Misschien bestaan ze wel juist omdat ze tegenwoordig deze mogelijkheden hebben. Interessant is te weten of professionals erin slagen daar op aan te sluiten en zo ook voor die groepen van betekenis te zijn.

Bronnen

1. Onlinebasistraining social media voor sociaal werkers ▶ https://socialsocialmediaacademie.nl.
2. Enquête naar social-mediagebruik ▶ https://nl.surveymonkey.com/r/RJ63WP8.
3. Jaarlijks social-mediaonderzoek 2018, Newcom: ▶ https://www.newcom.nl/socialmedia2018.
4. Profileren met Hier Sta Ik Voor! ▶ https://www.welzijn30.nl/profileren-met-hier-sta-ik-voor/.

Hoe kijken anderen naar een digitaal sociaal domein?

Samenvatting

Schiet het al een beetje op met de digitale transitie? Je ziet eigenlijk overal wel beweging. Het besef dat digitalisering in Nederland doorzet en dat Nederlanders digivaardig moeten zijn om volwaardig te kunnen participeren, is inmiddels breed gedragen. Voorzichtig zie je op dit thema partijen naar elkaar groeien. Een paar landelijke initiatieven, om digivaardigheid van de bevolking te vergroten, zijn daarin bemoedigend maar nog pril. Veel verschillende spelers zijn ieder voor zich aan het zoeken, proberen, prikkels aan het geven. Het onderwijs biedt steeds meer digitale kennis aan toekomstige professionals. Wat daarbij opvalt, is dat de zorg al stukken verder is dan het sociaal werk. In bewegingen die recent zijn gestart ontbreekt deze sector. Maar als je wilt kun je nu wel een rol naar je toe trekken in het digivaardig maken van kwetsbaren. Het thema leeft breed en krijgt meer en meer aandacht.

5.1 Inleiding – 75

5.2 Schiet het al een beetje op met die digitalisering? – 75

5.3 Klanten, bewoners, deelnemers, cliënten, patiënten – 75
5.3.1 Handreiking voor toegankelijke digitale zorg – 76

5.4 Leidinggevenden – 77
5.4.1 Handreiking voor implementatie – 77

5.5 Bestuurders – 78
5.5.1 Drie heldere aanwijzingen – 78

5.6 Raad van Toezicht – 80

5.7 Beroeps- en brancheverenigingen – 80

© Bohn Stafleu van Loghum is een imprint van Springer Media B.V., onderdeel van Springer Nature 2019
H. Versteegh, *Digivaardig sociaal werk*, https://doi.org/10.1007/978-90-368-2351-7_5

5.8   Kenniscentra – 81

5.9   Onderwijs – 82

5.10   Andere stakeholders – 82
5.10.1 Gemeenten – 82
5.10.2 Ministerie van Binnenlandse Zaken en Koninkrijksrelaties (BZK) – 84
5.10.3 Ministerie van Volksgezondheid, Welzijn en Sport (VWS) – 84
5.10.4 Overige partijen – 85

        Bronnen – 85

5.1 Inleiding

Dit hoofdstuk gaat in op een aantal belangrijke stakeholders die betrokken zijn bij de digitale transitie van het sociaal werk of anderszins digitalisering van alle mensen in Nederland nastreven. Ieder heeft weer eigen invalshoeken, die meespelen in het wel of niet en snel of langzaam omarmen van digitalisering. Er staat ook een aantal handige bronnen in dit hoofdstuk genoemd die je kunnen helpen meer te weten te komen. Veel is nog in ontwikkeling, velen moeten nog aanhaken.

5.2 Schiet het al een beetje op met die digitalisering?

Digitalisering krijgt steeds meer belangstelling uit het veld. Ook al roep ik elders in dit boek dat het sociaal domein doorgaans jaren achterloopt, toch is nu te zien dat er meer aandacht is voor digitale ondersteuning van doelgroepen. Meer aandacht voor het bijbrengen van nieuwe vaardigheden bij medewerkers, die in het dagelijks werk steeds meer afhankelijk zijn van computers, smartphones en tablets. En digitalisering maakt het mogelijk om te innoveren, waarbij we misschien pas aan het begin staan.

Er is een grotere behoefte aan voorbeelden en er worden zaken uitgeprobeerd en nieuw ontwikkeld. Er zijn zelfs organisaties die lef hebben en zeggen: we gaan dit gewoon doen, want we vinden dat digitalisering in deze tijd niet meer weg te denken is. Tekenen dat het de goede kant op gaat.

Aan de andere kant is de schaal nog beperkt. Veel (de meeste) organisaties lijken de kat uit de boom te kijken. Logisch, want je moet wel een beetje verantwoord met de beschikbare middelen omgaan. En er moet al zoveel. We hebben koud een flinke opschudding van het sociaal domein achter de rug. De tent werd verbouwd en de dienstverlening moest ondertussen wel doorgaan. Nu dat wel zo'n beetje staat, is er ruimte om ook de inhoud weer aandacht te geven. En om je heen te kijken naar wat er in de samenleving gebeurt en nodig is. En ja, digitalisering is zo'n thema.

5.3 Klanten, bewoners, deelnemers, cliënten, patiënten

Van professionals die ik spreek over digitalisering, bijvoorbeeld in mijn social-mediatrainingen, hoor ik nogal eens: '*Mijn doelgroep is daar niet in geïnteresseerd.*' Dat klopt niet. Het zou zomaar kunnen dat doelgroepen harder gaan dan de sector zelf. Die sociaal werkers zien er dan vaak zelf tegen op. Onbekend maakt onbemind. Dat snap ik. Maar gaan ze ermee aan de slag, dan zijn ze vaak verrast hoe makkelijk 'hun' doelgroep 'over te halen' is in het gebruik van digitale middelen. En ze worden helemaal enthousiast als ze zien dat het ook nog wat toevoegt, dat het bijdraagt aan hun werk.

Gelukkig maar. Want onderzoeken geven keer op keer aan, dat we als samenleving massaal online zijn gegaan én dat we dat met steeds meer mensen doen. Het gebruik van social media, smartphones, tablets en op het internet aangesloten apparaten thuis groeit jaarlijks. Onder alle bevolkingsgroepen.

Het Centraal Bureau voor de Statistiek (CBS) maakte begin 2018 bekend dat 67 % van de Nederlanders wel eens iets heeft gezocht op internet over gezondheid, leefstijl, ziekten, voeding of beweging. En al 25 % vindt het normaal online een afspraak te maken met een zorgverlener. Zelfs 10 % koopt online medicijnen [1].

Voor heel veel mensen is het dus heel vanzelfsprekend dat ze online contact met het sociaal domein kunnen hebben. Wanneer zij dat willen en op de plek waar zij dat willen. En ze zullen dat ook meer en meer gaan verwachten van je.

> Je moet zoveel lijntjes tegelijk open hebben: telefoon, WhatsApp, e-mail en 't gaat maar door. WhatsApp sluit goed aan bij contact met jongeren (kost hen meestal niks), maar zij verwachten ook de snelheid van reageren die ze daarbij in hun netwerk gewend zijn. Een medewerker die bijvoorbeeld na enkele uren terug-appt, is dan wel een heel trage medewerker. Collega's kunnen het als wat hijgerig ervaren en verzuchten daarom wel eens: "Ik gooi die WhatsApp eraf."

Wat je dus juist niet moet doen, heel goed dat je zo perfect aansluit bij je doelgroep!

▪ Klanten betrekken

Het gevaar van digitalisering is dat je te veel naar binnen kijkt. Het middel kan snel een doel op zichzelf worden, zeker wanneer er problemen mee ontstaan. De digitalisering zelf is dan belangrijker dan wat het moet opleveren. De kunst is om voortdurend naar buiten te kijken, naar wat de eindgebruiker nodig heeft en hoe die erop reageert. Goede innovaties beginnen dus daar, met de klantreis. In de huid kruipen van de doelgroep, alle contactmomenten en stappen in een proces vanuit de klant benaderen en kijken wat beter kan.

Met ontwikkelingen als 'patients included' en 'nurse included' worden zowel de eindgebruiker (de patiënt) als de hulpverlener (de verpleging) meegenomen in de ontwikkelingen van nieuwe zorgtechnologie. Meteen vanaf het begin. Een voorbeeld is de volgende handreiking.

5.3.1 Handreiking voor toegankelijke digitale zorg

Om bij het ontwikkelen van digitale vormen van zorg de toegankelijkheid voor de patiënt niet te vergeten maakten de Oogvereniging, Ieder(in), MIND Landelijk Platform Psychische Gezondheid, Patiëntenfederatie Nederland en Persoonlijke Gezondheids Omgeving (PGO)-Support een handreiking die gratis te downloaden is [2].

Hieronder een citaat uit de handreiking:

> Digitale zorg bestaat in allerlei vormen. Denk aan e-informatie (websites, keuzehulpen, e-community's), e-services (onlineafspraken, digitale toegang tot medisch dossier), e-zorg (e-consult, internettherapie, thuis meten van gezondheidswaarden) en e-wonen (personenalarmering, slimme apparaten). Zorgverleners verbeteren en vernieuwen hiermee hun aanbod. Door digitale zorg kunnen mensen zelf met hun gezondheid aan de slag. Op een plek en een moment dat het hen uitkomt. Dit betekent meer 'zorg op maat' en meer eigentijdse gezondheidszorg.

Vervolgens geeft de handreiking zeven stappen voor het betrekken van patiënten. Overigens, waar je zorg leest, kun je dat ook breder trekken naar andere velden in het sociaal domein die zo kunnen beginnen met innoveren.

5.4 Leidinggevenden

De uitvoerend sociaal werkers als stakeholder sla ik even over, want daar gaat het hele boek al zo'n beetje over. Maar leidinggevenden spelen ook een belangrijke rol. Zij hebben meerdere belangen te dienen: het functioneren van de organisatie, rapportages leveren en interpreteren, en duurzaam inzetbare medewerkers vinden, opleiden en behouden, om maar wat te noemen.

Digitaal werken implementeren betekent dat ze aan de bak moeten. Want hoe bereik je als leidinggevende dat jouw collega's de stap zetten naar digitaal werken? Concreet, dat ze social media adequaat durven en weten in te zetten? En ook andere online tools (zoals rapportage software, gedeelde agenda, WhatsApp-groepen, enz.) en vormen van ehealth/blended hulpverlening gaan toepassen?

Het is 'not done' om in deze tijd iets te droppen bij je medewerkers en te verlangen dat het zo uitgevoerd wordt zoals jij dat wil. De trend is zelfsturing, eigen verantwoordelijkheid nemen en zelf organiseren. Je kunt natuurlijk wel dingen aandragen en het belang ervan laten ervaren. Dus ga in ieder geval in gesprek met je team. Hoe kijken zij tegen digitalisering aan? Wat zou het team eraan kunnen hebben, en hoe? Wie heeft er gevoel bij? Wie niet? Neem iedereen serieus, want je hebt ze allemaal nodig om tot een goede uitkomst te komen. Ook tegenstanders kunnen waardevolle meningen hebben. Wat is nodig, nu en straks? En hoe kom je daar?

5.4.1 Handreiking voor implementatie

Met de volgende handreiking met tips zet je een proces in gang dat recht doet aan de mening van alle betrokkenen en zorgt voor borging van realistische plannen. Deze door mij ontwikkelde handreiking is gebaseerd op eigen ervaringen bij het oppakken van het thema digitalisering in organisaties. En op wat ik in de loop der jaren heb gelezen en gehoord.

1. Betrek vanaf het eerste moment alle partijen, dus ook de mensen die het straks moeten gaan doen of voor wie je het doet. En laat ze meedenken.
2. Zorg voor goede voorlichting, want onbekend maakt onbemind. Laat zien wat de actuele ontwikkelingen zijn en koppel dat naar de dagelijkse werkzaamheden. Van de andere kant willen medewerkers niet het gevoel hebben dat ze achterlopen. Ze willen graag mee kunnen praten.
3. Neem weerstand serieus. Er zit vaak een goed reden achter. Ga dus de discussie aan over waar verbeterpunten zitten maar ook over of en waar het misschien beter is om nog even pas op de plaats te maken.
4. Zorg in het hele traject voor een duidelijk aanspreekpunt waar betrokkenen terecht kunnen.
5. Laat ervaren wat het betekent. Als je zelf aan de slag gaat of goede voorbeelden van anderen een podium geeft, kunnen mensen zich een voorstelling maken van wat het voor hen betekent. Natuurlijk leert iedereen anders, houd ook daar rekening mee.
6. Geef kleine groepjes ruimte om te experimenteren. Bij voorkeur groepjes collega's met dezelfde functies of hetzelfde werkgebied/werkdoel. Zet een sfeer neer waarin experimenteren mag zonder dat het gevolgen heeft. Leer van fouten en stel plannen bij.

7. Zoek mensen die er gevoel bij hebben, die interesse hebben in online werken en daar misschien al ervaring in hebben. Geef ze een podium om anderen aan te steken met hun enthousiasme.
8. Zet enthousiastelingen bij aarzelende collega's en laat ze samen doelen stellen. De een zal de ander meetrekken. En al te dolle plannen worden er realistischer van. Spreek sociaal werkers aan op hun professionele expertise en daag ze uit met digitale oplossingen te komen voor dagelijkse thema's.
9. Creëer ruimte en tijd. Verlicht taken van mensen om hier aan de implementatie te kunnen dragen.
10. Focus op praktische zaken. Hebben ze de goede spullen om mee te werken? Doet het internet het? Weten ze voldoende van het social-mediaplatform waar ze mee werken? Kunnen ze zelf problemen oplossen of is er een achterwacht?
11. Kun je toewerken naar een praktisch doel? Een nieuwe concrete dienst of product? Een taakomschrijving die organisatiebreed geldt voor e-social workers?
12. Bouw reflectie in. Op regelmatige tijden even samen zitten en bespreken wat er gedaan is, wat bereikt is, wat misging, waarom, hoe het ervaren is en hoe verder gegaan kan worden.
13. Geef de credits aan de medewerkers zelf. Laat ze trots zijn op wat ze bereiken en laat dat zien! Beloon ze.

5.5 Bestuurders

Bestuurders in het sociaal werk zijn nieuwsgierig naar de mogelijkheden die onlinetechnologie en digitaal werken kunnen bieden. Ze zijn op zoek naar voorbeelden en willen die kunnen vertalen naar de eigen organisatie. Echter, ze komen van een koude kermis thuis, want er is nog niet zoveel te vinden. Dit boek voorziet in die voorbeelden, dus wellicht kan dit een aansporing zijn.

Bestuurders hebben twee grote belangen, de klant moet bediend worden en de tent moet blijven draaien. Digitalisering is voor beide thema's van belang. Welke producten kun je 'digital first' maken zodat ze en goedkoper en schaalbaarder worden? En hoe zit het met de digitalisering van bedrijfsprocessen? Welke visie, strategie, beleid en investeringen komen daarbij kijken?

5.5.1 Drie heldere aanwijzingen

Jan Kimpen, Chief Medical Officer bij Philips, gaf tijdens de opening van de eHealthweek 2019 [3] een presentatie waarin hij een paar interessante vragen stelde: Hoe blijf je als organisatie relevant? Hoe blijf je in de toekomst je rol naar je klant spelen? Hoewel hij dit vanuit de zorg en zorgtechnologie benaderde, is zijn gedachte in een breder perspectief interessant. Daarbij gaf hij drie heldere aanwijzingen:

- **Kijk naar trends**

In zijn geval is dat de trend dat burgers zelf regie willen hebben over hun gezondheid en behandelingen. Dat vraagt anders kijken naar zorg, niet langer alleen naar volume en aantallen behandelingen. Maar naar: welke waarde voegen we toe aan het welzijn van patiënten.

Daar hangt de beweging van het ziekenhuis naar huis mee samen, de beweging naar de eigen vertrouwde omgeving. De technologie maakt het mogelijk dat de zorg meer waardegedreven zal worden. Waarbij de patiënt zelf meer regie heeft.

- **Wat is daarop je visie?**

Je 'guiding principle' of gidsprincipe, dat overal, in elk product en iedere dienst terug moet komen. De visie van Jan Kimpen is: we moeten de stem van de patiënt de organisatie in brengen. En het is zijn droom dat er bij patiënten thuis metingen kunnen worden uitgevoerd en dat zij thuis behandeld kunnen worden. Met zelf uitgevoerde metingen die naar het ziekenhuis gaan en onderdeel worden van de behandeling. Zodat er bij een opname meer aandacht kan zijn voor het welbevinden van de patiënt. Iets essentieels waarvoor de meeste hulpverleners immers het vak in zijn gegaan.

Dat moet het volgende opleveren (quadruple aim): (1) Meetbaar betere zorg, (2) betere ervaring voor de patiënten, (3) lagere kosten én (4) beter welbevinden van de hulpverleners zelf (burn-out voorkomen).

- **Treed buiten je comfortzone**

In het geval van Jan Kimpen geval betekent dit dat hij buiten ziekenhuizen treedt, naar wijken en woningen. Preventie is belangrijker geworden. Door populatiemanagement weten ze hoe vaak een ziekte voorkomt, wat risicogroepen zijn, enzovoort. Meten is weten. De toekomst ligt in data, de cloud en voorspellende AI. Mensen worden door apps en leefstijlconsulenten gecoacht.

Door het verbinden van cliënt en hulpverlener en van hulpverleners aan elkaar, het loskoppelen van zorg en ziekenhuisbed, met hulp van slimme technologie thuis in de eigen omgeving van de patiënt, kan er aan het bed meer aandacht zijn voor het welbevinden van de patiënt. Kenmerken van de nieuwe werkelijkheid zijn:
- 24/7 beschikbaar;
- preventief;
- precies;
- gepersonaliseerd;
- AI (brein van de computer koppelen aan een menselijk brein (dat van de arts, verpleegkundige));
- naadloze *patiënt experience*;
- invoegen in leven patiënt.

Nodig zijn open standaarden voor de technologie:
- dezelfde wijze van meten;
- noodzaak van verandermanagement (je nieuwe manieren van werken eigen maken);
- bekostiging (betalingssystemen wijzigen).

Wanneer je dit leest en naast jouw realiteit houdt, zijn er dan overeenkomsten? Is de manier van kijken in deze drie aanwijzingen ook iets wat jij op jouw organisatie en werk los kunt laten? En wat betekent de uitkomst daarvan voor jou?

5.6 Raad van Toezicht

De rol van een toezichthouder in een raad van toezicht (RvT) is natuurlijk een bijzondere. Je bent wel betrokken, maar mag niets in de uitvoering doen. Ook niet wanneer je rondom digitalisering op het puntje van je stoel gaat zitten. Want daarvoor is immers de directeur/bestuurder.

Maar je betrokkenheid op dit thema is prima. Een RvT keurt niet langer alleen maar de financiële cijfers goed, maar is meer en meer een gelijkwaardige sparringpartner voor de bestuurder op inhoudelijke thema's. In vacatures voor leden van Raden van Toezicht zie je steeds vaker dat er expertise wordt gevraagd op het vlak van digitalisering, innovatie, veranderkunde en bedrijfsprocessen.

In raden van toezicht is nu nog weinig kennis voorhanden op het thema digitalisering. Wel zie je dat daar onderkend wordt dat het thema digitalisering de potentie heeft het voortbestaan van de organisatie in gevaar te brengen wanneer er niet tijdig en juist op wordt ingesprongen. Het besef van urgentie wordt steeds groter. ICT is essentieel geworden en de concurrentie die er wel mee aan de slag gaat is steeds groter.

Toch is het nu voor leden van raden van toezicht nog zoeken naar de juiste informatie, informatie waaraan je in zo'n positie wat hebt. Kijk eens bij ▶www.commissarissen.nl op het thema digitalisering [4]. Lees ook zeker even de interessante blogs op dit platform, waarin je tips krijgt over het stellen van de juiste vragen aan de bestuurder. Een leuke om het gesprek over digitalisering op gang te helpen is deze:

» Wat is de stip op de horizon die we willen bereiken met digitalisering?

Wanneer de bestuurder rood wordt en begint te zweten, of ontwijkende antwoorden gaat geven, weet je dat je moet opletten en dat er nog een lange weg te gaan is.

5.7 Beroeps- en brancheverenigingen

Beroepsverenigingen volgen wat er gaande is en bieden leden ondersteuning. Het belang zit hem onder andere in zorg voor duurzame inzetbaarheid van leden/medewerkers, actuele thema's onderzoeken en een podium geven, de sector maatschappelijk relevant laten blijven en beleid beïnvloeden. Dus daar verwacht je ook op het gebied van digitalisering een voorbeeld, een leidende rol. Maar helaas, hier zijn we snel klaar.

- Beroepsvereniging van Professionals in Sociaal Werk (BPSW)

Bij deze beroepsvereniging van professionals in sociaal werk vind je tot op heden weinig informatie over digitalisering in je werk. Naar aanleiding van het verschijnen van een ander boek over digitalisering in het sociaal werk, 'Sociaal werk in de digitale Samenleving,' [5] is in het voorjaar van 2019 wel door BPSW een training uitgeschreven [6].

- Sociaal Werk Nederland (SWN)

Bij Sociaal Werk Nederland is het iets beter gesteld met de aandacht voor digitalisering. In 2017 voerde SWN een quickscan [7] uit onder haar leden en verscheen een rapport met aanbevelingen dat op het jaarcongres in 2018 werd afgesloten met een sessie over dit onderzoek. De teneur: we willen wel maar weten niet hoe.

Interessant is de Opschalingsgids Sociale Technologie [8] die naar aanleiding van dit onderzoek verscheen. '... *een handleiding met praktische adviezen en verwijzingen, die een compleet beeld geeft van wat je moet doen voor succesvolle opschaling en verduurzaming van sociale technologie in het sociaal werk.*'

Dat SWN ook als organisatie vooruit kijkt, bleek uit de vacaturetekst voor de nieuwe voorzitter na het vertrek van Marijke Vos (inmiddels vervuld): '*SWN wil landelijk het voortouw nemen in innovatie en profilering van de branche.*' Een duidelijk vervolg op het thema digivaardigheid is hier door SWN niet aan gegeven.

5.8 Kenniscentra

Bij nieuwe ontwikkelingen kijkt het werkveld naar haar kenniscentra. En ja, daar is ook zeker wat te halen op het thema digitale sociale technologie. Je moet een beetje zoeken, dat wel, want er zijn tal van actuele thema's die ook aandacht vragen. Een klein kijkje in hun keukens:

- Movisie

Binnen Movisie [9] spreekt men van sociale technologie. Onder die noemer verzamelt en deelt dit kennisinstituut de ontwikkelingen op het gebied van digitalisering en technologie. In het verleden organiseerde Movisie de Dag van de Sociale Technologie [10] en ook socialetechnologiesafari's (busreizen naar voorbeelden in het land). Daardoor is er veel kennis in huis, zijn er wat publicaties geweest. En de al eerder genoemde Keuzenwijzer E-tools helpt je te kiezen uit tools die onlineburgerparticipatie bevorderen [11]. Movisie heeft een netwerk van professionals uit het veld verzameld die in het thema sociale technologie actief zijn. Door wisselingen in personeel en beleid is het even afwachten of deze lijn een vervolg krijgt.

- Vilans

Vilans, een onderzoek- en kenniscentrum voor langdurige (ouderen)zorg [12], heeft veel aandacht voor zorg en technologie. Niet alleen binnen instellingen maar ook zeker in de wijken. Neem een kijkje op hun website en laat je informeren. Bijvoorbeeld met de Inspiratiebox die gratis te downloaden is [13].

Vilans geeft met de Inspiratiebox een overzicht van technologieën en apps die '*het leven makkelijker of aangenamer*' kunnen maken. '*In de inspiratiebox vindt u categorieën en technologische oplossingen die geschikt zijn voor (cliënten van) zorg- en welzijnprofessionals in de wijk. Denk bijvoorbeeld aan producten of oplossingen die cliënten prettig en zelfstandig laten wonen, producten die helpen bij de dagstructuur of producten die helpen bij het (zelf) regelen van zorg.*'

- Stimulansz

Hoewel voornamelijk gericht op het bedienen van gemeenten is wat Stimulansz doet ook relevant voor organisaties in het sociaal domein. Onder meer op het toepassen van big data [14] is Stimulansz ervaring aan het opdoen in samenwerking met gemeenten en ICT-partners. Het doel is maatwerk en persoonlijke dienstverlening aan kwetsbare groepen [15].

5.9 Onderwijs

Hoewel het aanpassen van een curriculum (het plan over waar les in gegeven gaat worden) te vergelijken is met het van koers laten veranderen van een olietanker, zie je dat in het hoger en middelbaar beroepsonderwijs meer en meer aandacht is voor de rol die technologie speelt in het vak van hulpverlener, zorgmedewerker en sociaal werker.

Sinds 2018 kennen we het 'Landelijk opleidingsdocument sociaal werk' van de Vereniging Hogescholen [16]. Het is hét basisdocument waar sociaal werk opleidingen hun nieuwe onderwijsinhoud op gaan schrijven. Daarin is aandacht voor digitalisering van het vakgebied. Zo worden straks digitale vaardigheden bijgebracht aan toekomstige sociaal werkers!

Dat technologie het werkveld in komt, vormt de aanleiding om ook in lesprogramma's dezelfde snufjes te tonen en studenten ervaring op te laten doen. In de traditionele collegezalen, maar ook in 'living labs' waar zorgrobots, slimme bedden, sensoren voor leefstijlmonitoring, op ontwikkeling gerichte games en virtual-realitybrillen uitgetest kunnen worden. Vooral om studenten en docenten kennis te laten maken met deze nieuwe werkelijkheid en te oefenen.

Ook zijn er onderwijsinstellingen die lectoren aanstellen en studierichtingen optuigen rondom het thema technologie en digitalisering. Onderwijsinstellingen in onder andere Leeuwarden, Nijmegen, Utrecht, Enschede, Breda en Leuven (B) hebben hier groeiende aandacht voor.

Ook op veel mbo's en ROC's speelt technologie een grote(re) rol, waar aankomend verzorgenden die dicht op de praktijk staan misschien wel als eerste moeten leren omgaan met deze nieuwe manieren van werken. Hier zie je vaak een innige samenwerking met regionale zorginstellingen. De aanleiding is naast de implementatie van technologie ook vaak een krapte op de arbeidsmarkt die men zo samen op wil lossen.

Deze ontwikkelingen zijn bemoedigend. Al zijn digitalisering, technologie en digitale vaardigheden vaak wel iets dat afzonderlijk aangeboden wordt. In een aparte opleiding, of in keuzemodules, of als leuk uitstapje. Het lijkt alsof het er nog een beetje bijhangt en er nog een keus is: erin meegaan of niet. Het duurt nog even voor het zover is dat er geen onderscheid meer gemaakt wordt (◘ fig. 5.1).

5.10 Andere stakeholders

Buiten de genoemde partijen zijn er nog wat noemenswaardige anderen te vinden die een rol spelen in de acceptatie, ontwikkeling, uitrol en opschaling van digitale technologie binnen het sociaal domein. De belangrijkste zijn natuurlijk gemeenten en de rijksoverheid.

5.10.1 Gemeenten

De rol van gemeenten in het sociaal domein is helder. Via beleid, aanbestedingen, opdrachtgeverschap en financiering stuurt een gemeente behoorlijk. Dus ook waar het gaat om digitalisering en inzet van ICT. Zo heeft de gemeente die een sociaal wijkteam heeft aangewakkerd, ook vaak de software en support ingekocht waarmee hulpverleners in de teams hun dossiers opbouwen en voorzieningen kunnen toekennen.

Figuur 5.1   Screenshot Landelijk Opleidingsdocument Sociaal Werk

Ingrijpender is het onderwerp big data. En dat ligt gevoelig. Lees ▶par. 1.6.1 er nog maar eens op na. Je ziet gemeenten, die immers over een schat aan informatie over hun inwoners beschikken, druk verkennen wat die informatie, gekoppeld aan elkaar, kan betekenen. Ook – of misschien juist – in het sociaal domein, omdat dit een steeds groter wordende kostenpost is.

Voorbeelden van doelen die de gemeente kan kiezen zijn fraude opsporen of schuldhulpverlening. Een doel is ook: inschatten in welke wijken het risico op vereenzaming groot is. Door data te koppelen krijg je zicht op kenmerken van personen en ook zicht op patronen. Een gemeente kan de signalen die dat oplevert gebruiken om mensen extra en persoonlijker te ondersteunen. Of er extra sociaal werkers heen te sturen. En zo helpen erger te voorkomen. Deze manier van denken en werken zal de komende tijd het werk binnen het sociaal domein veranderen.

Onder andere de gemeenten Enschede, Groningen, Doetinchem, Amersfoort, Deventer en Almere zijn bezig hierin ervaring op te doen. Op congressen vertellen wethouders, ambtenaren en commerciële aanbieders elkaar trots over hun nieuwste vondst. Overal zie je voor specifieke maatschappelijke problemen een datagestuurde oplossing opkomen. Het lijkt het ei van Columbus om zo de kosten in de hand te kunnen houden.

Hoewel vanuit de uitvoering door sociaal werkers dus data het gemeentehuis in worden gebracht, zie ik andersom verbazingwekkend weinig beweging. Eenmaal in het gemeentehuis blijft die informatie daar. De door ambtenaren gemaakte data-analyses bereiken gewoonlijk nooit de mensen op de werkvloer. Wat hebben sociaal werkers er dan zelf aan, wanneer ze rapportages maken? Misschien maken zij heel andere afwegingen dan hun beleidsambtenaren, op basis van weer teruggekoppelde data-analyses. In combinatie met praktijkervaring en kennis van de mensen om wie het gaat. Klopt de analyse met de waarneming uit het veld? Welke oplossingen zien sociaal werkers vervolgens zelf als het meest kansrijk?

5.10.2 Ministerie van Binnenlandse Zaken en Koninkrijksrelaties (BZK)

Het ministerie van Binnenlandse Zaken en Koninkrijksrelaties (BZK) geeft aandacht aan het vergroten van digitale vaardigheden voor iedereen in Nederland. Niet in de laatste plaats omdat de overheid zelf digitaal is gegaan en burgers moeite hebben informatie naar zich toe te halen en gebruik te kunnen maken van hun rechten (digitale kloof).

» De Alliantie Digitaal Samenleven gaat zich inzetten voor digitale bewustwording, vaardigheden en voor de sociale impact. Digitale vaardigheden zijn belangrijk voor iedereen, om veilig en gezond/gebalanceerd gebruik te kunnen maken van de mogelijkheden die de digitale wereld biedt voor de communicatie tussen burgers, bedrijven en overheden, stelt de organisatie. Daarom wil de alliantie een antwoord vinden op de vraag: Hoe zorgen we ervoor dat iedereen mee kan doen en niemand achterblijft? [17]

De alliantie bestaat uit vertegenwoordigers van het bedrijfsleven, private organisaties met maatschappelijke doelstellingen, uitvoeringsorganisaties van de overheid en BZK zelf.

BZK zal in de periode 2019–2021 gemiddeld 5,6 miljoen euro per jaar uittrekken om ervoor te zorgen dat iedereen mee kan komen in de digitalisering van de samenleving. Onder de belangrijkste acties voor digitale inclusie valt ook het programma 'Onbeperkt Meedoen' van het ministerie van VWS [18].

De mogelijke kansen die de Alliantie Digitaal Samenleven gaat bieden voor het sociaal werk, in het ondersteunen van doelgroepen bij het digitaal participeren, zijn nog niet duidelijk (april 2019 HV). Bij de start was deze sector nog niet aangehaakt.

5.10.3 Ministerie van Volksgezondheid, Welzijn en Sport (VWS)

Het ministerie van Volksgezondheid, Welzijn en Sport (VWS) is een aanjager voor de doorontwikkeling van digitalisering in de zorg. VWS speelt een belangrijke rol in het implementeren van zorgtechnologie, om de zorg betaalbaar te houden en te werken aan een oplossing voor het grote tekort aan medewerkers in de zorg.

Zo stimuleert het iBeraad [19] dat alle cliënten in de langdurige zorg op een verantwoorde en veilige manier digitaal toegang krijgen tot hun medische gegevens. Waarbij Medmij [20] standaarden stimuleert en de cliënten de gegevens via hun Persoonlijke Gezondheids Omgeving (PGO) kunnen inzien.

Rondom de vergaderingen van het iBeraad wordt regelmatig een inspirerende Meet-Up georganiseerd: *'Tijdens de Meet-Ups van het Informatieberaad ontmoeten patiënten, zorgprofessionals, beleidsmakers én leveranciers en inkopers van technische oplossingen voor de zorg elkaar.'* In tal van sessies en demo's raak je up-to-date met de laatste ontwikkelingen en ontmoet je de mensen die daarmee bezig zijn. Via een mail aan ▶ info@evenementenbureauvws.nl kun je achterhalen wanneer de eerstvolgende Meet-up van VWS/iBeraad is.

Begin 2018 kwam VWS met de SET, de Stimuleringsregeling eHealth Thuis [21]. Gericht op eHealth toepassingen *'die de kwaliteit van leven van mensen met een zorg- of ondersteuningsvraag verbeteren.'* En *'die bijdragen aan veiligheid, (integrale) verzorging en verpleging, dagstructurering, activering en sociale contacten.'*

Ook heeft VWS de programma's Zorg van Nu en Zorg voor Innoveren opgestart [22, 23].

Wat opvalt is dat het ministerie vooral druk is met het innoveren van de zorg. Welzijn komt nauwelijks voor, anders dan in de vorm van dagbesteding binnen een zorgcontext. Het is voor sociaal werkers en wijkteams zoeken naar hun plek in deze ontwikkeling. Aanknopingspunten zouden kunnen zijn: de ontwikkeling om zorg te verplaatsen van dure instellingen naar de eigen woonkamer, de toenemende aandacht voor preventie, voor leefstijlmonitoring en positieve gezondheid, en voor betekenisvolle sociale contacten om eenzaamheid te bestrijden.

5.10.4 Overige partijen

Hiernaast is er een aantal partijen die primair voor de zorg werken en minder of niet voor het sociaal domein, die ik toch wil noemen. Omdat van die kant innovatie op gang komt waar het sociaal domein een rol in kan spelen. Of op zijn minst op mee kan liften. Want je kunt je er prima door laten inspireren.

- **ECP, Platform voor de Informatie Samenleving**

Het ECP, Platform voor de Informatie Samenleving [24], organiseert een jaarcongres digitale samenleving, waar het sociale aspect meer en meer de overhand krijgt. In het verleden was het vooral een feestje voor bedrijven en ondernemers, nu komt ook de softe sector nadrukkelijk voor in het programma.

- **Coalitie Digivaardig in de zorg**

Daaraan gelinkt is de beweging Digivaardig in de Zorg. Een door ECP gefaciliteerd netwerk van vele stakeholders in het land. Innovatiemanagers, zorgverleners, trainers, inkopers, verzekeraars, enzovoort treffen elkaar meermalen per jaar en zijn in werkgroepen actief om digivaardigheid van iedereen in de zorg te bevorderen [25].

Bronnen

1. CBS, 'Vaker online op zoek naar informatie over gezondheid.' ▶ https://www.cbs.nl/nl-nl/nieuws/2019/04/vaker-online-op-zoek-naar-informatie-over-gezondheid.
2. PGO support, Handreiking voor toegankelijke digitale zorg ▶ https://www.pgosupport.nl/digitale-zorg.
3. ICT&health Ehealthweek 2019. Video met op 2 uur en 30 minuten Jan Kimpen. ▶ https://youtu.be/hGk_hh1uH0A.
4. Raden van toezicht: ▶ https://www.commissarissen.nl/page/Themas/Digitalisering.
5. Hartman-van der Laan, Marcha (2019). Sociaal werk in de digitale samenleving. Bussum: Coutinho Uitgeverij.
6. BPSW: ▶ https://www.bpsw.nl/bpsw-school/scholingsaanbod/sociaal-werk-in-de-digitale-samenleving/.
7. Sociaal Werk Nederland, quickscan: ▶ https://www.sociaalwerknederland.nl/thema/sociaal-werk-in-de-wijk/nieuws/5615-we-willen-wel-maar-weten-nog-niet-hoe.
8. Sociaal Werk Nederland, opschalingsgids sociale technologie: ▶ https://www.sociaalwerknederland.nl/thema/markt-strategie-innovatie/publicaties/publicatie/6282-opschalingsgids-sociale-technologie.
9. Movisie: ▶ https://www.movisie.nl.
10. Movisie, sociale technologie: ▶ https://www.movisie.nl/sociale-technologie.
11. Movisie Keuzewijzer E-tools ▶ https://www.movisie.nl/publicatie/keuzewijzer-e-tools.
12. Vilans: ▶ https://www.vilans.nl.
13. Vilans Inspiratiebox: ▶ https://www.vilans.nl/artikelen/inspiratiebox-over-technologie-voor-zorg-en-ondersteuning-in-de-wijk.
14. Stimulansz/big data: ▶ https://www.stimulansz.nl/advies/big-data/.

15. Stimulansz/persoonlijke dienstverlening: ►https://www.stimulansz.nl/waarom-digitale-aandacht-loont/.
16. Landelijk Opleidingsdocument Sociaal Werk ►http://www.vereniginghogescholen.nl/system/profiles/documents/000/000/212/original/Landelijk_opleidingsdocument_Sociaal_Werk_-_downloadversie.pdf?1494439200.
17. Alliantie Digitaal Samenleven ►https://www.digitaalsamenleven.nl.
18. ICT&Health digitale inclusie ►https://www.icthealth.nl/nieuws/overheid-wil-iedereen-digitaal-laten-meedoen-digitale-inclusie/.
19. iBeraad: ►https://www.informatieberaadzorg.nl.
20. MedMij: ►https://www.medmij.nl.
21. Stimuleringsregeling eHealth Thuis: ►https://www.rijksoverheid.nl/ministeries/ministerie-van-volksgezondheid-welzijn-en-sport/nieuws/2019/01/17/90-miljoen-voor-inzet-technologie-bij-zorg-thuis.
22. Zorg van nu: ►https://www.zorgvannu.nl.
23. Zorg voor innoveren: ►https://www.zorgvoorinnoveren.nl.
24. ECP: ►https://ecp.nl/over-ecp/.
25. Coalitie Digivaardig in de zorg: ►https://coalitiedigivaardigindezorg.nl.

Deel III Hoe kun je digitalisering toepassen?

Hoofdstuk 6   Zo ziet de digitale transitie eruit – 89

Hoofdstuk 7   Wat betekent dit voor de werkers? – 117

Hoofdstuk 8   Bekende social-mediaknelpunten oplossen – 135

Zo ziet de digitale transitie eruit

Samenvatting

Een veelheid aan initiatieven laat zien dat het sociaal werk en het sociaal domein nu al sterk door technologie beïnvloed worden. Op een waaier van vlakken hebben slimme mensen oplossingen bedacht en die mogelijk gemaakt. Een aantal initiatiefnemers heeft zelf roots in het sociaal domein, is ergens in de uitvoering tegenaan gelopen en dacht: *hé, dat kan beter!* Het overzicht in dit hoofdstuk is zeker niet compleet. Maar deze momentopname toont wel een beweging aan. Dit is een digitale transitie! Eén die stilletjes gaande is, mede doordat de verschijningsvormen zo divers zijn. Maar het is een transitie die al wel impact heeft. Sluipenderwijs, zonder hoog van de toren te blazen of veel media-aandacht te krijgen, worden er al veel problemen opgelost met behulp van technologie. Eigenlijk zoals sociaal werkers zelf ook zijn. Een beetje bescheiden en heel praktisch. Met een duidelijk doel voor ogen ervoor gaan.

6.1 Inleiding – 91

6.2 Casussen (omdat we er dol op zijn …) – 91
6.2.1 Casus Facebook en kokende buurtbewoners – 91
6.2.2 Casus stugge opbouwwerker die toch enthousiast werd – 92
6.2.3 Casus WhatsApp op de telefoon zetten – 93
6.2.4 Casus incident in de wijk, wijkteam was er snel bij – 93
6.2.5 Casus kopschoppers en de rol van online-jongerenwerk – 94

6.3 Voorbeelden uit het veld – 95
    Tabel 6.1 Buurboek – 96
    Tabel 6.2 Wehelpen.nl – 97
    Tabel 6.3 Always-On-app – 98
    Tabel 6.4 Wijkwinkel Deventer – 99
    Tabel 6.5 Kookapp – 100

© Bohn Stafleu van Loghum is een imprint van Springer Media B.V., onderdeel van Springer Nature 2019
H. Versteegh, *Digivaardig sociaal werk*, https://doi.org/10.1007/978-90-368-2351-7_6

Tabel 6.6 Chatbot Piu – 101
Tabel 6.7 BAAS – 102
Tabel 6.8 WijkAgenda van WijkConnect – 103
Tabel 6.9 1SociaalDomein.nl – 105
Tabel 6.10 Deedmob – 107
Tabel 6.11 Het Rooster – 108

6.4 There's an app for that – 95
6.4.1 De crisiskaart als chip – 97
6.4.2 Emoji met een blauw oog – 98
6.4.3 Domotica? Hebbedingetjes! – 99
6.4.4 Edible. De pil die meet – 100
6.4.5 Handen aan het bed? Humanoids – 102
6.4.6 Teleprompter. Je vlog ontzorgd – 106
6.4.7 Vocre en Icoon, de taalbarrière geslecht – 107
6.4.8 Splice en Spark, zelf super makkelijk online video maken – 109
6.4.9 Skybell, interactieve deurbel – 109
6.4.10 Vraagapp, hulp op afstand bij dagelijkse zaken – 110
6.4.11 Appke, vraagbaak voor jongeren – 110
6.4.12 Moti-4, gemotiveerd je verslaving aanpakken – 111
6.4.13 Jeugdhulp 1 op 1, kies zelf je jeugdhulpverlener – 111
6.4.14 Zorg-sociaal, het zelfredzame keukentafelgesprek – 112
6.4.15 Duplex, Google's assistent – 112
6.4.16 Keuzewijzer E-tools. Online inwoners betrekken – 113
6.4.17 Wheelmap.org, help mee de wereld toegankelijker te maken – 113
6.4.18 360° VR video – 114
6.4.19 Rode kersen, gebruikerstevredenheid meten – 114

6.5 Het lukt niet altijd – 115

Bronnen – 115

6.1 Inleiding

Nu we weten wat er op ons af komt, hoe urgent dat is en wat we ervan vinden, denk je misschien nog, ach dat komt later wel. Maar niets is minder waar ... de digitale transitie is al gaande! In dit hoofdstuk lees je hoe die eruitziet en hoe divers die is. Dat is ook meteen waarom de digitale transitie van het sociaal werk / het sociaal domein tot nu toe weinig zo weinig benoemd is; de digitale transitie is geen kant-en-klaarpakketje met een strik erom. Ze gaat alle kanten op. En toch, al die zaken samen laten wel een patroon zien: digitalisering is een blijvertje.

In dit hoofdstuk ga ik je laten struikelen over voorbeelden van digitalisering die nu (2019) in het sociaal domein bestaan. Casussen die ook in jouw werk hadden kunnen plaatsvinden, voorbeelden uit het veld van interessante platformen en initiatieven. Ik geef je een kijkje in de keuken van ontwikkelaars. En natuurlijk een hele rits apps en platformen die het leven van jou en je klant vergemakkelijken.

Bij veel van wat in dit hoofdstuk staat, hebben de initiatiefnemers zelf meegeholpen. Ik ben ze tegen gekomen op beurzen, congressen, heb ze presentaties en trainingen zien geven, ze zaten bij mijn sessies in de zaal, we dronken soms samen een glas en spraken later nog eens verder.

Als ondernemer met een schakelfunctie tussen hen en het werkveld heb ik met aan aantal van deze initiatiefnemers een persoonlijke relatie opgebouwd, waardoor deuren voor mij opengingen. In het werken met mijn klanten – sociaal werkers en organisaties in het sociaal domein – merk ik dat er veel behoefte is aan deze voorbeelden uit de eerste hand. Daar wil ik jou nu ook van mee laten profiteren. Laat je door hen inspireren en weeg wat ook voor jou bruikbaar is. Neem dan gerust contact met ze op. Hun gegevens staan er vaak bij.

Eén waarschuwing vooraf: er is al best veel!

6.2 Casussen (omdat we er dol op zijn ...)

'*Geef me dan eens een casus!*' Wanneer je in het sociaal domein werkt, zul je dit herkennen. We willen graag van elkaar leren, geïnspireerd worden, herkennen en erkend worden en niet het wiel opnieuw uitvinden. Casuïstiek en voorbeelden uit het veld die je wellicht kunnen inspireren zijn er inmiddels genoeg. Hierna lees je de volgende voorbeelden van digitale casuïstiek in het sociaal domein:

6.2.1 Casus Facebook en kokende buurtbewoners

Van de maatschappelijk werkster in het sociaal wijkteam kreeg ik, als opbouwwerker, deze vraag. Een moeder was net ontslagen uit het ziekenhuis na een pittige ingreep en was nog niet in staat voor haarzelf en haar dochter te koken. Het meisje was 10 jaar en de moeder gaf aan dat ze genoeg had van de kant-en-klaarmaaltijden en pizza's. Ze had behoefte aan gezonder eten voor haarzelf en haar dochter. Of ik (netwerk gericht) iemand wist die kon koken.

Ik plaatste een bericht in twee actieve Facebookgroepen van de wijk waar deze moeder woonde. Ik legde daarin kort de situatie uit, zonder de naam en het adres te noemen en deed een oproep aan mensen om zich te melden wanneer ze nu en dan eens een maaltijd wilden koken. Het liefst bij deze mevrouw thuis. Aanmelden kon via e-mail bij mij. Een vrolijke foto van een mooi kleurig gerecht maakte het af.

Oproep

Wie wil eens per week een gezonde maaltijd koken voor een alleenstaande moeder met een dochter van 10? Vanwege het herstel van een operatie kan moeder dit tijdelijk niet zelf. Met alleen pizza en patat maak je dochter wel blij maar dat is niet wat ze haar dochter wil bieden.
Het gaat om een periode van 8 weken, is de verwachting. Afhankelijk van het herstel. Ben jij of ken jij mensen in de wijk die dit graag willen doen? Meld je dan bij mij aan. Ik breng jullie dan met elkaar in contact.

Figuur 6.1 Casus Facebook en kokende buurtbewoners

Binnen twee dagen had ik zestien enthousiaste reacties! Buurvouwen die wel wat extra's konden koken, als ze toch bezig waren. Buurmannen die kans zagen hun culinaire hobby (Italiaans, biologisch, enz.) uit te oefenen De vrouw was overdonderd en mijn collega's ook. Ik maakte een rooster voor twee weken, plande iedereen in overleg in. Al snel kwamen de eerste leuke reacties terug, zowel van de intens dankbare moeder als van de buurtbewoners die hadden gekookt. (fig. 6.1)

6.2.2 Casus stugge opbouwwerker die toch enthousiast werd

Ergens in een noordelijke provincie zat in een zaaltje van een wijkcentrum een groep opbouwwerkers op mij te wachten. Ik zou ze een training social media geven en ze waren er klaar voor.

Eén deelnemer in het bijzonder viel op; een forse oudere man in spijkerjack, op klompen en gezegend met een flinke witte baard. Mooier kan ik het niet maken. Hij zat met zijn armen over elkaar aan een tafel en keek mij strak aan. In het voorstelrondje maakte hij heel duidelijk dat hij totaal niet gediend was van die nieuwerwetse fratsen. Hij deed zijn werk al jaren en dat deed hij goed. Wat zou er moeten veranderen?

Gedurende de hele training bleef hij zo zitten. Stil en argwanend. Tot het moment dat ik begon over de waarde van social media voor doelgroepen. In het bijzonder toen ik zei dat social media mensen een stem konden geven. Hij veerde op en begon te vertellen. Hoe hij dat altijd probeerde, mensen die niet gezien werden een stem te geven en het gevoel serieus genomen te worden. Want dat was zijn rol, dáárvoor was hij opbouwwerker! Hoe lastig dat soms ook was omdat hoge heren niet wilden luisteren. En daar kon je dus social media voor gebruiken? Om die stem te versterken? Hij vond het geweldig en de rest van de training hing hij aan mijn lippen.

6.2.3 Casus WhatsApp op de telefoon zetten

Bij een brede welzijnsorganisatie werd ik erbij geroepen om in een traject de meeste uitvoerend sociaal werkers te begeleiden bij het implementeren en professionaliseren van social media in hun dagelijkse werk. In groepjes per werksoort ging ik aan de slag, zo ook met de groep die gericht was op ouderen en mantelzorg.

Een van de ouderenadviseurs zat een paar jaar voor haar eigen pensioen. Ze had wel een smartphone van haar werk gekregen, maar kon er eigenlijk nog niet zoveel mee. Een beetje uitleg had ze niet gehad; eigenlijk interesseerde het haar ook niet zo. Maar vooruit, nu had ze de kans er meer van te weten te komen en ze zou wel zien.

Ze onderhield contact met de mantelzorgers via e-mail. Daarmee maakte ze bijvoorbeeld haar aanbod en bijeenkomsten bekend. Dat kostte soms best veel tijd. En ze wilde ook heel graag de jongere mantelzorgers bereiken, maar die e-mailden nauwelijks meer, had ze gemerkt.

Ze had wel van WhatsApp gehoord en zag dat collega's dat gebruikten. Zo had een collega van beheer en logistiek tijdens het traject een WhatsApp-groep aangemaakt voor de vrijwillige chauffeurs van de buurtbus die zij coördineerde. En ze merkte dat dit enorm scheelde in het regelen van invallers wanneer een chauffeur ziek werd. Want dat deden de chauffeurs nu zelf, via deze groep.

Zoiets wilde deze ouderenadviseur ook wel. Ik heb haar eerst geholpen WhatsApp op haar telefoon te zetten (had ze niet), de contacten te koppelen en een groep aan te maken. Meer hoefde niet, want dat kon ze dan verder zelf wel uitzoeken, zei ze met een eigenwijze twinkeling in haar ogen.

Oké, prima, succes. Een paar weken later kwam ze enthousiast naar me toe. Het was gelukt via WhatsApp tien nieuwe jonge mantelzorgers op een voorlichtingsbijeenkomst te krijgen!

6.2.4 Casus incident in de wijk, wijkteam was er snel bij

» Ze hing aan een touw en we hielden haar met z'n drieën omhoog. Ze was al blauw. Een andere buurman moest 112 bellen. Die waren er toen razendsnel.

De buurtbewoner leunde tegen zijn voordeur en koesterde zich in het warme zonnetje. Als je ons had zien staan, had je niet geweten dat we over een ernstig incident spraken, dat een paar passen bij ons vandaan was gebeurd. Die vrijdag was een meisje van 4 bijna gestikt op het speeltoestel tegenover het huis van de bewoner. Het touw waar ze met een vriendinnetje mee aan het spelen was hadden ze vastgemaakt aan het toestel. Dat was als een strop om haar hals terechtgekomen. Per ongeluk, in het spel van de meiden. Maar wel met bijna fatale gevolgen.

De vrouw van de bewoner kwam toevallig net thuis en zag het meisje hangen. Zij heeft letterlijk de hele wijk bij elkaar gegild. Gelukkig kwam de redding toen snel op gang. Twee buurvrouwen hebben mond-op-mondbeademing uitgevoerd. Binnen no-time stonden er meerdere politieauto's en ambulances op het veldje. En ook de traumahelikopter is ingezet. Het was een heel heftig weekeinde geweest. Dat alles wist ik, opbouwwerker in een sociaal wijkteam, al voor ik die maandagmorgen naar mijn werkgebied vertrok.

Op Twitter en Facebook had ik de berichtgeving al voorbij zien komen. Op Twitter de berichten van de instanties, op Facebook de reacties van de geschrokken bewoners.

Alle reden om even polshoogte te nemen. Nog voor ik naar kantoor reed, nam ik een kijkje. Het speeltoestel verried niets van het drama. Prima ding. Niks mis mee.

Ik sprak een buurman aan die me zijn verhaal vertelde. Hij verwees me naar de andere bewoner, de man van de vrouw die er als eerste bij was. Ook hij stond me welwillend te woord en vertelde me de verschrikkelijke details. Beide heren waren blij met de 'officiële' belangstelling. Ik heb mijn nummer achtergelaten en de hulp van het wijkteam aangeboden, mocht daar behoefte aan zijn.

Terug op kantoor heb ik mijn aanbod vanuit het wijkteam op Facebook herhaald. Dat werd met likes gewaardeerd. Het was mooi dat ik toch iets kon betekenen met de middelen die ik had. Zowel digitaal als door er zelf even bij te zijn. Al is het maar om een beetje belangstelling te tonen.

6.2.5 Casus kopschoppers en de rol van online-jongerenwerk

Met z'n allen op één is bekend gedrag onder kinderen en jongeren. Meestal hoor je er weinig van. Een beetje opschudding en door met de orde van de dag. Begin 2019 werd in Spijkenisse een tiener door een groep leeftijdsgenoten mishandeld. Dat werd gefilmd. Duidelijk te zien is hoe hulpeloos de jongen is tegen het geweld van de groep. Het filmpje ging online en werd bekend als het kopschoppers-filmpje. Het werd massaal gedeeld, het ging viraal. Ook buiten het kringetje jongeren en vrienden. De maatschappelijke verontwaardiging die daarop los kwam, was enorm. Ook het NOS-journaal en het Jeugdjournaal besteedden er aandacht aan. Er verschenen artikelen in kranten.

De tiener kreeg duizenden steunbetuigingen en zijn Instagram-account werd massaal gevolgd. Hij liet via dat kanaal zelfs weten dat deze aandacht hem goed deed en dat het ook goed met hem ging.

Via dezelfde social media werd heel snel bekend wie de jeugdige daders waren. De verontwaardiging richtte zich niet alleen op het voorval, maar ook op hen. Met naam en adres werden ze publiekelijk aan de schandpaal genageld. Ze werden geschorst van school en voetbalclub. Op social media verschenen kreten als 'Gestoorde laffe klootzakjes' en 'Meldpunt laffe kopstoters.' De politie arresteerde ze.

De online-jongerenwerkers van Stichting Jongerenwerk Op Zuid (JOZ) [1] zijn voor een deel van hun werk '*vrijgemaakt om nadrukkelijk aandacht te besteden aan de inzet van social media, als integraal onderdeel van hun reguliere werkzaamheden.*' Zij zaten er meteen bovenop. Ook 's avonds en 's nachts. Ze monitorden wat er gebeurde, wat er gezegd werd en mengden zich actief in de discussie. Ze maakten online contact met afzenders en probeerden de bewustwording onder jongeren te vergroten. Met als belangrijkste punten: ga niet filmen, maar berg je telefoon op en spring ertussen of zoek een volwassene die dat doet (fig. 6.2).

Ze lanceerden zelfs een online-bewustwordingscampagne met de hashtag #VerstopJeTelEnStopGeweld en maakten, als klap op de vuurpijl, ook nog een rap met de jongeren. Deze werd opgenomen als muziekvideo. Te bekijken op YouTube [2]. Deze video werd binnen vijf dagen al door meer dan 2.000 mensen bekeken.

Figuur 6.2 Screenshot video Verstopjetelenstopgeweld bij casus kopschoppers

6.3 Voorbeelden uit het veld

De directe aanleiding voor deze paragraaf is de vraag van bestuurders op het landelijk congres van Sociaal Werk Nederland 2018 in de deelsessie over sociale technologie. Er bleek veel belangstelling te bestaan voor projecten en platformen die zichzelf in het sociaal domein hebben bewezen. Een aantal heb ik hier verzameld of ze hebben zichzelf aangemeld (tab. 6.1, 6.2, 6.3, 6.4, 6.5, 6.6, 6.7, 6.8, 6.9, 6.10 en 6.11).

Het is een greep uit de veelheid aan platformen die er te vinden zijn. Dat is ook meteen een manco. Dit overzicht is verre van compleet. Maar je krijgt wel een idee van wat mogelijk is.

Om het overzichtelijk te houden volgt hierna een beschrijving per platform. De initiatiefnemers en betrokkenen, die ik vaak persoonlijk ken vanuit het netwerk rondom mijn ondernemerschap, waren zo vriendelijk een aantal standaardvragen te beantwoorden. Naast contactgegevens vind je ook inhoudelijk een reflectie op het platform en wat de lessen zijn die gaandeweg geleerd zijn. Je krijgt dus een uniek kijkje achter de schermen van de ontwikkelaars!

6.4 There's an app for that

Dat klopt, er zijn zo verschrikkelijk veel apps. En er komen er dagelijks bij. Helaas is het dan ook niet mogelijk een eenduidige gids op te stellen van alle apps die bruikbaar zijn in het sociaal domein. Het gaat van de hak op de tak, wanneer je een lijstje probeert te maken. Dus, zonder te streven naar een heldere structuur en ook zonder volledig te kunnen zijn, beschrijf ik hier een kleine twintig voorbeelden die ik in de loop der jaren in blogs voor het blad *Zorg en Welzijn* beschreven heb.

◼ **Tabel 6.1** Buurbook

Samenwerken aan een betere buurt

De locatie:	Landelijk, ▶ https://buurbook.nl [3]
Welke organisatie:	Gemeente Teylingen
Wie is de initiatiefnemer:	Welzijn Teylingen neemt met professionals deel
Wat is het doel:	Digitaal buurtplatform als hulpmiddel bij community building. '*Op BUURbook werken bewoners, ondernemers en professionals samen aan een betere buurt.*' Mensen online en offline met elkaar in verbinding brengen
Wie is de doelgroep:	Alle inwoners in de gemeenten in Holland Rijnland
Inhoudelijke beschrijving:	In verschillende wijken/buurten zoeken we mensen die in hun wijk/buurt buurtverbinder willen zijn. Deze mensen maken we vertrouwd met de techniek van het platform, maar vooral ook met het doel. En we bespreken met elkaar op welke manier zij Buurbook kunnen inzetten. Het idee is dat organisaties en initiatieven zich presenteren op het platform, dat buurtbewoners worden gestimuleerd om wensen, ideeën, vragen te posten en te reageren. De buurtverbinders fungeren als moderator enerzijds en vraagbaak op een fysieke locatie in die buurt anderzijds. Zodat verbinding inderdaad zowel online als offline ontstaat.
De rol van technologie/social media/apps enz. in dit voorbeeld:	Binnen de bestaande mogelijkheid van het digitale buurtplatform kan een besloten ruimte speciaal voor de wijk/buurt worden aangemaakt. Er kan buurtoverstijgende informatie worden aangeboden op het digitaal platform, maar specifieke buurtinformatie kan dus apart worden verzameld. Inwoners registreren zich als gebruiker en kunnen dan het platform gebruiken als manier om met buurtgenoten in contact te komen. Er is inmiddels ook een app gemaakt van Buurbook, die je via je smartphone kunt bedienen
Wat is het resultaat:	We zijn in januari van 2018 begonnen met de uitrol/implementatie van het platform in een wijk. Het kost tijd om mensen te vinden die buurtverbinder willen zijn en om vervolgens met deze mensen tot gezamenlijke doelen voor hun buurt te komen
Heeft het een vervolg:	Uiteindelijk wordt het in tien buurten geïmplementeerd, zodat de hele gemeente is gecoverd. Het is een driejarig project waarbij de ondersteuning vanuit Welzijn Teylingen steeds minder wordt. Het doel is dat het platform van de inwoners wordt
Lessen die geleerd zijn:	Er zijn veel mensen die niet zo digivaardig zijn als wij soms denken

◻ **Tabel 6.2** Wehelpen.nl

Iemand anders een handje helpen	
De locatie:	Landelijk, ▶ www.Wehelpen.nl [4]
Welke organisatie:	Wehelpen
Wie is de initiatiefnemer:	Coöperatie Wehelpen in Breda, +31 (0)76-5317740 ▶ info@wehelpen.nl
Wat is het doel:	'Met wehelpen.nl kun je aangeven dat je best een keer iemand een handje wil helpen. Of laten weten waar je hulp bij kunt gebruiken. Ook kun je samen met bekenden via de website tijdelijk of wat langer zorgen voor een ander.'
	Hulpvragen uitwisselen, en wat voor professionals interessant kan zijn: een mantelzorg- en planningstool, waar hulpverleners en mantelzorgers de zorg rondom een dierbare online kunnen plannen en erover kunnen communiceren met elkaar
Wie is de doelgroep:	Mantelzorgers
De rol van technologie/social media/apps enz. in dit voorbeeld:	Een online-platform
Wat is het resultaat:	Geslaagd. Per mantelzorgsituatie verschillend
Heeft het een vervolg:	Het bestaat nog steeds en is in het hele land uitgerold. Met name via gemeenten geïmplementeerd
Lessen die geleerd zijn:	Bruikbare tool

6.4.1 De crisiskaart als chip

Een politieagent wil snel weten hoe een in psychose verkerende persoon behandeld wil worden. Hup, even een scanner over de arm en klaar. Zoals in de supermarkt. Bliep!

Net zoals Toos, mijn poes, al vijftien jaar een chip in haar nek heeft. Voor als ze gevonden wordt door de Dierenambulance.

Op het *Zorg en Welzijn*-jaarcongres werd een opvouwbaar kartonnen kaartje gepresenteerd. De crisiskaart [14]. Ggz-patiënten kunnen dit vrijwillig bij zich dragen. op de crisiskaart staan naam, adres, de problematiek en bijvoorbeeld ook de wens om absoluut niet in een separeer gezet te worden.

Zo'n kaart kun je verliezen. Dat is lastig. Het bij je dragen van de kaart geeft zekerheid en veiligheid, maar ook de angst het ding te verliezen. 'Ik weet altijd heel precies waar ik hem heb.' De oplossing: ggz-patiënten een onderhuidse chip met informatie aanbieden. Er zijn mensen die dat al vrijwillig hebben laten doen. Die daarmee bijvoorbeeld hun voordeur kunnen openen. Zo'n chip raak je niet kwijt.

De ouderenzorg heeft al chips. In kleding of schoenen. In combinatie met een detectielus, zodat je weet waar iemand is. Het zijn 'vrijheidsbeperkende maatregelen' die vallen onder domotica. Van kleding is het maar een kleine stap naar onder de huid, toch?

Betekent zo'n chipje een zorg minder als je jezelf niet kunt vertrouwen? Waardoor je er toch met een goed gevoel opuit trekt?

Tabel 6.3 Always-On-app

Werken aan zelfredzaamheid	
De locatie:	Landelijk, ▶ www.always-on.nu [5]
Welke organisatie:	Assist Jeugdwerk
Wie is de initiatiefnemer:	Johnny Driessen
	Assist Jeugdwerk, Venlo
Wat is het doel:	Zelfredzaamheid
Wie is de doelgroep:	Jongeren/Jongvolwassenen 17–27 jaar
Inhoudelijke beschrijving:	De app laat jongeren middels het volbrengen van missies werken aan hun zelfredzaamheid op zes leefgebieden. Met het uitspelen van de missies zijn credits te behalen, waarmee beloningen (trophies) vrijgespeeld kunnen worden De jongeren kunnen gebruikmaken van onder andere een agenda, een wegwijzer (sociale kaart), tips en tricks en hulplijnen in de app.
De rol van technologie/social media/apps etc. in dit voorbeeld:	Het is een app
Wat is het resultaat:	We gaan de Always-On-app testen in Zoetermeer en in Venlo
Heeft het een vervolg:	Het werd gepresenteerd op 29 mei 2018
Lessen die geleerd zijn:	Dat innovatie niet altijd omarmd wordt, dat het financiële plaatje het moeilijkst is, maar vooral dat samenwerking met mensen met diverse achtergronden heel goed en effectief kan werken

6.4.2 Emoji met een blauw oog

Een van de opmerkelijkste technologische zaken die ik ken is een app uit Zweden, van het equivalent van onze Kindertelefoon, Svenska BRIS AB (de Zweedse kinderrechtenorganisatie). Met deze app voeg je een extra setje emoji's aan het toetsenbord van je smartphone (iPhone) toe. Je weet wel, die kleine smilys enzovoort.

Deze vijftien emoji's lijken op de vrolijke varianten, maar als je beter kijkt, blijken het indringende plaatjes. Mishandeling, drinkende ouders, bedreiging, zelfmoordgedachten, niet willen horen, je shit voelen, zelfbesnijding enzovoort.

De beoogde gebruikers zijn kinderen en jongeren die dagelijks in moeilijke situaties verkeren. Zonder woorden kunnen ze snel hun situatie aan een derde uitleggen. De makers hopen dat het zo makkelijker wordt voor de doelgroep om over die situaties te praten.

Zij beweren, anders dan anderen, dat deze app nu eens niet al je informatie uit je telefoon trekt en op obscure servers zet. Ze gaan data van de gebruiker niet verzamelen, niet lezen en niet bewaren. Wat mij betreft een groot pluspunt voor deze toch al eenvoudige en effectieve app.

⬛ Tabel 6.4	Wijkwinkel Deventer
Informatie en advies geven	
De locatie:	Deventer, ▶ www.wijkwinkeldeventer.nl
Welke organisatie:	Bibliotheek [6]
Wie is de initiatiefnemer:	Maddi de Munnik
Wat is het doel:	Informatie en advies geven over en verwijzen naar organisaties in het sociaal domein
Wie is de doelgroep:	Iedereen in de gemeente Deventer, inwoners, professionals en intermediairs
Inhoudelijke beschrijving:	We hebben een Facebookpagina en delen daarop voornamelijk sociale activiteiten en nieuwe diensten in Deventer
De rol van technologie/social media/apps enz. in dit voorbeeld:	Facebook, Twitter en de website ▶ www.wijkwinkeldeventer.nl
Wat is het resultaat:	Geslaagd. Kan beter. De vraag is hoe? Op zoek naar verbeteringen in SEO en een nog betere koppeling van social media met de website. Mogelijkheid van community's in Facebook onderzoeken
Lessen die geleerd zijn:	Heel veel werk aan Facebook, wat alleen kan als je er ook privétijd in steekt. Er is een actief social-mediabeleid in de gehele organisatie nodig. Deskundigheid en kennis van social media is nodig, passend bij de organisatie

Kunnen volwassenen zich hiermee ook beter uitdrukken? Ik denk het wel. Vereenzamende ouderen? Lichamelijk gehandicapten zonder spraak? Zwaar verstandelijk gehandicapten? Vluchtelingen die het Nederlands nog niet voldoende beheersen? Buren die zich zorgen maken? Jongerenwerkers die even checken bij een jongere? Ik ben benieuwd wie deze app in de praktijk kan gebruiken.

Wil jij deze gratis app/deze aanvulling op je toetsenbord proberen? Zoek dan in de appstore op je iPhone naar Abused Emoji's van de makers BRIS [15].

6.4.3 Domotica? Hebbedingetjes!

Van sommige technologische toepassingen in de zorg word ik hebberig. Er zijn mooie dingen op de markt. Neem nou wat ze allemaal laten zien in Mijn Huis Op Maat [16]. Het is allemaal niet erg sexy en flitsend, maar dat is juist de kracht. Het zijn eigenlijk gewone huiselijke zaken die met een beetje technologie net even wat slimmer zijn. En je leven verrassend veraangenamen. Of je nu een hulpbehoevende oudere bent, de doelgroep, of zo'n techie zoals ik.

Op het jaarcongres ECP, een maatschappelijk georiënteerde ICT-beurs in Den Haag stond ik samen met – jawel - Tineke Netelenbos te lekkerbekken in het Technologiehuisje van Mijn Huis Op Maat.

◼ **Tabel 6.5** Kookapp

Koken makkelijker maken	
De locatie:	▶ www.humanitas-dmh.nl [7]
	De app is te downloaden in de appstore
Welke organisatie:	Humanitas DMH (dienstverlening aan mensen met een handicap)
Wie is de initiatiefnemer:	Oud-bestuurder Frank Wolterink
Wat is het doel:	Koken makkelijker maken
Wie is de doelgroep:	Mensen met verstandelijke beperking
Inhoudelijke beschrijving:	Koken met een verstandelijke beperking kost moeite omdat er (te) veel stappen in het proces zijn. Met de kookapp kun je stap voor stap zien wat je moet doen om een gerecht te koken
De rol van technologie/social media/apps enz. in dit voorbeeld:	Kookapp van Humanitas DMH
Wat is het resultaat:	Geslaagd, de doelgroep kan zelfstandig koken voor vrienden. Zelfstandigheid en eigen regie zijn vergroot
Heeft het een vervolg:	Ja, de app wordt uitgebreid
Lessen die geleerd zijn:	Mooie app als voorbeeld voor toekomstplannen

We zagen nachtoriëntatieverlichting (bewegingsmelder, net genoeg zicht 's nachts om de ander niet wakker te maken), een deurbel met lichtflits (geeft naast geluid ook een lichtsignaal), de digitale deurspion (inclusief portretopslag van wie er aanbelde), elektronische krantenopvangbak aan je brievenbus (hoef je niet te bukken!), een oplaadbare led-zaklamp (met klein lampje zodat je de lamp in het donker kunt vinden) en een 'alles-oké-melding' ingebouwd in een lichtschakelaar (geeft bericht aan de mantelzorger dat je het licht aandoet).

Veel van die dingen zijn al gewoon te koop in doe-het-zelfwinkels, bij installateurs of via webwinkels. En betaalbaar.

Hierdoor geïnspireerd hangt er in de donkere hoek bij mijn fietsen inmiddels een solar-ledbuitenlamp met bewegingsmelder. In tien minuten opgehangen en precies genoeg licht op een winteravond. Ik ben benieuwd wat thuis het volgende snufje wordt.

6.4.4 Edible. De pil die meet

Zou jij je pc op kantoor wel op kunnen vreten (positief/negatief, dat is aan jou)? Binnenkort kan dat! De Willie Wortels van deze wereld zijn bezig computertjes in pillen te stoppen. Precies, pillen die je met een slokje water inneemt. Hoe opwindend is dat!

Deze computerpillen gaan via bluetooth doorgeven wat je lichamelijke toestand is. Zo kunnen bijvoorbeeld je bloeddruk, hartslag en temperatuur gemeten worden. Er komen pillen die foto's van je binnenste maken. Handig, in plaats van die vervelende inwendige

◼ Tabel 6.6	Chatbot Piu
Geluksberichten versturen	
De locatie:	Facebook Messenger: m.me/elkedagpositiefdenken/of @ elkedagpositiefdenken [8]
Welke organisatie:	ZITDAZO
Wie is de initiatiefnemer:	Steven Gielis ▶ info@zitdazo.com
Wat is het doel:	Chatbot Piu stuurt binnen Facebook Messenger mensen geluksberichten en tracht zo tot een verhoging van het geluksgevoel te komen
Wie is de doelgroep:	Volwassenen
Inhoudelijke beschrijving:	Wanneer je dagelijks bewust positief bezig bent, ga je meer nadenken over het leven dat je leidt en ook over de dingen die je gelukkig kunnen maken. Door hierover na te denken, vergroot je de kans dat je ook in je gedrag meer stappen richting dit geluk gaat zetten. Ook als je niet meteen in je gedrag dingen zult veranderen, is de kans groot dat een positieve mindset je toch laat reflecteren
De rol van technologie/social media/apps etc. in dit voorbeeld:	De chatbot is gebouwd op het Messenger-platform
Wat is het resultaat:	Geslaagd
Heeft het een vervolg:	De bètaversie is zeer positief onthaald, duizenden mensen chatten met deze applicatie
Lessen die geleerd zijn:	Eenvoudige communicatie

onderzoeken. Er zijn zelfs ideeën om pillen op de juiste plaats in je lijf medicijnen te laten bezorgen. Daarvoor moet die pil wel in je bloedbaan zien te komen en dat is nog niet gelukt. Maar ze proberen het wel!

British Airways denkt dat zo'n pil (de Edible) [17] kan helpen je vlucht zo prettig mogelijk te maken. Je neemt de pil in bij het drankje dat je aan het begin van de vlucht krijgt aangeboden. Vervolgens registreert de pil wanneer je slaapt, wanneer je nerveus bent (start en landing!), wanneer je het koud hebt of juist te warm en wanneer je wat zou moeten drinken of bewegen. Die gegevens worden gelezen door de stewardessen, die jou vervolgens de juiste zorg geven.

Als dat in een vliegtuig kan, dan kan het ook in een verpleeghuis, een politiebureau, een gesloten instelling, woonvormen voor meervoudig gehandicapten, een afkickcentrum en bij de wijkverpleging. Mijn iPhone kan nu al veel van de metingen uitvoeren (maar dat heb ik uitgezet …). Dit is weer een stapje verder. Gaan zorgvragers straks allemaal 'aan de pil?'

Tabel 6.7 BAAS

Maatschappelijke thema's bespreken	
De locatie:	▶ www.kearn.nl [9]
Welke organisatie:	KEaRN welzijn, Gemeente Tytsjerksteradiel/Achtkarspel
Wie is de initiatiefnemer:	Contactpersoon: Klaske Siersema, of haar collega Melanie Berends, Maak&Vermaak/KEaRN welzijn
Wat is het doel?	Via augmented reality met kinderen maatschappelijke thema's bespreken en kansen ontdekken voor sociale initiatieven
Wie is de doelgroep?	Kids 7–12 jaar en omstanders
Inhoudelijke beschrijving:	BAAS is een augmented reality game ontwikkeld met kinderen, gamebureau en welzijnswerk om maatschappelijke thema's op een leuke manier aan te kaarten en bewustwording te stimuleren. Aan de hand van Bonnie, die kinderen individueel op de iPad costumizen, gaan ze in hun eigen leefomgeving op avontuur
De rol van technologie/social media/apps enz. in dit voorbeeld:	Het is een andere aanpak voor dialoog en informatieverzameling. Sluit aan bij de leefwereld en behoefte van kids
Wat is het resultaat?	Geslaagd
Heeft het een vervolg?	Onlangs gestart en zal in vijftig straten worden uitgevoerd en ook bij andere welzijnsorganisaties en gemeenten onder de aandacht worden gebracht
Lessen die geleerd zijn?	Mooie manier om kinderen te binden en thema's te bespreken, maar het is wel ingewikkeld omdat games bouwen een vak is. In deze ontwikkeling vooral gebruikmaken van wat al bestaat in plaats van zelf ontwikkelen

6.4.5 Handen aan het bed? Humanoids

Ooit leerde ik foutloos bier tappen van kritische kroegbazen, die zongen in een koor in buurtcentrum de Boomspijker in Amsterdam. Zij smeerden tijdens en na afloop van de repetities graag hun kelen bij mij aan de bar. Het zweet stond op m'n rug, wanneer ik tappend op m'n vingers gekeken werd.

Je kunt je dus wel voorstellen dat ik enigszins onthutst op de conferentie Smart Industry 2017 tegen een robot aanliep die ook bier kon tappen. Een robot die kon doen wat ik door vallen en opstaan had geleerd: het gedroomde pilsje tappen.

Ook zag ik een 3D-geprint model van een kinderhart. Chirurgen kunnen vooraf bepalen of een operatie kansrijk is. Een 3D-geprint zacht botweefsel dat doorbloed kan raken, als alternatief voor een stalen pin in je heup.

De komende jaren gaan wel 300 duizend banen in het middensegment verloren als gevolg van automatisering. Als je in de zorg werkt, zit je redelijk goed. Daar is en zal het tekort aan handen aan het bed alleen maar oplopen.

◨ **Tabel 6.8** Wijk Agenda van WijkConnect

Wijkactiviteiten aandacht geven	
De locatie:	▶ www.wijkconnect.com
	▶ www.wijkconnect.com [10]
Welke organisatie:	Samenwerking tussen WijkConnect met de Utrechtse welzijnsorganisaties Vooruit Utrecht, Me'kaar, Welzaam en Doenja Dienstverlening (opgegaan in Dock per 1 januari 2019) Andere partnerschappen zijn welkom
Wie is de initiatiefnemer:	Berny de Vries
	WijkConnect
Wat is het doel:	Wijkactiviteiten zichtbaar en toegankelijk maken voor alle wijkbewoners
Wie is de doelgroep:	Aanbiederkant: wijkcentra, buurthuizen, wijkvoorzieningen: plekken met activiteiten
	Ontvangerkant: wijkbewoners die digitaal vaardig zijn en bewoners die juist weinig digitale en/of taalvaardigheden hebben
Inhoudelijke beschrijving:	Hart van Hoograven is een buurtcentrum in de wijk Hoograven, Utrecht Zuid. Er vinden bijna honderd activiteiten plaats. Sociaal Beheerder / sociaal makelaar Lot Thijs wil zo veel mogelijk bewoners ondersteunen en zo min mogelijk overnemen. Voor de activiteiten in Hart van Hoograven betekent dat echter drie grote nadelen:
	1. Sommige organisatoren kunnen of willen hun activiteit niet zelf zichtbaar maken
	2. Het kost veel tijd om activiteiten te plaatsen en te promoten, voor de eigen locatie maar ook met wijkpartners samen
	3. Er valt een groep tussen wal en schip die geen internet gebruikt of die minder taalvaardig is
	Het is een online-wijkplatform dat activiteiten, vraag- en aanbod en initiatieven in de wijk zichtbaar maakt. WijkConnect is gestart door een wijkbewoner in Hoograven vanuit de missie 'mensen verbinden in de wijk.' Samen zijn ze gaan kijken naar de diverse uitdagingen die Hart van Hoograven heeft. Hoe bundel je activiteiten? Wie gaat het beheren? Hoe maak je het beschikbaar, ook voor niet-digitaal-vaardigen?
	Met welzijnspartners en bewonersgroepen is WijkConnect een slimme agenda om ze zichtbaar te maken. Via het online-wijkplatform WijkConnect zijn sociaal beheerders, opbouwwerkers en vrijwilligers in verschillende buurtcentra betrokken in het ontwerpproces voor een Wijk Agenda. Slimme innovaties in de Wijk Agenda zijn onder andere:
	1. Buurtcentrum-specifieke innovaties:
	a. elk buurtcentrum heeft haar eigen pagina
	b. organisatoren van activiteiten delen daar zelf activiteiten op
	c. sociaal beheerders zijn medebeheerder

■ **Tabel 6.8** Wijk Agenda van WijkConnect (Vervolg)

Wijkactiviteiten aandacht geven	
	2. Wijk Agenda algemene innovaties:
	a. een weekoverzicht met activiteit, locatie en contactgegevens
	b. met één druk op de knop maak je een pdf-uitdraai
	c. eenmalige en wekelijkse activiteiten apart weergegeven
	d. je kunt reeksen toevoegen met een begin- en einddatum
	e. je kunt zoeken op 'tags' en deze met bijvoorbeeld een doelgroep combineren
	f. via Google zijn deze goed vindbaar
	g. de mobiele versie voelt aan als een app
	h. via een API (applicatin programming interface, waarmee verschillende softwarepakketten samen kunnen werken, HV) kun je activiteiten koppelen aan andere websites, in een eigen huisstijl
Wat is het resultaat:	Geslaagd. Het aanbod van wekelijks terugkerende activiteiten alleen al in de Utrechtse wijken zit op ruim zevenhonderd
	Quote van Lot: *'Door de computer die in het buurtcentrum staat, geopend op de Wijk Agenda, werkt het inspirerend voor bewoners, het ziet er mooi uit en veel is met plaatjes, hierdoor heb je met weinig werk een groot succes.'*
Heeft het een vervolg:	Wijk Agenda is doorontwikkeld en uitgerold naar andere wijkvoorzieningen zoals bibliotheken, speeltuinen, huiskamers van de wijk, zorgcentra binnen en buiten Utrecht
	In de evaluatie is naar voren gekomen dat Wijk Agenda locaties en bewoners helpt om
	a. tijd te besparen
	b. zichtbaarder te zijn
	c. meer impact te hebben
Lessen die geleerd zijn:	Koppeling online-offline blijkt heel belangrijk, er is nog steeds een grote groep die minder digitaal- of taalvaardig is. Door te printen, wordt deze groep ook grotendeels bereikt via vrijwilligers en professionals
	Iedereen zoekt anders. Er zijn bewoners die de website kennen en op thema zoeken, bijvoorbeeld 'beweging'. Anderen gaan zoeken op specifieke zoektermen, bijvoorbeeld 'yoga'. En er zijn bewoners die via Google gaan zoeken. Het combineren en integreren van alle zoekscenarios in een ontwerp dat prettig oogt en makkelijk werkt, was veel werk maar loont op de lange termijn.
	Verbind wat er al is. Wijkinformatie is vaak gefragmenteerd en versnipperd verspreid op veel digitale en fysieke plekken. In plaats van iets nieuws te ontwikkelen, kijk je of je de kracht van de verbinding kunt inzetten en die wijkinformatie kunt bundelen, structureren en vervolgens toegankelijk maken

Tabel 6.9 1Sociaal Domein.nl

Integraal samenwerken aan betere oplossingen

De locatie:	▶ www.1sociaaldomein.nl [11]
Welke organisatie:	1Sociaal Domein B.V.
Wie is de initiatiefnemer:	Valentijn van Esch
	1Sociaal Domein B.V.
Wie is de contactpersoon:	Valentijn van Esch
Wat is het doel:	Het doel is om integraal samen te werken aan betere oplossingen in zorg en welzijn. Van elkaar te leren, ervaringen uit te wisselen en elkaar te helpen bij moeilijke vraagstukken
Wie is de doelgroep:	Zorg, welzijn en ggz-professionals, maar ook adviseurs, onderzoekers en gemeentelijke ambtenaren
Inhoudelijke beschrijving:	Veel vragen die op het platform gesteld worden, toetsen de grenzen van de wetgeving. Een voorbeeld hiervan is:
	Wordt een belastingteruggave in verband met negatieve aanslag IB over eerder tijdvak dan uitkeringsrecht aangemerkt als 'inkomen' volgens de Participatiewet? Deze vraag is vanuit verschillende invalshoeken beantwoord en werd als zeer waardevol aangemerkt
De rol van technologie/social media/apps enz. in dit voorbeeld:	Het is een online-platform met mobiele app. Deelname is kosteloos. Op jouw dashboard ontvang je voor jou interessante informatie. Jij bepaalt zelf hoe vaak je een update uit het platform wilt ontvangen, om de omvang van het berichtenverkeer tot een minimum te beperken
Wat is het resultaat:	Geslaagd. Het platform kent een zeer hoge betrokkenheid ten opzichte van veel andere online-platformen. Elke vraag wordt gemiddeld vier tot vijf keer beantwoord. 54 % van de deelnemers zijn uitvoerende professionals
Heeft het een vervolg:	Het platform biedt de mogelijkheid om channels aan te maken en daarop besloten werkgroepen te starten voor bijvoorbeeld trainingen, casuïstiekbespreking en/of tijdelijke projecten. Lokale zorg- en welzijnsorganisaties maken hier gebruik van in een samenwerkingsverband
	Landelijke partijen, kennisinstituten en branche- en beroepsverenigingen zetten een channel in voor het onder de aandacht brengen van praktijkvoorbeelden en bereiken relevante doelgroepen. Ook brengen zij interessante discussies op gang en hebben ze de mogelijkheid tot het doen van peilingen
Lessen die geleerd zijn:	Dat (uitvoerende) professionals maximaal tien minuten per week de tijd hebben om naast het werk nog aanvullende online-informatie tot zich te nemen of een collega in het veld te helpen. We zijn continu bezig om het platform vanuit dat uitgangspunt aan te laten sluiten bij de behoefte. Want de behoefte om met elkaar samen te werken is groot en online kan daarin ondersteunen. We zijn daar deels in geslaagd, maar we zijn er nog niet
	Het platform zou nog beter kunnen slagen als professionals van hun werkgevers meer tijd krijgen om naast hun dagelijkse werk meer tijd online te mogen doorbrengen. Dat kost tijd, maar het kan ook tijd besparen als we meer netwerken en meer van elkaar kunnen leren door kennis en ervaring met elkaar uit te wisselen. Veel professionals willen graag weten: hoe hebben andere regio's dit vraagstuk opgelost? Hoe denkt mijn collega WMO hierover aan de andere kant van Nederland? Hoe kan ik de wet- en regelgeving nog beter toepassen in mijn werk, enzovoort (◘ fig. 6.3).

Figuur 6.3 Screenshot van 1Sociaaldomein

Zie daar: humanoid robots [18] Zora, Pepper en Tessa gaan u in de zorg terzijde staan. Ze kunnen praten, zingen, dansen, gymnastieken, bezoek aankondigen, muziek afspelen, je eraan herinneren dat je op tijd moet drinken en je medicijn moet nemen en … ze kunnen je aandacht geven. Proeven in de ouderenzorg zijn zo succesvol dat de eerste productielijnen zijn opgestart.

Bereid je vast voor op een werkomgeving met een digitale collega. Die jij gaat aansturen … Proost!

6.4.6 Teleprompter. Je vlog ontzorgd

Vloggen is hip. Er zijn zelfs trainingen voor sociaal werkers. Zij willen daarmee hun werk inzichtelijk maken. Ben jij er al mee begonnen? Mooi! Maar nou heb je daarbij wel een probleem. Want waar ga je het over hebben en hoe breng je dat?

Je kiest eerst een onderwerp. Daarna heb je vaak een script nodig. Met een inleiding/teaser, een middenstuk/kernboodschap en op het einde een *call to action*. Maximaal vijf minuten, liefst minder.

Oké, je hebt dat A4'tje met tekst. Wat doe je daarmee? Houd je het in je handen, waardoor je de hele tijd naar beneden kijkt? Dat is geen gezicht. Plak je het aan je camera/telefoon? Niet ideaal want je wil ín de camera kijken. Niet ernaast.

'There's an app for that!'

Voor alles is een app beschikbaar, ook hiervoor. In dit geval raad ik je Teleprompter [19] aan. Daarmee haal je de autocue van de televisiestudio's naar je smartphone. In Teleprompter loopt je script door het beeld waarin jij jezelf ook ziet. Lees hardop voor en binnen no-time heb jij je perfecte opname gemaakt. Waarin je de hele tijd recht in de camera hebt gekeken!

Als je het jezelf helemaal makkelijk wilt maken, stop je met intypen. Gebruik de microfoon-/dictafoonfunctie op je smartphone. Spraak zal omgezet worden in tekst. Niet helemaal foutloos. Wel goed genoeg om te kunnen voorlezen. Ook handig voor die vervelende lange aantekeningen over je teamvergadering! Denk dan alleen wel aan de spellingcontrole.

Tabel 6.10 Deedmob

Vrijwilligers vinden en binden

De locatie:	▶ https://nl.deedmob.com [12]
Welke organisatie:	Deedmob B.V., social enterprise
Wie is de initiatiefnemer:	Founders Boudewijn Wijnands en David Furlong met Founding team members Hendrik-Jan Overmeer en Tycho Onnasch ▶ hello@deedmob.com
Wat is het doel:	Sociale organisaties gratis voorzien van de beste platformtechnologie voor het vinden en binden van vrijwilligers. Daarnaast het ecosysteem van goeddoen koppelen, dus een netwerk creëren waarin sociale organisaties, vrijwilligers, bedrijven en (lokale) overheden samenwerken om goed te doen en mensen verder te helpen
Wie is de doelgroep:	Sociale organisaties, vrijwilligers, Corporate Social Responsability (CSR)-afdeling van bedrijven en gemeenten/landelijke overheid
Inhoudelijke beschrijving:	Deedmob is een gratis platform voor sociale organisaties die toegang hebben tot de laatste en beste tools om het vrijwilligerswerk te managen. Grote organisaties als UNICEF maar ook kleine organisaties maken actief gebruik hiervan. Vrijwilligers krijgen de regie over hun eigen vrijwilligerservaring. Ook werkt Deedmob voor bedrijven als KLM, Red Bull en H&M, waarbij werknemers skilled volunteering doen bij sociale organisaties om deze verder te helpen
Wat is het resultaat:	In twee jaar tijd maken ruim duizend sociale organisaties gebruik van Deedmob en de technologie. Meerdere gemeenten en bedrijven zijn aangesloten om de impact van goeddoen te versterken. Binnenkort volgt internationale expansie. Deedmob heeft nu twaalf werknemers
Heeft het een vervolg:	Ja. Groeiend bedrijf met internationale focus en Nederlandse inzet
Lessen die geleerd zijn:	Focus. Als start-up in de sociale sector kun je heel veel problemen oplossen, maar daar is niet de tijd voor. Dus daarom focus. Die van Deedmob is technologie en netwerk

6.4.7 Vocre en Icoon, de taalbarrière geslecht

Stel, je werkt met veel plezier als sociaal werker in een multiculti (mag je dat nog zeggen?)-werkomgeving. Bijvoorbeeld een buurthuis in de grote stad. Of een AZC op het platteland. Dagelijks loop je statushouders, uitgeprocedeerden, vluchtelingen, migranten, herenigde gezinnen, eerstegeneratiegastarbeiders, expats enzovoort tegen het lijf. Voor jou heeft het werken met deze groepen geen geheimen. Maar toch heb je een probleem: de taal!

Heb jij, net als ik, ook zo'n moeite jezelf uit te drukken in het Turks, Pools, Arabisch (inclusief diverse varianten) Chinees (idem), Hindi, Roemeens, Thais, Slowaaks en Oekraïens?

◼ Tabel 6.11 Het Rooster

Online werkroosters maken	
De locatie:	▶ https://hetrooster.nl [13]
Welke organisatie:	Het Rooster
Wie is de initiatiefnemer:	Lennart Pilon
Wat is het doel:	Drempels wegnemen tussen mensen en werk; van het rooster een feestje maken
Wie is de doelgroep:	(vrijwilligers)organisaties waar werk gepland wordt
Inhoudelijke beschrijving:	Het Rooster is het systeem om online-werkroosters te maken
	Je medewerkers en vrijwilligers geven zelf aan wanneer ze komen werken
	Het nut van zelfroosteren:
	Mensen kunnen dat heel goed zelf doen
	Als je iemand vrijheid geeft, dan neemt die persoon verantwoordelijkheid
	Mensen kiezen graag zelf wanneer ze komen werken
	Minder tijd aan planning besteden, meer tijd voor waar het echt om gaat
De rol van technologie/social media/apps enz. in dit voorbeeld:	Het Rooster is een online app
Wat is het resultaat:	Heel veel tijdsbesparing
	Veel meer (werk)geluk bij medewerkers en vrijwilligers
	Door meer eigen regie/verantwoordelijkheid ontstaat er meer betrokkenheid
	Doordat het rooster voor iedereen inzichtelijk is, is het veel laagdrempeliger om een dienst van iemand over te nemen of een gaatje in het rooster in te vullen
Heeft het een vervolg:	Geregeld willen organisaties nog een stap verder. Als Het Rooster goed draait, komen er vaak vragen over bijvoorbeeld een geïntegreerd logboek, of eigen rapportages. Een mooie ontwikkeling is dat er (meer) gekeken wordt naar wat er gebeurt (data) om de organisaties op te sturen. En zulke uitbreidingen bieden we graag aan
Lessen die geleerd zijn:	Iemand die vrijheid krijgt, neemt automatisch verantwoordelijkheid
	Vrijwilligers (ook de ouderen) zijn digitaal vaardiger dan de meeste coördinatoren inschatten

Misschien biedt dan de (betaalde, 5,65 euro) app Vocre [20] uitkomst. De app vertaalt in 36 talen en is geschikt voor Androïd en iOs. De werking is simpel. Je houdt je smartphone tussen jou en je anderstalige gesprekspartner. Kies je eigen taal, plus de taal van je gesprekspartner. Tik op 'start conversation,' druk op het microfoontje en praat tegen de telefoon. Die zal vervolgens vertaald uitspreken wat je zei. Luid en duidelijk. En klaar is Kees. Probeer het eens, zou ik zeggen.

Kom je er nog niet uit, dan is de pictogrammen-app Icoon [21] wellicht een alternatief. Tekeningetjes van alledaagse zaken die iedereen kan 'lezen.' Handig onderverdeeld in thema's als geld, gezondheid, onderkomen, gevoelens, eten, en publiekrechtelijke organen. Je zoekt het best passende plaatje uit en tikt dat aan. Waarop het groot op het scherm verschijnt. Ook handig voor op vakantie!

Inmiddels is er ook de gratis vertaalapp van Google: Google Translate! [22] Die kan dit ook allemaal. Maar hij kan ook menukaarten en verkeersborden lezen in de andere taal en die omzetten naar Nederlands. Te mooi om waar te zijn.

6.4.8 Splice en Spark, zelf super makkelijk online video maken

Grote social-mediaplatformen maken het ons steeds makkelijker om video's te publiceren. Met apps voor onze telefoons en tablets maak je snel professioneel ogende video's. Het monteren, de muziek, een voice-over, een titel en een aftiteling. Het kan allemaal eenvoudig met je smartphone.

In het sociaal domein liggen de kansen voor het gebruik van video voor het oprapen. Het is de manier om beeldvorming een positieve draai te geven. Het is de manier om jezelf en je organisatie te presenteren. En te laten zien waar je zoal mee bezig bent en wat je klant ervan vindt.

Zelf ben ik gecharmeerd van de gratis apps Splice (iPhone) [23] en het broertje Quik [24] voor Android, beide van Go Pro. Vergelijkbaar met deze twee, met wat meer voorgebakken thema's (waarmee je binnen Instagram je foto's mooier kunt maken) is Spark, van Adobe.

Kinderlijk eenvoudig haal je foto's en video's op uit de fotobibliotheek van je smartphone, je zet ze in een volgorde, voegt teksten toe en kiest er muziek en een thema bij. En klaar is je video. Die je vervolgens kunt bewaren en uploaden naar de social-mediaplatformen die je al gebruikt.

Nog een tip: delen vanuit de apps kan, maar bijvoorbeeld Facebook laat je video beter aan je volgers zien wanneer je die rechtstreeks uploadt naar Facebook. In plaats van een link in een bericht te zetten.

6.4.9 Skybell, interactieve deurbel

Namens het sociaal wijkteam ging ik met een collega op huisbezoek bij een oudere dame. Dat huisbezoek was aangevraagd, maar ze nam de telefoon niet op om een afspraak te maken. We gingen kijken of ze thuis was. Helaas deed ze ook niet open. Al haar gordijnen bleken dicht te zijn.

Terwijl we daar in de regen stonden liet mijn collega een app op haar telefoon zien, die van haar eigen voordeurbel, jawel. Nou is die collega samen met haar man, een IT'er, nogal van de snufjes. Omdat het regende, waren we net met een Tesla ('hij is van hem en geleased hoor!') naar de dame gereden. Wauw! Thuis had ze Google's Nest-camera's om hun pasgeboren baby in de gaten te houden. Ook met haar iPhone natuurlijk. Dus dit paste wel in het beeld.

Deze app was die van Skybell, voor iPhone en iPad [25]. Skybell maakt interactieve deurbellen (vanaf 240 euro). Met een camera en verbonden met 'de cloud'. Je kunt zien wie er voor de deur staat en je kunt ermee praten. Automatisch wordt een foto naar je geappt als iemand voor de lens beweegt. We zagen dat het nu, live, bij haar thuis droog was. In haar fotomap liet ze zien wie er eerder aan de deur hadden gestaan. En gewoon aanbellen kan dus ook.

Je kunt de bijbehorende deurbel-app delen met je gezin/familie en/of hulpverleners. Ideaal voor ouderen die – tijdelijk – even bij de kinderen zijn gaan wonen. Die kunnen dan toch praten met de leden van het wijkteam die in de regen voor de deur staan.

6.4.10 Vraagapp, hulp op afstand bij dagelijkse zaken

Het huidige leven is knap ingewikkeld. Er zijn allemaal regels, verwachtingen, eisen, sociale druk enzovoort. Soms zou je gewoon even iets willen vragen, om daarna weer zelf verder te kunnen komen. Daar is sinds kort een app voor: de VraagApp[26].

VraagApp doet wat de naam al zegt. De app koppelt twee groepen mensen aan elkaar:
1. de vragensteller: mensen met een alledaagse vraag;
2. de meedenkers, flexibele onlinevrijwilligers, die antwoorden kunnen geven over bijvoorbeeld koken, het huishouden, het openbaar vervoer, computers en internet, regels en wetten enzovoort.

Wanneer de vragensteller een vraag stelt over een rubriek, verschijnt de vraag bij meerdere meedenkers binnen die rubriek op de smartphone. De eerste meedenker die reageert, lost de vraag op. De vragensteller krijgt snel antwoord waardoor zijn of haar zelfredzaamheid wordt vergroot. Het is een heel leuke laagdrempelige manier om anderen te kunnen helpen.

Om vragen te kunnen stellen heb je een abonnement nodig. Dat kost 12 euro. Wil je als meedenker vragen beantwoorden, dan heb je geen abonnement nodig.

VraagApp is in Nederland ontwikkeld en koppelt kennis van e-health, privacy en licht verstandelijk beperkten (LVB) aan de gedachte van de participatiemaatschappij. Inmiddels is er ook flinke belangstelling in het buitenland. Maar ik kan me ook voorstellen dat een wijkteam, welzijnsorganisatie of gemeente abonnementen inkoopt. Voor kwetsbare inwoners. Of misschien wel met een breder doel.

Immers, iedereen heeft toch wel eens een vraag waar Google nou net niet het juiste antwoord op geeft?

Inmiddels is Vraagapp nationaal en internationaal flink in de prijzen gevallen en wordt het met succes uitgerold in het veld.

6.4.11 Appke, vraagbaak voor jongeren

Hoewel dit hoofdstuk bedoeld is om de nieuwste sociale technologische snufjes onder je aandacht te brengen gaan we nu terug naar de basis. Er is immers al zoveel beschikbaar. 'Laten we dat nou eerst eens goed implementeren en gebruiken!'

Mee eens.

Daarom nu iets dat zo voor de hand ligt dat het zelfs al googlend moeilijk te vinden is: Appke [27]. Appke is een WhatsApp-nummer dat jongeren kunnen toevoegen aan hun contactpersonen. Door daar hun vragen naar te appen bereiken ze direct een jeugdzorgwerker van het Centrum voor Jeugd en Gezin (CJG) Land van Cuijk/Sociom (zuidelijk van Nijmegen).

Laagdrempelig kunnen jongeren hun vragen over seks, wiet, drank, depressie, ruziënde ouders enzovort stellen aan een professional. Daarmee is de jongere zeker van een betrouwbaar antwoord en hebben de jongere en de hulpverlener een direct lijntje. Hoe simpel kan het zijn.

Het CJG heeft voor Appke een grappig karaktertje laten ontwerpen, gestoken in een harnas (tegen de boze buitenwereld) en met emoij's op zijn (of haar?) buik die de stemming aangeven. Posters en flyers zijn op scholen in de regio verspreid. Zo'n duizend jongeren deden al in de proefperiode mee.

6.4.12 Moti-4, gemotiveerd je verslaving aanpakken

Is het gelukt met de goede voornemens die je tijdens de jaarwisseling had? Minder roken? Minder gamen? Waarschijnlijk niet. We weten allemaal dat we enthousiast beginnen maar dat er al snel de klad in komt. We vervallen te gemakkelijk in onze oude patronen.

Gelukkig is er een app die kan helpen: Moti-4 van Verslavings Preventie Nederland [28]. *'Moti-4 kan worden ingezet bij risicovol experimenteren of beginnend problematisch gebruik van alcohol, cannabis, hard drugs, maar ook bij overmatig gamen.'* En deze app wordt ingezet, vóórdat de zwaardere hulpverlening noodzakelijk wordt.

Moti-4 heeft jongeren als doelgroep en werkt met maximaal vier gesprekken met een preventiewerker. De gesprekken zijn gericht op het in kaart brengen van het gebruik, het vergroten van de kennis over het middel dat de jongere gebruikt, het vergroten van het bewustzijn over de gevolgen van het gebruik en van de weerbaarheid van de jongere.

In de app kan de jongere vervolgens zelf het gebruik bijhouden, zelf doelen stellen, met een beloning wanneer die doelen behaald worden. En er is een herinneringsfunctie voor de eigen motivatie om van de verslaving af te komen. De app kan ook los van de gesprekken gebruikt worden.

6.4.13 Jeugdhulp 1 op 1, kies zelf je jeugdhulpverlener

Al swipend nu eens niet je nieuwe liefde of onenightstand vinden, maar je eigen jeugdhulpverlener kiezen? Toekomstmuziek? Nu niet meer!

Het kan al in West- en Midden Brabant. Niet via een app maar via de (match)website Jeugdhulp 1 op 1 [29]. Het uitgangspunt is dat de klik tussen de jongere en hulpverlener de belangrijkste succesfactor is. En doordat Jeugdhulp 1 op 1 enkel beschikbare hulpverleners online plaatst, is er geen wachttijd en kunnen jongeren snel terecht. Zij hebben meestal binnen 24 uur al direct contact met de hulpverlener zelf.

- **Zelf kiezen**

Jongeren die door de huisarts of het wijkteam worden verwezen naar jeugdhulp kiezen zelf aan de hand van korte profielen (met foto) een hulpverlener uit. Die presenteert zich en legt zijn of haar specialisme en werkwijze uit. Anderen, die eerder hulp ontvingen, kunnen reviews achterlaten.

- **Match maken**

Valt een hulpverlener in de smaak, dan registreert de jongere zich en legt zelf het eerste contact. Via chat wordt vervolgens kennisgemaakt. Als ook dat goed voelt, klikt de jongere op 'match maken' waarna contactgegevens uitgewisseld worden en de hulpverlening kan starten.

Naast eigen regie motiveert deze werkwijze jongeren ook: wat heb ik precies nodig? En wie past bij mij? Een netwerk van kleinschalig werkende zorgaanbieders die gespecialiseerde ambulante jeugdhulp bieden. Jeugdbegeleiders, orthopedagogen en kinder- en jeugdpsychologen. Zij voldoen aan de volgende criteria:
- een overeenkomst met een gemeente in een van de jeugdhulpregio's;
- registratie/vooraanmelding in het register van de Stichting Kwaliteitsregister Jeugd (SKJ);

Daarmee is kwaliteit gewaarborgd.

6.4.14 Zorg-sociaal, het zelfredzame keukentafelgesprek

Het keukentafelgesprek; u trekt er samen met een collega opuit om inwoners van uw werkgebied thuis te bezoeken. Dat doet u van overheidswege. Zodat er passende zorg verleend kan worden, rekening houdend met de sociale context en mogelijkheden van de bewoner. Het voorkomt dat de zorgkosten voor uw gemeente de pan uit rijzen.

In Zeeland vinden ze dat een achterhaald idee. Daar ligt sinds kort de kiem voor het ver-zelfredzamen van het keukentafelgesprek. Want waarom twee dure professionals voor ieder intakegesprek 2×2 uur vrijmaken als bewoners ook zelf data kunnen genereren? Anders gezegd: als ze zelf hun zorgvraag kunnen formuleren op basis van feiten.

- **Hoe het werkt?**

Na het eerste contact geef je de bewoner de tip de app Zorg-Sociaal [30] te downloaden. Daarmee vult de bewoner zelf op zeven leefgebieden vragen in. Tegelijk start een welzijnsmeter, een nulmeting van het welbevinden. Twee weken lang worden dagelijks vragen en opdrachten gesteld die in kaart brengen wat de hulpvraag is en waar de bewoner toe in staat is. De bewoner is er ongeveer 15 minuten per dag mee bezig.

- **Zelfregie**

Zo ontstaat een goed beeld van de situatie. De bewoner krijgt zelf inzicht, is eigenaar van zijn gegevens én bepaalt zelf met wie die gedeeld mogen worden. De makers van de app delen de gegevens niet met anderen. Vanuit het wijkteam kan de juiste hulp in gang gezet worden. De gemeente kan een voorziening toewijzen. En geanonimiseerd krijgt u het welbevinden in het hele werkgebied te zien doordat gegevens realtime vergeleken worden met die van de buurtgenoten.

6.4.15 Duplex, Google's assistent

Spelen met Duplex? Ik geef het toe, ik zat helemaal fout. Bij het lezen over het andere nieuwe speeltje van Google, Duplex, dacht ik nog: Dat ken ik! Dat is van Lego! Wat doet Google daar nu mee? Maar hetzelfde Google hielp me snel uit de droom. Het blijkt Lego Duplo én Google Duplex [31] te zijn. Mijn kids zijn die leeftijd al voorbij. Dus dat zat nog ergens verkeerd in mijn systeem. Error.

Maar wat is Google Duplex dan wel? Duplex is misschien wel de volgende stap naar een robot waarmee je een gesprek voert zoals je dat met een ander mens doet. Concreet: Duplex is een Artificial Intelligence (AI)-systeem om levensechte telefoongesprekken te kunnen voeren.

Hoe het werkt?

Jij praat tegen je Google Assistant (op je Androïd telefoon). Je zegt dat je een afspraak bij de kapper wilt maken. De assistent schakelt Google Duplex in om voor jou die afspraak te maken. Duplex belt zelfstandig de kapper op én voert het gesprek met de kapster! Die denkt dat er een ander mens aan de lijn is. En de afspraak wordt gemaakt.

Er is nog wat discussie over of het ethisch is dat die kapster niet weet dat ze tegen een computersysteem kletst. Daarom heeft Google de dienst aangepast en weet de ander die de telefoon opneemt, dat er een computersysteem aan de lijn is. Maar verder werkte het op de introductie in mei 2018 vlekkeloos. Binnenkort kunnen we meer toepassingen zien, als het aan Google ligt.

Fast forward

Binnenkort gaat de telefoon bij een bewoner. Het wijkteam wil naar aanleiding van het eerste bezoek tijdens het spreekuur graag als vervolg een keukentafelgesprek bij de bewoner thuis inplannen, of dat kan? De bewoner stemt toe en de afspraak wordt gemaakt. Per e-mail wordt een bevestiging gestuurd. Maar ... was het wel het wijkteam zelf dat belde?

6.4.16 Keuzewijzer E-tools. Online inwoners betrekken

Inspraak, burgers die willen meedenken, meebeslissen én meedoen! Een goede zaak. Tuurlijk! Maar hoe vaak denk je niet: *heb ik nu wel de juiste gesprekspartners?* In zaaltjes zie je vaak de buurtburgemeesters; mannen op leeftijd en áltijd met de hakken in het zand. Absoluut geen doorsnee van de wijk en je bereikt er inhoudelijk weinig mee.

Weet je wat? We vragen de opbouwwerker en de jongerenwerker hún doelgroepen te mobiliseren! Met moeite krijg je dan een paar allochtone vrouwen en straatschoffies richting het zaaltje. Al snel blijkt dat die zich niet thuisvoelen. Ze spreken zich onvoldoende uit.

Na die avond zie je ze vaak nooit meer terug. De sociaal werkers zitten in de tang, aan twee kanten is het vertrouwen beschadigd. Bij de ambtenaren en bij de bewoners.

Nieuwe technologie helpt om de participatie van inwoners op andere manieren vorm te geven. Vormen die beter bij de verschillende bewonersgroepen passen. Zodat je ook eens wat andere belanghebbenden bereikt. Maar waar begin je? En wat werkt?

Movisie heeft hiervoor De Keuzewijzer E-tools ontwikkeld [32]. De Keuzewijzer helpt gemeenten om digitale burgerparticipatie te organiseren. En is ook bruikbaar voor opbouwwerkers en wijkcoaches. Want hiermee kan in jouw gemeente het online betrekken van inwoners bij maatschappelijke vragen, initiatieven, beleid en besluitvorming een duidelijke meerwaarde krijgen.

De Keuzewijzer E-tools staat online. Een beschrijving van liefst 21 e-Tools en 15 praktijkvoorbeelden voor onlineburgerbetrokkenheid! Een actueel overzicht van bestaande e-tools, hun toepassingsmogelijkheden én de ervaringen van gemeenten die deze al gebruiken.

6.4.17 Wheelmap.org, help mee de wereld toegankelijker te maken

Ooit studeerde ik af met een scriptie over de toegankelijkheid van openbare ruimten voor mensen in een rolstoel. Ik ging wekelijks in Amsterdam en omstreken op expeditie met een man die slechts zijn ogen kon gebruiken om te communiceren. Maar die wel van alles wilde meemaken. Hup, weer de sneltram in. Voor een gezonde begin twintiger als ik waren het indrukwekkende uitstapjes. Vol hindernissen. Na mijn opleiding heb ik er verder professioneel nauwelijks iets mee gedaan. Toch kleeft zo'n onderwerp aan je. En dus veerde ik op toen ik hoorde van Wheelmap.org [33].

Wheelmap.org gebruikt OpenStreetMap (OSM), een wereldwijde gratis onlinekaart. Ze vergelijken zich met Wikipedia. Het idee van de Wheelmap.org is dat gebruikers informatie over rolstoeltoegankelijke plekken toevoegen aan de kaart.

Met een stoplichtsysteem geef je snel een beoordeling. Groen voor prima toegankelijk, oranje en rood voor beperkt of niet toegankelijk. En je kunt commentaar toevoegen. Ook de toiletten op die plek kun je beoordelen.

Zo help je mee om mensen met een handicap hun reizen en uitstapjes beter te laten plannen. Je hoeft dus niet zelf in een rolstoel te reizen. En je hoeft ook niet in te loggen om te kunnen beoordelen. Je kunt bijvoorbeeld je wijkcentrum waarderen op toegankelijkheid. Of de winkels in je buurt, de bushaltes, de bibliotheek en ga zo maar door.

Ik denk dat ik wel een en ander had kunnen bijdragen met mijn reisgenoot. Vooral in rood.

6.4.18 360° VR video

Een van de opwindendste technologische ontwikkelingen is die van Virtual Reality/Augmented Reality en 360° Virtual Reality. Eigenlijk drie verschillende ontwikkelingen die tegelijk plaatsvinden en elkaar bestuiven.

In de zorg wordt langzamerhand ontdekt wat de meerwaarde kan zijn. Het arbeidstekort loopt op. Er zijn veel nieuwe mensen nodig. Opleidingen in zorg en welzijn willen het aantrekkelijker maken een zorgberoep te leren, 360° VR [34] zou daarbij kunnen helpen.

Studenten en werknemers kunnen met 360° VR op een nieuwe manier leren: de lesstof echt beleven, alsof ze er zelf bij zijn. Het lijkt erop dat het onthouden na een 360° VR videoervaring beter gaat dan na het bekijken van traditioneel leermateriaal. Het idee is simpel: als je aanwezig bent (of het lijkt zo ...) en je emotionele beleving neemt toe, dan wordt de lesstof beter onthouden. Zo kun je kennis opdoen, vaardigheden leren, handelingen observeren alsof het 'voor het eggie is.'

Vak.Expert experimenteert nu met 360° VR-proefopstellingen in de zorg. Bij het Meander Medisch Centrum in Amersfoort heeft het bedrijf een experiment uitgevoerd om het aanbrengen van een zuurstofmasker bij een patiënt vast te leggen met behulp van 360° VR.

6.4.19 Rode kersen, gebruikerstevredenheid meten

Het wijkcentrum waar ik werkte moest sluiten vanwege bezuinigingen. Geschrokken gingen we bij alle gebruikers een enquête afnemen en we lieten ze een petitie tekenen. De klinkende resultaten boden we aan de wethouder aan. Maar man, wat was dat werken! En natuurlijk veel te laat, want het beeld was al gevormd; die tent kon wel sluiten. Zo geschiedde. Wel met dit grote winpunt: de gebruikers kregen het in zelfbeheer.

Hadden we eerder gebruikers kunnen betrekken? Wellicht, als toen RodeKersen [35] had bestaan. RodeKersen is een nieuwe methodiek om gebruikerstevredenheid te meten. Ontwikkeld door WijkConnect [36] en Bouwstenen voor Sociaal [37] in samenwerking met 25 locaties: buurthuizen, wijkcentra en multifunctionele accommodaties.

Voordat we op vakantie gaan, doen we het allemaal; reviews bekijken. Voor maatschappelijk vastgoed nog niet, gek eigenlijk. Als een soort 'Tripadvisor voor maatschappelijk vastgoed' kun je met RodeKersen gebruikers hun mening laten geven.

Het uitgangspunt is eenvoud. RodeKersen is een enquête op maat gemaakt voor je locatie, met een mobiel vriendelijke onlineversie en een printversie. De belangrijkste vragen over gebouw, gastvrijheid en activiteiten zijn opgenomen om tevredenheid te meten. Open vragen geven een indruk van het belang van de plek in de wijk; doen we er eigenlijk toe?

De exploitant, beheerder of organisator van activiteiten krijgt inzicht in kwaliteit en maatschappelijke impact van de locatie. In 2018 deden veertig locaties mee.

Een eenvoudig en effectief instrument. Voor ons was het wijkcentrum al de kers op de slagroomtaart, hiermee hadden we het kunnen bewijzen.

6.5 Het lukt niet altijd

Het gaat ook wel eens mis met initiatieven zoals hiervoor beschreven. Vlak voor de deadline van dit boek werd bekend dat Buurtwelzijn, een interactief buurtplatform met een ondersteunende app, niet langer verder kon gaan, omdat er geen overnamekandidaat gevonden was. Terwijl dit platform voor onderlinge buurtgebonden sociale cohesie in maar liefst 674 buurten in het hele land acties was. Bijvoorbeeld in Rotterdam, Den Haag, Utrecht, Zwolle en vele andere plaatsen. Heel succesvol dus.

Toch lukte het niet. Ergens in het speelveld van initiatiefnemers, investeerders, bouwers, borgers, samenwerkingspartners, gebruikers en belanghebbenden, kan het fout gaan. Maar evengoed ontspruiten daar weer nieuwe ideeën.

Dat is wat je voortdurend zult zien gebeuren. In sociale technologie is het een komen en gaan, proberen, starten, doorontwikkelen en soms inderdaad ergens weer afscheid van nemen. Het veld dat je nu hebt leren kennen zal er over een paar jaar compleet anders uit (kunnen) zien.

Bronnen

1. Stichting Jongerenwerk Op Zuid (JOZ) ▶ https://stichtingjoz.nl.
2. Video JOZ 'verstopjetelenstopgeweld' ▶ https://youtu.be/gMrj03LnQfw.
3. Buurbook ▶ https://buurbook.nl.
4. Wehelpen.nl, ▶ www.Wehelpen.nl.
5. Always-On App ▶ https://www.always-on.nu.
6. Wijkwinkel Deventer ▶ https://www.wijkwinkeldeventer.nl/is/een-vraag-over.
7. Kook app Humanitas ▶ https://www.humanitas-dmh.nl/projecten/de-kook-app-blog/.
8. Chatbot Piu, Messenger via ▶ https://www.facebook.com/elkedagpositiefdenken/.
9. BAAS ▶ https://www.kearn.nl/baas/.
10. Wijk Agenda van WijkConnect ▶ https://www.wijkconnect.com/utrecht/agenda/.
11. Sociaal Domein.nl ▶ www.1sociaaldomein.nl.
12. Deedmob ▶ https://nl.deedmob.com.
13. Het Rooster ▶ https://hetrooster.nl.
14. De crisiskaart ▶ http://www.crisiskaartnederland.nl.
15. Emoji met een blauw oog ▶ www.abusedemojis.com.
16. Domotica ▶ www.mijnhuisopmaat.nl.
17. Edible ▶ http://furthermore.equinox.com/articles/2017/01/edible-tech.
18. Humanoïds ▶ http://www.robotzorg.nl/robots-in-de-zorg/.
19. Teleprompter ▶ http://www.freeteleprompter.org.

20. Vocre ▶ http://www.vocre.com.
21. Icoon ▶ http://www.icoon-book.com/shop/.
22. Google Translate ▶ https://translate.google.com.
23. Splice app ▶ http://spliceapp.com.
24. Spark app ▶ https://spark.adobe.com.
25. Skybell ▶ http://www.skybell.com.
26. Vraagapp ▶ https://vraagapp.nl.
27. Appke ▶ http://www.cjglandvancuijk.nl/showsite.asp?map_id=689250.
28. Moti-4 ▶ http://www.moti4.nl.
29. Jeugdhulp 1 op 1 ▶ https://www.jeugdhulp1op1.nl.
30. Zorg-sociaal ▶ https://www.zorgsociaal.nl/.
31. Duplex, Google's assistent (video) ▶ https://www.youtube.com/watch?v=P0P0GcwQqMQ.
32. Keuzewijzer E-tools ▶ https://www.movisie.nl/publicatie/keuzewijzer-e-tools.
33. Wheelmap.org ▶ https://wheelmap.org.
34. 360° VR video ▶ https://vakexpert.nl.
35. Rode kersen ▶ http://www.bouwstenen.nl/rodekersen-reviewsystematiek-voor-wijkvoorzieningen.
36. WijkConnect ▶ https://www.wijkconnect.com/.
37. Bouwstenen voor Sociaal ▶ http://www.bouwstenen.nl/.

Wat betekent dit voor de werkers?

Samenvatting

De sociaal werker die meer met digitale middelen wil gaan werken, kan zorgen voor wat ongemakkelijke gedachten. Daarom kijken we eerst naar de grondhouding. Het zijn vaak de eigen gedachten van werkers die een blokkade opwerpen. Lees tal van tips om digitalisering klein en dicht bij jezelf te houden. Om er zelf grip op te krijgen. Zie dat je met instellingen van tools en social media een hoop ergernis kunt voorkomen. Check ook vooral of je de juiste wachtwoorden gebruikt! Dit hoofdstuk bevat ook peptalk, want als sociaal werker zit je op goud! De eigenschappen waarmee een sociaal werker het werk doet, zijn dezelfde eigenschappen die online nodig zijn, om ook daar te stimuleren en te activeren. Een hele rij doelen maken de digitale transitie praktisch toe te passen.

7.1 Inleiding – 119

7.2 Hoe waardeer jij onlinecontact? – 119

7.3 Nooit in de opleiding gehad – 120

7.4 Tips voor beginners – 121
7.4.1 Blijf bij jezelf – 122
7.4.2 Begin klein – 122
7.4.3 Bepaal het doel – 122
7.4.4 Let op je instellingen – 122
7.4.5 Let op je wachtwoorden – 123

7.5 Je zit op goud! – 123

7.6 Kansen voor sociaal werkers – 125

© Bohn Stafleu van Loghum is een imprint van Springer Media B.V., onderdeel van Springer Nature 2019
H. Versteegh, *Digivaardig sociaal werk*, https://doi.org/10.1007/978-90-368-2351-7_7

7.7 Doelen – 126
7.7.1 Zichtbaar zijn – 126
7.7.2 Profileren van jezelf en je werk – 127
7.7.3 Gevonden worden – 128
7.7.4 Aansluiten bij de doelgroep – 129
7.7.5 Doelgroepen ondersteunen – 129
7.7.6 Nieuwe contacten maken – 129
7.7.7 Bestaande relaties verdiepen – 130
7.7.8 Contact onderhouden – 130
7.7.9 Contact met collega's – 130
7.7.10 Verbinden en netwerken – 131
7.7.11 Informatie naar je toe halen – 131
7.7.12 Bijblijven – 131
7.7.13 Informatie geven – 131
7.7.14 Voorlichten – 132
7.7.15 Hulp verlenen – 133
7.7.16 Samenwerken met anderen – 133
7.7.17 Tijd besparen – 133

Bronnen – 133

7.1 Inleiding

In het vorige hoofdstuk heb je gezien dat de digitale transitie heel goed aansluit op waar jij als professional mee bezig bent. Enerzijds kan al deze digitale technologie jou helpen om je werk te doen, anderzijds om een probleem van je doelgroep mee te helpen oplossen. Volop kansen dus.

Maar wat betekent digitaal werken gewoon praktisch in je dagelijkse bezigheden? Want je weet dat de digitale transitie van het sociaal domein urgent, onvermijdelijk, veelzijdig en stilletjes al gaande is. Nu is het tijd voor de vraag hoe jij daarmee om gaat. Wat betekent dit voor jou, in jouw werk? Wat vraagt digitaal werken en wat zijn de kansen?

Of anders gezegd: we gaan de belangrijkste doelen die jij kunt hebben met sociale technologie, een voor een af. En je krijgt tips over waar je meer informatie kunt vinden. Je leest het allemaal hier, in dit hoofdstuk.

7.2 Hoe waardeer jij onlinecontact?

Laten we, voor je gaat bekijken wat digitalisering voor jou gaat betekenen, eerst eens je grondhouding onderzoeken. Ik neem aan dat als je dit boek leest, je grondhouding jegens digitalisering en online je werk doen in principe positief is en dat je gemotiveerd bent. Misschien werk je er al mee. Het kan ook dat je nog twijfelt. Of dat je het helemaal niks vindt. Dan is de vraag hoe jij onlinecontact beoordeelt, of weegt, wel relevant.

Welke waarde heeft onlinecontact voor jou? Is digitaal contact, via social media, e-mail of een appje even waardevol of belangrijk als een gesprek van persoon tot persoon, face to face? Of vind je dat deze vormen van communiceren minder waarde hebben? Mocht dat zo zijn, bedenk dan dat er meestal een mens aan de andere kant 'van de lijn' zit. En die persoon waardeert dat jij je menselijk opstelt.

Tenminste, nu is dat nog zo. Want er worden hier en daar al 'bots' ingezet, stukjes software die een 'gesprek' met je kunnen voeren. Om je een dienst te verlenen bijvoorbeeld. Je wilt een filmkaartje kopen. Dat kan misschien met hulp van een bot, die je door het standaardkoopproces begeleidt. Misschien ben jij straks zelf diegene die een bot inzet voor veelgestelde vragen van je klanten.

Maar goed, laten we er nog even van uitgaan dat je met mensen werkt en dat jij met die mensen digitaal in contact bent. Dat contact is gebaseerd op wederzijdse verwachtingen en ongeschreven wetten. Etiquetteregels die misschien ook online gelden. Op basis van het verloop van het contact besluiten we of we het contact prettig vinden. Laten we het even concreet maken met een situatie:

Jij bent in gesprek met een verkoper in een winkel. Zijn telefoon gaat. De verkoper excuseert zich en neemt het telefoontje aan. Er is duidelijk een andere klant aan de lijn die een bestelling doet. Dat duurt even en de verkoper lijkt jou te zijn vergeten. Doordat hij aan de lijn blijft, laat hij zien dat hij het telefoontje belangrijker vindt dan het gesprek met jou.

Zelfde situatie. Maar nu krijgt de verkoper een appje op zijn smartphone. Hij kijkt op zijn scherm, terwijl jullie in gesprek zijn. En stuurt een snel antwoord terug. De onderbreking is korter, maar ook hier weegt het appje kennelijk net iets zwaarder. Het ging immers vóór.

Hoe voel jij je? Jij staat daar in levenden lijve en hebt de moeite genomen naar de winkel te komen. Blijkbaar is een klant die belt of appt belangrijker dan jij. Of zit er voor jou verschil tussen een telefoontje of een appje dat binnenkomt? Vind je dat dit zo best kan en stoor jij je er niet aan?

Draai het nu eens om, jij bent de verkoper. Hoe doe jij dit? Neem jij de tijd om het telefoontje of het appje te beantwoorden? En laat je dus je klant even wachten? Of bij een telefoontje wel en bij een appje niet?

Jij bent in het sociaal domein vaak een dienstverlener, dus mensen hebben verwachtingen over het contact dat ze met je zoeken. Maar we hebben allemaal nooit goed geleerd hoe we dat online moeten doen. Vaak is het daarom een gevoelskwestie. En het is ook nog eens persoonsgebonden. De een vindt het zo prettig, de ander zus.

Dan maakt het ook nog uit, hoe jij de apparatuur zoals computers, tablets en smartphones waardeert. Vind je dat ze je leven gemakkelijker maken en gebruik je ze veel en vaak? Of zijn het ondingen, waarop je moet mailen en registreren en leiden ze af van waar het in jouw vak echt om gaat: menselijk contact.

Onderzoek dit voor jezelf, hoe doe jij dit? Geef jij een telefoontje voorrang? En een appje, hoe ga je daarmee om? Kijk je en reageer je meteen? En een dringend mailtje, ga je daar meteen mee aan de slag? Of laat jij je niet opjagen en beantwoord je die eens per dag? En al die social-mediaberichten, moet je die gelezen hebben?

7.3 Nooit in de opleiding gehad

Wanneer je al een poosje meeloopt in het sociaal werk heb je een zodanige leeftijd dat je van school kwam lang voordat internet gemeengoed werd. Je hebt eraan moeten wennen dat het er was (misschien nog?). In internettermen ben je dan een 'digital immigrant', iemand die niet vanzelf vertrouwd is met deze digitale omgeving.

Waarschijnlijk heb je er dus ook nooit in je opleiding mee te maken gehad. Wanneer ik naar mijzelf kijk, heb ik nog scripties en verslagen getypt op een typemachine. Op school stonden vijftien(!) MS-DOS computers met WP 51-tekstverwerker erop. Alles in één kaslokaal, dat altijd op slot was, waar altijd toezicht van een systeembeheerder was en waar je met een kopje koffie absoluut niet binnen mocht komen. Daar mocht je alleen werken wanneer je in een bepaald jaar zat én van tevoren had gereserveerd. En dat was al heel fijn!

Facebook, Twitter, LinkedIn ... Het bestond nog niet. Het internet was iets voor op de universiteit. In het Amsterdamse buurthuis waar ik stage liep, stond nog ergens in een hoek een stencilapparaat, net verdrongen door een (zwart-wit)kopieerapparaat. En een ratelende en piepende fax voor documenten die naar het Centraal Bureau moesten.

Wie de deelnemers aan activiteiten waren, hield ik bij op grote blauwe gevouwen kartonnen kaarten, één per activiteit, waarmee ik bij de ingang zat. Soms had ik op een avond wel tien van die kaarten voor me. Achter iedere persoon die binnenkwam, zette ik in een vakje een kruisje. De deelnemersbijdrage betaalden ze contant bij mij. Ik gaf ze een kwitantie als bewijs. Wel gezellig, want zo leerde ik iedereen in de wijk kennen.

Ik weet ook nog heel goed dat ik met mijn partner in Utrecht op de Amsterdamsestraatweg in de Aldi in de rij stond. Een winkel waar we nooit kwamen omdat die te ver weg was. Ik voel nog de verbaasde blikken in onze rug van de vaste klanten. Maar toen hadden ze daar, voor studenten zoals wij, een onweerstaanbare aanbieding. Een mooie en betaalbare laptop van Medion! Alle apparatuur van Aldi was van dit merk. Het was onze eerste laptop! We kochten er gelijk een paar flessen 'omfietswijn' bij om het te vieren. 1.200 gulden voor de laptop en 20 voor de wijn, ik heb de bon nog ergens.

Internet kwam net een beetje op en was dus nog lang niet overal beschikbaar. En als je het thuis had (oh wat een geluk!) dan ging dat via een telefoonlijn waarop je dan niet meer gebeld kon worden tot je uitlogde. En tttttrrrrrrraaaaaagggggggg!!!!

Nu is dat compleet anders. Internet is overal. Dat wil niet zeggen dat je nu wel meteen digitaal werken kunt toepassen. Soms valt dat gewoon vies tegen. Het is dus helemaal niet raar dat je het gevoel hebt dat je in een gat valt, als het gaat over het gebruik van digitale middelen in je werk. Je bent er immers nooit voor opgeleid. Het overkwam je, net als mij. Met een beetje mazzel ben je erin mee gegroeid.

Wanneer je van de generatie bent dat je wel vertrouwd bent met internet, dat er al was toen je geboren werd, dan ben je een 'digital native'. Jij bent dan iemand die niet beter weet dan dat het er is en er ook vol gebruik van maakt. Inmiddels zijn de meesten van ons wel zo vertrouwd dat we in ieder geval privé uit de voeten kunnen met internet, social media, smartphones en apps.

Digitale mogelijkheden professioneel inzetten in het werk? Daar hebben jongere en oudere werknemers en leidinggevenden nog wel eens moeite mee, is mijn ervaring. Tijdens gastlessen en korte klussen als hogeschooldocent digitalisering merkte ik bijvoorbeeld dat studenten er natuurlijk prima hun sociale leven mee onderhouden en snel informatie weten te vinden. Maar het is echt een ander verhaal om van tevoren na te denken over wat je ermee wilt bereiken in je werk en waarom je bewust digitalisering betrekt in dagelijkse werkzaamheden.

Voor opleidingen ligt hier een schone taak, zij leveren immers de sociaal werkers van de toekomst. En dan kan het niet zo zijn dat net afgestudeerden in de praktijk nog hun weg moeten vinden in de onlinemogelijkheden. Want het werkveld verwacht dat deze mensen daar juist in kunnen gidsen. Gelukkig zien we dat dit besef goed is doorgedrongen en dat opleidingen social work steeds meer aandacht geven aan digitalisering van hun studenten.

Een aandachtspunt daarbij is dat, net als in het werkveld, de gemiddelde leeftijd van docenten vergelijkbaar is met die van werkers in het sociaal domein. En dat dus ook docenten vaak 'digital immigrants' zijn. Soms leren ze meer van hun studenten dan andersom. Of van hun jongere collega's, net als bij ons in het werkveld.

7.4 Tips voor beginners

» Digitaal werken? Alsjeblieft zeg! Moet ik alles dan anders doen?

Nee! Dat hoeft niet. Ik zou het je zelfs willen afraden. Maar je moet wel een beetje veranderen, natuurlijk. Niet de inhoud, maar de vorm. En ook niet alles tegelijk.

Ik raad altijd een paar eenvoudige dingen aan:
- Blijf bij jezelf (zie hierboven).
- Begin klein.
- Bepaal het doel.
- Let op je instellingen.
- Let op je wachtwoorden.

Je bent er zelf bij. Het klinkt supervoorspelbaar, maar toch merk ik vaak dat sociaal werkers al die social-media- en digitale ontwikkelingen erg zwaar nemen. Misschien doe jij dat ook wel. Dat je er als een berg tegenop ziet. Of er bang voor bent door alle wildwestverhalen.

Gelukkig kun jij jezelf redelijk in bescherming nemen, als je maar weet wat je moet doen. En jij laat je niet gek maken (door je eigen gedachten). Dan is het toepassen van sociale technologie helemaal niet eng of ongrijpbaar. We gaan de tips even doornemen:

7.4.1 Blijf bij jezelf

Wat voelt goed voor jou? Stel jezelf wat kritische vragen. Of beter nog: bepaal in je team hoe jullie samen de professionele inzet van social media en digitale hulpmiddelen willen inzetten. Wanneer je dat samen doet, weet je ook dat je er niet alleen voor staat. Maar ook dan, luister naar je gevoel. Wat klopt wel en wat niet. En bij iedere twijfel, maak het bespreekbaar. In je team, of met je partner of beste vriendin.

7.4.2 Begin klein

Er zijn meer dan tien online-social-mediaplatformen en een veelvoud aan apps en software die je zou kunnen gebruiken in je werk. Soms heb je geen keus, en moet je leren omgaan met iets. Maar zolang je het zelf in de hand hebt: voel niet de druk om met alles te moeten beginnen. Kies liever wat het meest effectief lijkt. Belangrijke vragen bij deze keuze zijn: Welk doel wil jij ermee bereiken? Waar zit je doelgroep op? En ga daar eerst eens een paar maanden rustig mee aan de slag.

7.4.3 Bepaal het doel

Een doel geeft houvast. Je weet waarvoor je online actief bent. Het is de rode draad waaruit al je activiteiten volgen. Wie je in je onlinenetwerk wilt bereiken, welke boodschap je brengt, hoe je berichten eruit gaan zien, of je tekst, beeld, video of live uitzenden gaat gebruiken. Met een doel kun je ook aan anderen beter uitleggen wat je doet. Een doel maakt ook dat je na een tijd kunt terugkijken en bepalen of je het doel gehaald hebt. Was het allemaal wel effectief? Moet het anders? Een doel bepaal je met je team, alle neuzen dezelfde kant op: hier doen we het voor.

- **Oefening: Doelen koppelen aan digitale middelen**

Zet in het volgende schema in de linker kolom eens op een rij wat je doelen en taken zijn die je wekelijks nastreeft. Zet daarnaast in de rechter kolom hoe jij denkt dat digitale middelen je daarbij kunnen helpen. Om je op weg te helpen geef ik een voorbeeld (◘ tab. 7.1).

7.4.4 Let op je instellingen

Veilig online actief zijn, begint bij jezelf. Veel spookverhalen kun je voor zijn door te zorgen voor goede instellingen op social-mediaplatformen en op de apparaten zoals je smartphone. Jij bepaalt grotendeels wat je wilt delen en hoe anderen (personen en bedrijven) je kunnen volgen. Neem dus de tijd om dit uit te zoeken.

De meeste social-mediaplatformen, om daar even te blijven, hebben er belang bij jou zo lang mogelijk op dat platform te houden. Zodat jij er zo veel mogelijk van jezelf deelt. En zij meer over je te weten komen voor het commerciële profiel dat ze van je maken. Veel informatie wordt verzameld zonder dat je het ziet. Bijvoorbeeld door apps op de achtergrond actief te laten blijven. En daarom zijn goede instellingen belangrijk.

Klik op pictogrammen met een radartje of drie kleine puntjes naast elkaar, of op een ei of een leeg rondje. Of op je profielfoto ergens in een hoek. Wees alert op woorden als privacy, beperkingen, zichtbaar zijn, toegang geven, analyseren en delen met.

Tabel 7.1 Doelen koppelen aan digitale middelen

Doelen en taken	Hoe digitalisering mij daarbij kan helpen
Voorbeeld: Contact onderhouden met vrijwilligers	*Voorbeeld: Nieuwsbrief digitaal verspreiden (mailen, in de besloten Facebookgroep plaatsen)*

Wil jij voor alles en iedereen te vinden zijn? Of alleen voor vrienden? Zet jij je account achter een slotje? Wil jij alleen zelf mensen kunnen uitnodigen? Ga jij je locatie delen? Zet jij je microfoon en je camera open voor een app? Doe je dat altijd, of alleen bij gebruik van die app, of nooit? Accepteer je cookies? Wil je dat Google Assistant en Siri van je vragen kunnen leren? Wil je alles op je individuele apparaat bewaren of gebruik je een opslag in de cloud?

Je kunt niet snel iets verkeerd doen in deze puzzel. Er gaat niks stuk of zo. Maar mocht je het Spaans benauwd krijgen, zoek dan iemand op die je hiermee kan helpen. Zeg duidelijk hoe jij het wilt hebben. En controleer of het gaat zoals jij wilt.

7.4.5 Let op je wachtwoorden

Jezelf beschermen begint natuurlijk bij wachtwoorden. Ze zijn handig, maar soms ook een last. Helemaal als je ze bent vergeten. En ze moeten ook nog 'sterk' zijn. Dus niet 12.345 en ook niet de naam van je kind of naam van je hond. Ook niet 'wachtwoord' of 'ditiseenirritantwachtwoord.' Wel juist is het gebruik van hoofdletters, kleine letters, getallen en leestekens zoals: 'DiTis1IrrItanTW8twrD.'

Op ▶ https://veiliginternetten.nl [1] vind je een handige tool om sterke wachtwoorden te maken en krijg je tips om ze goed te bewaren. En dat is dus niet, zoals ik nog steeds wel eens zie, op een briefje aan het prikbord op kantoor.

7.5 Je zit op goud!

Ik ga je nu een geheim verklappen. Iets dat nog maar weinig mensen in het veld beseffen (◘ fig. 7.1). Je hoeft echt niet meteen je hele wereld op z'n kop te zetten, wanneer je digitaal gaat werken. Je hoeft echt niet alles anders te doen. Gelukkig maar. Sterker: je kunt jouw huidige kwaliteiten en competenties juist héél goed online inzetten. In de digitale wereld hebben sociaal werkers namelijk opvallende gelijkenissen met community managers van online-platformen.

◘ **Figuur 7.1** Je zit op goud

Community managers … managen … een community … duh. Wat ze doen, is proberen een beetje gang te krijgen in een groep deelnemers op een online-platform. Ze zijn voortdurend bezig informatie te delen met de groep en aan het proberen die groepsleden te verleiden actief deel te nemen. Ze zijn uit op reacties, op mooie discussies, op informatie delen. Eigenlijk lokken ze de deelnemers een beetje uit de tent. Wij zouden dat 'activeren en participeren' noemen.

Wanneer ik community managers hoor spreken over hun taken, aanpak en ervaringen, dan hoor ik vaak bekende waarden van welzijnswerkers terug. Community managers willen:
- daar zijn waar je doelgroep zit;
- naast en met bewoners en deelnemers;
- niets overnemen of doodknuffelen;
- 'op je handen zitten';
- maar tegelijk ook actief luisteren naar behoeften;
- ondernemen;
- stimuleren;
- verbinden;
- borgen;
- actief en betrokken samen dingen tot stand brengen.

Online-community-management past helemaal in de tijdgeest van deze maatschappij. Met de opkomst van digitale technologie en nieuwe media zijn inwoners steeds meer betrokken bij wat er in hun omgeving gebeurt. Waar gaat het gesprek over? Hoe wordt daar door anderen op gereageerd? Hoe kunnen we mensen bereiken? En op welke manieren kunnen we mensen nog beter betrekken bij hun eigen omgeving? Vragen waar bijvoorbeeld gemeenten nu mee bezig zijn. Herkenbaar?

Sociaal werkers bezitten als vanzelf de vaardigheden om online goed uit de voeten te kunnen! Het is echt geen raketwetenschap om dit op social media of een ander digitaal platform toe te passen. Het vraagt slechts dat je je werk en je doelen anders benadert. Een digitale voelspriet als het ware.

Digitale sociaal werkers hebben de volgende mooie eigenschappen en vaardigheden al in zich:
- eropaf stappen;
- daar zijn waar de doelgroep is;
- contact maken;
- signaleren;
- present zijn;
- samenwerken;
- interesse tonen;
- vragen en doorvragen;
- oog voor talent;
- vragen of men mee wil doen;
- staan voor wat je doet;
- transparant zijn;
- kameleon zijn;
- je verantwoordelijk voelen;
- trots zijn;
- deskundigheid hebben;
- lef hebben;
- ruimte pakken;
- passie hebben;
- los durven laten;
- vertrouwen hebben en geven;
- preventief werken;
- verbinden;
- ondersteunen;
- verbreden.

Dat moet niet heel verrassend voor je zijn. Want dit zijn allemaal dingen die je ook zonder digitalisering waarschijnlijk al heel goed doet. Ook online kun jij je dus helemaal geven. Want je zit als sociaal werker met je al je geweldige vaardigheden, op een vette pot met goud!

Nu alleen nog 'even' dat kunstje online leren doen, en je stroomt zo mee in de vaart der volkeren!

7.6 Kansen voor sociaal werkers

Ze zijn er volop. Dat heb je al gemerkt. Ik ben zelf enthousiast geworden voor social media en digitale tools in mijn werk als sociaal werker toen ik ontdekte welke mogelijkheden dat gaf. Mogelijkheden die in de offlinewereld niet of lastiger beschikbaar zijn. Mijn professionele sociaal isolement werd erdoor opgeheven.

Ook later, toen ik zelfstandig ondernemer werd en in het hele land social-mediatrainingen en workshops ging geven aan sociaal werkers en anderen in het veld, merkte ik dat het enorm helpt om online zichtbaar te zijn en digitaal relaties warm te houden. Soms 'ken' ik iemand al jaren van Twitter, voordat hij/zij een training bij mij inkoopt. Ik investeer in de relatie door regelmatig iets waardevols te plaatsen. Een tip, iets opmerkelijks dat ik heb meegemaakt, een artikel dat de ander helpt. Aan de reacties en likes proef ik wat werkt en wat niet.

Het is dus de vraag hoe dit jou kan helpen bij wat jíj wilt bereiken. Kijk daarom eerst eens goed naar je dagelijkse werk, je werkplannen, de thema's en doelen waaraan jij werkt. Als het goed is, ga je niet zomaar 'iets' met digitaal werken of 'iets' met social media doen. Maar sluit het aan bij wat je nu al doet. Of helpt het een probleem op te lossen waar je tegenaan loopt.

7.7 Doelen

Waar ligt voor jou een kans in het professioneel gebruik van social media en andere digitale tools? Dat blijken er veel te kunnen zijn. De mogelijkheden zijn talrijk en divers. Er zitten vast een aantal mogelijkheden tussen die jij, in jouw werk, ziet slagen. Dat maakt digitaal werken niet langer een ver-van-je-bedshow, maar meteen praktisch toepasbaar op jouw situatie. En naar jouw doelgroep toe. Hier onder staan verschillende doelen uitgewerkt.

7.7.1 Zichtbaar zijn

'Ik wil meer zichtbaar zijn!' Dat is wat bijna iedereen in het veld als eerste roept, wanneer je vraagt naar hun bedoeling om online actief te zijn. Prachtig. Dat gaat zeker lukken. Er zit alleen wel wat meer aan vast dan dat je jezelf profileert en uitdraagt wat je in je werk doet en bereikt.

Misschien heb je net als ik ooit geleerd dat je je werk alleen dan goed kunt doen wanneer je een zekere afstand behoudt tussen jou en de mensen met wie je werkt. Dat was functioneel (dachten we toen) en heerlijk comfortabel. Wanneer je de deur van het buurthuis achter je dicht deed, was je vrij en soms gaf dat best een weldadige rust. Even niet al die sores om je heen. Hoe begaan je ook bent.

Nu komen diezelfde mensen te pas en te onpas via Facebook en WhatsApp jouw levenssfeer binnen. Op momenten dat jij net lekker een wandeling met je geliefde maakt of op de bank een boek zit te lezen.

Onlinezichtbaarheid werkt twee kanten op. Jij bent in staat deel uit te maken van het digitale deel van iemands bestaan. Je volgt wat mensen doen, wanneer ze niet in de buurt zijn en hebt meteen gespreksstof wanneer je ze weer ziet. Je weet dingen die ze niet tegen je hebben gezegd, maar online hebben gedeeld. Dat kan handig zijn.

En jij hebt een prachtig instrument in handen om te laten zien wat een mooi vak je hebt en waarom dat belangrijk is. Bovendien vindt je organisatie het fijn dat jij als ambassadeur een deel van de public relations op je neemt door online te vertellen over je werk.

Andersom kan ook natuurlijk. En daar wringt weleens de schoen. Misschien dreig je wel te veel van jezelf te laten zien, of ben je daar huiverig voor. Wat mogen anderen van jou zien? Wie laat je toe als vriend? Ik ben er een warm voorstander van dat je voor je werk aparte accounts aanmaakt, op de verschillende social-mediaplatformen. En dat je vervolgens selectief bent in wie je op je privéaccounts toelaat. Het zijn netwerken op zich, die ieder een functie kunnen hebben. Het kan heel fijn zijn dat je in je werk het ene netwerk bedient en privé het andere. Vergelijkbaar met de deur van het buurthuis achter je dicht doen. Daar kan alleen jijzelf strikt op zijn.

Er zijn ook sociaal werkers voor wie het in het belang van de client juist wenselijk is om 24 uur per dag bereikbaar te zijn. Denk aan cliënten die in een crisis zitten, of veel extra begeleiding nodig hebben. Denk aan afdelingen waar ook de begeleiding inwoont. Situaties waarin ook wie jij als persoon bent, meespeelt in hoe succesvol jij je werk kunt doen. Dan ga je waarschijnlijk weer anders om met je onlineaanwezigheid. Dan check je waarschijnlijk vaker in je eigen tijd je werkaccount.

Het kan nog extremer, dat je je helemaal niet online vertoont, juist vanwege je werk. Denk aan medewerkers van justitie in gevangenissen. Of rechercheurs, rechters, militairen enzovoort. Beroepen waarin het net als in het sociaal domein ook allemaal mensenwerk is, maar waarin online zichtbaar zijn helemaal niet verstandig is.

Ergens in dat krachtenveld moet jij een plek zien te vinden. Hoe zichtbaar wil jij zijn? Wat past bij jou? Waar ga je een grens over? Wat zijn belangen (van je werkgever bijvoorbeeld) die meespelen? Profileer jij je wel of niet als professional in je werk? Dat kan helpen, want dan doe je het voor je werk. Dan is het doel duidelijk. En ben je dan privé ook net zo actief, of juist terughoudender? Dat zijn allemaal afwegingen die je zelf moet maken. Niemand kan je dat voorschrijven. Mijn advies: blijf bij jezelf en bij wat goed voor jou voelt.

Dat gezegd hebbende: we zijn allemaal mensen. En van nature nieuwsgierig. Jouw doelgroep is ook geïnteresseerd in wie jij bent. Natuurlijk bepaal jij zelf wat je van jezelf laat zien. Hoe zichtbaar jij je als persoon, naast je professionele rol, profileert, dat bepaal jij. Toch is het voor je volgers op social media best leuk om nu en dan iets van de persoon achter de professional te zien.

Technisch heeft dat ook een voordeel. Je legt iets menselijks in het contact en je zult zien dat dit nou net de berichten zijn waar je de meeste reacties op krijgt. Je maakt jezelf onweerstaanbaar. En dus zullen ook je zakelijke berichten sneller gezien worden. Want het werkt zo dat het algoritme van het platform op basis van de mate van interactie bepaalt dat jij wellicht een interessante bron bent. Je berichten zullen dan vaker getoond worden, en aan meer mensen. Dus je bereik gaat omhoog, je zichtbaarheid wordt groter. En daar was het om te doen, toch?

7.7.2 Profileren van jezelf en je werk

> » Ik heb de organisatie al diverse malen gevraagd om ondersteuning aan medewerkers bij het vormgeven van hun LinkedIn-profiel, bijvoorbeeld. Het lijkt me dat een organisatie hier baat bij heeft, dat er één lijn in zit, omdat het toch een visitekaartje is van de organisatie en de mensen die er werken. Zelf vind ik dat ook lastig. In mijn LinkedIn-profiel staat bijna niks van wat ik nu doe. Ik kom er niet aan toe, omdat ik er niet zo mee bekend ben. Dus dan blijft het erbij. Jammer.

Dit hangt sterk samen met zichtbaar zijn. Je hebt er belang bij als sociaal werker zichtbaar te zijn. En je bent tegelijkertijd ook ambassadeur van je organisatie. Die heeft baat bij herkenbaarheid en eenheid in naamgeving en vormgeving. Maar ook bij goede berichten die de organisatie helpen.

Profileren is laten zien wie je bent, wat je doet en waarom. En met welk resultaat. Dat is niet alleen slim richting je doelgroep. Ook naar je collega's, je leidinggevende, naar samenwerkingspartners die naar je door moeten kunnen verwijzen en richting financierders zoals ambtenaren, raadsleden en wethouders.

De training Hier Sta Ik Voor! leert je hoe je dit doet, op een manier die bij je past. Ook het online profileren zit daarin. Vele sociaal werkers hebben deze training al gevolgd. Zie de link in het bronnenoverzicht [2].

7.7.3 Gevonden worden

» Hoe krijgen we meer bekendheid in de dorpen? Zodat mensen ons ook zeker weten te vinden?

Bijna iedere professional wil gevonden kunnen worden door doelgroepen en partners. Onlinepresentie helpt daarbij. Tegenwoordig sta je op achterstand wanneer je online niet lijkt te bestaan. Dat begint met aanwezig zijn op social-mediaplatformen. En een smoelenboek op de website van je organisatie helpt, inclusief een link naar je LinkedIn-profiel natuurlijk.

Wanneer je gevonden wordt, wil je natuurlijk wel een goede indruk achterlaten. Dat doe je bijvoorbeeld met je biografie of bio, in je social-media-accounts. Eigenlijk zet je daarmee een pitch online, zoals je jezelf kort aan een onbekende voorstelt. Kort, krachtig en helder. En als het even kan een pitch die onthouden wordt.

Vooral in het eerste contact is 'je bio' van belang. In bijna ieder social-mediaplatform word je gevraagd iets over jezelf te vertellen in een paar korte zinnen. Die bio is vaak kort en moet krachtig genoeg zijn om de interesse te wekken van je volger/klant/doelgroep. En ze willen daar natuurlijk ook graag een gezicht bij zien. Dus een goede foto van jezelf hoort er gewoon bij. Je gaat hierna met die bio aan de slag!

- **Oefening: Bio Checklist**

Houd de bio-checklist naast al je social-media-accounts. Klopt wat je over jezelf hebt geschreven? Zijn de bio's met elkaar vergelijkbaar? Zijn er verbeteringen mogelijk? Pas ze dan meteen aan.

- **Bio Checklist**
- je eigen naam
- jouw zelfgekozen gebruikersnaam op dat social-media-account
- expertise, waar blink jij in uit?
- interesses (ook privé)
- waarmee je de ander helpt
- website van je organisatie of project
- telefoonnummer
- e-mailadres
- portretfoto
- header-foto

Zorg voor eenheid met je collega's om jullie gezamenlijke zichtbaarheid te vergroten. Bijvoorbeeld je voornaam gevolgd door de naam van je organisatie zoals: *'Janneke-Welzijn Delft.'*

Houd portretfoto's zakelijk! Kijk recht in de camera, lach een beetje. Rustige achtergrond. Niet met je zonnebril op het strand of met je vriendinnen aan de wijn.

De grote foto (of header) die je vaak bovenaan kunt zetten, mag iets laten zien van je werk of van je privé. Deze foto kun je regelmatig wisselen. Leuk voor je volgers. Maak er met Canva een mooi plaatje van [3].

◻ **Tabel 7.2** Doelgroepen op social media

Mijn doelgroep:	Is actief op (social-mediaplatform noemen):	Verwacht daar van mij dat ik:

7.7.4 Aansluiten bij de doelgroep

Je wilt graag weten wat er leeft, wat de mensen met wie je werkt meemaken. Digitaal kun je een thermometer in je werkgebied stoppen en de actualiteit volgen. En je maakt makkelijk deel uit van de leefwereld van je doelgroep, door zelf onderdeel te zijn van hun onlinenetwerk. Je kunt wellicht de presentietheorie deels digitaal invullen.

- Oefening aansluiten bij je doelgroep

Maar, waar zit jouw doelgroep eigenlijk, digitaal gesproken? Er is een snelle manier om daar achter te komen: vraag je doelgroep (en) op welke social media zij -het meest- actief zijn.

En vul dat hieronder in het schema in, in de twee eerste kolommen. En vraag dan gelijk even door op wat zij op die platformen eventueel van jou zouden verwachten. Vul dat in de derde kolom in (◻tab. 7.2 en ◻fig. 7.2).

7.7.5 Doelgroepen ondersteunen

Als sociaal werker heb je de taak om je doelgroep te ondersteunen. En tegenwoordig hoort het digitale stuk daar ook bij. Het kan zijn dat jij je doelgroep wegwijs moet maken in mediawijs en digivaardig omgaan met de mogelijkheden, verleidingen en gevaren van het internet. Het kan ook zijn dat jij doelgroepen die dat niet zelf kunnen ondersteunt door met hen samen hun zaakjes te regelen. Hoe dan ook, je doelgroep is online actief en kan daar misschien wel wat hulp bij gebruiken. Voor jou een kans om je dienstverlening te innoveren.

7.7.6 Nieuwe contacten maken

Via onlinekanalen kun je mensen bereiken die buiten jouw al bekende kring staan. In een wijk kan een online-wijkraadpleging een aanvulling zijn op de informatieavond in het zaaltje van het wijkcentrum, waarop vooral steeds dezelfde oudere witte mannen afkomen die 'teugen' nieuwe plannen zijn.

Je kunt ook die drukbezette moeder bereiken die de hele dag druk is met werk en gezin, om mooi-maar-niet-meer-nuttig speelgoed in te komen leveren voor de sinterklaasactie voor armere gezinnen in de buurt.

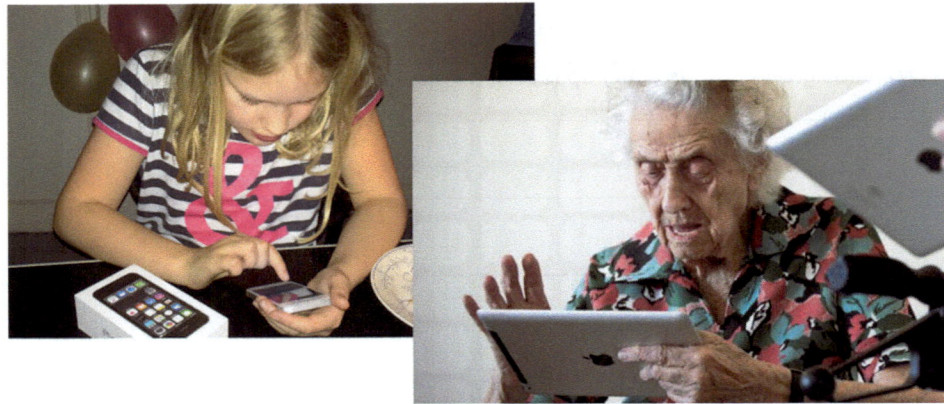

Figuur 7.2 Aansluiten bij de doelgroep

Of je vindt met je digitale oproep jongere vrijwilligers om een middag in de week actief te zijn, die gewoon nooit je posters hebben gezien en nog nooit een stap in het wijkcentrum hebben gezet.

7.7.7 Bestaande relaties verdiepen

Wanneer je digitaal van elkaar op de hoogte bent, geeft dat het face-to-facecontact meer diepgang. Je hebt dan snel een gespreksonderwerp; en dat kan helpen om in wat spannendere situaties (denk aan hulverlening of bij burenruzies) het ijs te breken.

> Joh, ik zag dat jij …. Wat leuk!

7.7.8 Contact onderhouden

Open deur natuurlijk. Maar toch, het is een kans die je hebt. Onlinecontact met je vrijwilligers en mantelzorgers bijvoorbeeld. Even een snel appje om iedereen op de hoogte te stellen. Vragen wie kan invallen voor een zieke collega. Of je elkaar daar en daar zal treffen? Een leuke foto rondsturen om iedereen betrokken te houden. Of je cliënt even eraan herinneren dat jullie die dag een begeleidingsgesprek hebben. De mogelijkheden zijn eindeloos.

7.7.9 Contact met collega's

Je wil je collega's waarschijnlijk meenemen in wat je aan het doen bent. En je wilt ook van hen zien waar zij mee bezig zijn. Successen vieren en leuke momenten delen. Een sociaal werkster zei het zo:

> De dingen waarvoor je niet de telefoon pakt, die je niet in een vergadering deelt, maar waarvan je wel je collega's op de hoogte wilt brengen.

7.7.10 Verbinden en netwerken

Digitaal is het een eitje om je aan anderen te verbinden. Alle social media zijn erop gericht jouw netwerk bij hen onder te brengen en uit te breiden. Het aantal volgers kan je overal snel terugzien. Je krijgt meldingen van nieuwe aanmeldingen in jouw netwerk.

Dat onlinenetwerk kun je, anders dan een kaartenbak, vervolgens ook actief maken door daarbinnen te delen waar je mee bezig bent of waar je tegenaan loopt. Mijn ervaring is dat je netwerk je graag wil helpen, als jij er maar om vraagt. Op dezelfde manier kan een (informeel) digitaal netwerk rondom een cliënt waardevol zijn voor die cliënt.

7.7.11 Informatie naar je toe halen

Een van de eerste voordelen die ik ontdekte, was dat ik veel sneller en beter op de hoogte werd gehouden van wat er in het werkveld allemaal speelt. Voorheen pakte ik bijna nooit een vakblad uit het schap op het hoofdkantoor. Ik was daar niet vaak en dan alleen even snel voor overleg. En er was maar één abonnement op vakbladen voor de hele organisatie. Online kwamen artikelen naar me toe en kon ik de koppen scannen: dit wil ik lezen, dat is niet interessant.

En zo werkt het nog steeds. Twitter is zo'n bron, LinkedIn-groepen zijn dat ook. En ik heb tal van Google Alerts [4] ingesteld, zodat Google mij informeert wanneer er iets over een zoekwoord op het internet verschijnt. En heb ik er op dat moment geen tijd voor, dan parkeer ik de melding even voor ene rustiger moment. Ideaal. Spaart ook veel (zoek)tijd uit.

7.7.12 Bijblijven

Of 'bij de tijd blijven.' Jezelf blijven ontwikkelen in het kader van een leven lang leren (◨fig. 7.3). Je persoonlijk opleidingsbudget besteden aan training. Nieuwe digitale kennis en vaardigheden opdoen en mediawijs online leren werken. Net zoals je bijgeschoold wordt op thema's die actueel zijn. In ieder geval wil je niet het gevoel hebben dat je achterloopt, dat je er niet meer toe doet op een gegeven moment. Ik heb sociaal werkers in tranen gezien die dat gevoel al hadden.

Bijblijven zorgt ervoor dat je als medewerker duurzaam inzetbaar bent voor je werkgever. In deze tijd van arbeidskrapte is dat voor jou maar ook voor je organisatie heel belangrijk. Jij blijft aan het werk en je werkgever heeft een zorg minder, namelijk een vacature die niet ontstaat.

7.7.13 Informatie geven

» Is een vermelding in een onlinetelefoongids eigenlijk nog van deze tijd aangezien je via internet ook ons nummer kunt vinden op onze site? Kosten zijn 850 euro per jaar.

◘ **Figuur 7.3** Bijblijven door bij te leren

Ik zou dat budget reserveren voor online-advertenties/promoties via Facebook [5] en zo medewerkers in staat stellen zelf hun belangrijke aankondigingen bekend te maken bij een bewust geselecteerde doelgroep. Of investeren in een videocamera voor je organisatie om mooie video's en vlogs voor op je site en social media mee te maken.

Je helpt je doelgroep door standaardinformatie, die je eigenlijk altijd wel geeft, digitaal beschikbaar te stellen. Dat kan een pdf-document zijn dat mensen kunnen downloaden op je site. Of je vertelt het in een korte video, die ook op je site staat en die je deelt via social media. De link ernaartoe stuur je per e-mail naar iedere nieuwe hulpvrager die zich aanmeldt. Pas daarna ga je met die persoon een afspraak maken om kennis te maken.

Deze vormen van online aanbieden van informatie zijn eenmalige investeringen waar je daarna oneindig veel keer gebruik van kunt maken. Je hebt de informatie 'schaalbaar' gemaakt. Dat spaart jou veel tijd en geld uit en de gesprekken worden er beter door!

7.7.14 Voorlichten

Misschien ben jij wel de specialist in huurdersrecht, huiselijk geweld, bijzondere bijstand, vloggen of in de ABCD-methode [6] en volg je dagelijks de ontwikkelingen. Dan is dat waardevol voor cliënten en collega's; zij zullen graag jouw kennis tot zich willen nemen. Wanneer jij digitaal je expertise deelt, kun je snel uitgroeien tot expert op jouw vakgebied. Misschien kan je er video's over opnemen en die delen. Of een onlinetraining gaan maken. Webinars gaan geven. En zo veel meer mensen helpen dan je fysiek ooit aan zal kunnen.

7.7.15 Hulp verlenen

Zie de verschillende platformen en mogelijkheden die elders in dit boek onder eHealth worden beschreven. In het sociaal werk zijn met name maatschappelijk werkers diegene die middels chat en e-mail online hulp verlenen. Dat is een andere manier van werken dan mensen uitnodigen om bij jou op kantoor te komen. Maar het heeft zich al lang geleden bewezen als effectieve interventie.

7.7.16 Samenwerken met anderen

Er zijn veel verschillende onlineplatformen waarmee je samen met anderen kunt werken [7–11]. Een bekende is Google Docs, waarin je tegelijk met anderen aan een document kunt werken. Of probeer Slack, Microsoft Teams, Evernote of Trello eens uit. Allemaal platformen om je werk te stroomlijnen, notities te maken en op te slaan, in te delen en om die te delen met anderen. Het voordeel is ook dat ze vaak als app op je tablet of smartphone beschikbaar zijn. Dus ook 'on the go' kun je doorgaan met werken. Bij cliënten aan de keukentafel bijvoorbeeld, al zou ik dan wel even kijken of het een betrouwbaar veilig platform is. De voorbeelden hier zijn daarvoor niet geschikt.

Online worden drempels verlaagd naar wethouders en bestuurders. Ze zijn ineens benaderbaar. Ook met andere professionals leg je online makkelijk contact en snuffel je al een beetje aan elkaar. Misschien komt het wel tot een succesvolle samenwerking na een eerste kop koffie?

7.7.17 Tijd besparen

Stel, je wilt voor een leuke activiteit een groter bereik dan met de aloude flyer of folder. Die wil je niet meer ontwerpen, kopiëren, vouwen, op een regenachtige dag bij iedereen in de bus stoppen en dan maar afwachten of er reacties of deelnemers komen.

Je maakt een event aan of een wervende oproep, zoekt er een leuke foto bij, maakt een pakkende kop en een *call to action* (meld je nu aan!) en zet dit online. Je ziet aan de likes en hartjes dat het aanslaat, mensen reageren enthousiast en bij 'ik ben aanwezig' zie je wie er komen.

Dit is maar één voorbeeld van hoe digitalisering je tijd gaat opleveren. Tijd die je overhoudt voor andere belangrijke dingen. Maar dan moet je natuurlijk niet al je tijd verspillen aan gepruts met instellingen en apparaten. Je moet wel digivaardig zijn.

Bronnen

1. Wachtwoorden instellen: ▶ https://veiliginternetten.nl/wachtwoordkraak-test/.
2. De training Hier Sta Ik Voor! Profileren ▶ https://www.welzijn30.nl/profileren-met-hier-sta-ik-voor/.
3. Canva ▶ https://www.canva.com.
4. Google Alerts: ▶ https://www.google.com/alerts?hl=nl.
5. Facebook adverteren ▶ https://www.facebook.com/business/help/898399293584952.
6. ABCD-methode ▶ https://www.buurtwijs.nl/content/abcd-asset-based-community-development.

7. Google Docks ► https://docs.google.com/document/u/0/.
8. Slack ► https://slack.com.
9. Microsoft Teams ► https://products.office.com/nl-nl/microsoft-teams/free.
10. Evernote ► https://evernote.com/intl/nl.
11. Trello ► https://trello.com/nl.

Bekende social-mediaknelpunten oplossen

Samenvatting

Sociaal werkers ervaren verschillende knelpunten in het toepassen van social media en digitale tools. Een kwart van de beroepsgroep loopt ertegenaan. Dat kan vertragend werken. Bij de knelpunten staan handreikingen om er uit te kunnen komen. Hoe je tijd en geld krijgt, draagvlak creëert, angst pareert, overzicht houdt, interactie met de doelgroep krijgt, altijd inspiratie hebt en weet wat je kan vertellen, resultaten boekt en meer volgers vindt en dus je bereik vergroot. Geef social media de tijd zich te bewijzen. En de tijd om te groeien. Net als een netwerk opbouwen kost het moeite en tijd om volgers aan je te binden en hen te bieden wat ze zoeken. Luister, reageer, discussieer en meet natuurlijk. En je moet het natuurlijk zelf ook nog leuk vinden.

8.1 Inleiding – 137

8.2 De acht grootste knelpunten – 137

8.3 Zorg voor voldoende tijd en geld – 137
8.3.1 Een halfuur per dag – 138
8.3.2 Grip op je tijd – 138
8.3.3 Oefening: de content kalender – 138
8.3.4 Reacties – 140
8.3.5 Valkuil – 140
8.3.6 Neem er de tijd voor – 140
8.3.7 Even sparren? – 140

8.4 Creëer draagvlak – 141
8.4.1 Draagvlak opbouwen in zeven stappen – 141

8.5 Niet bang zijn voor negatieve publiciteit – 142
8.5.1 Webcare – 143
8.5.2 Trollen – 143

© Bohn Stafleu van Loghum is een imprint van Springer Media B.V., onderdeel van Springer Nature 2019
H. Versteegh, *Digivaardig sociaal werk*, https://doi.org/10.1007/978-90-368-2351-7_8

8.6	Zo houd je overzicht – 144	
8.6.1	Begin klein – 144	
8.6.2	Overzicht krijgen als een pro – 144	
8.6.3	Nog een stap professioneler – 145	
8.6.4	Data, algoritmes en kunstmatige intelligentie – 145	

8.7   Zoek interactie met de doelgroep – 146
8.7.1 Eén op de tien – 146
8.7.2 Wat jij kunt doen – 146
8.7.3 Houd je aan je boodschap – 147
8.7.4 Stimuleer ook 'echte' ontmoetingen – 147

8.8   Weet altijd wat je moet vertellen – 148
8.8.1 Laat je zien – 148
8.8.2 Basisvragen – 149
8.8.3 Oefening: content-managementmatrix – 149

8.9   Stuur aan op resultaten – 151

8.10 Meer volgers krijgen – 151
8.10.1 Community management – 152
8.10.2 Content is king – 152
8.10.3 Oefening: Volgers krijgen uit je bestaande netwerk – 153
8.10.4 Volgers kopen? – 153
8.10.5 Bereik vergroten (tips van professionals) – 154

Bronnen – 154

8.1 Inleiding

In de vorige hoofdstukken heb je veel gelezen over sociale digitale technologie. Je bent je nu, als het goed is, bewust van de urgentie en relevantie voor je werk. Je hebt een idee wat er allemaal speelt en hoe breed digitalisering is. En je hebt gezien dat jij als sociaal werker digivaardig zal moeten zijn.

De Raad voor de Volksgezondheid en Samenleving stelt, in een rapport over kunstmatige intelligentie in de zorg (febr. 2019) [1], dat het van hulpverleners verwacht mag worden dat ze samen kunnen werken met technologie. Maar dat gaat niet vanzelf. We onderzoeken dit door stil te staan bij die technologie die jou waarschijnlijk het meest bekend zal zijn: social media.

Dat is meteen ook het gebied waar het voor mij als sociaal werker allemaal mee begon. Dit hoofdstuk sluit goed aan bij waar je zelf mee kunt beginnen. En het gaat in op het oplossen van veelvoorkomende knelpunten, die soms ook bij andere vormen van digitalisering opduiken.

8.2 De acht grootste knelpunten

Hierna volgen acht belangrijke knelpunten die opduiken wanneer je met social media in je werk wilt gaan beginnen. Die hoor ik altijd terug in mijn social-mediatrainingen en -workshops en ze werden ook nog eens (heel prettig!) benoemd in een artikel van *Marketingfacts* met de veelzeggende titel 'Zorg heeft last van drempelvrees inzet social media', dat al in 2014 is verschenen [2]. Deze knelpunten uit de zorg zijn ook relevant en herkenbaar voor veel werkers in het sociaal domein. We gaan ze hierna onderzoeken en je leest er meteen de oplossingen bij.

1. Er is weinig tijd en geld beschikbaar (70 %).
2. Draagvlak ontbreekt (36 %).
3. Er is angst voor negatieve publiciteit (36 %).
4. Het overzicht ontbreekt (33 %).
5. Er is weinig interactie met de doelgroep (33 %).
6. Je weet niet wat je moet vertellen (27 %).
7. Resultaten blijven uit (27 %).
8. Er zijn weinig volgers (25 %).

Misschien lijken het onoverkomelijke drempels. Toch ga ik je laten zien hoe je ze kunt omzetten in iets dat werkt en positief is! Bij sommige knelpunten krijg je een oefening om meer inzicht te krijgen. En wanneer je er zelf niet uitkomt, mag je me bellen.;-)

8.3 Zorg voor voldoende tijd en geld

Het gebrek aan tijd en geld is de grootste en meest genoemde drempel om met social media en digitaal werken te starten. Met een halfuur kom je al een heel eind. Maar kijk ook wat je niet meer doet wanneer je digitaal gaat werken. Ook al onderkennen veel sociaal werkers dat ze daarmee een efficiëntie slag kunnen maken, er is gewoon geen tijd om dat goed uit te zoeken en op te bouwen.

8.3.1 Een halfuur per dag

> » Waar ik tegenaan loop is mezelf … consequent volhouden … niet laten versloffen want dan raak je je volgers kwijt. Het vraagt discipline en creativiteit, ook wanneer je even geen zin hebt.

Met een tijdsinvestering van een halfuur per dag komen de meeste sociaal werkers al een heel eind. Het helpt je om voor dat halve uur een vast moment te kiezen waarop je er even voor gaat zitten. Wanneer je dagelijks en het liefst op een vaste tijd iets op social media plaatst, wordt het voor jou na een poosje een soort routine. En daarmee makkelijker vol te houden.

Dat is ook fijn voor je volgers, omdat zij er op gaan rekenen dat je rondom een bepaald tijdstip iets geplaatst kan hebben. Enzo Knol, een bekende vlogger, zet dagelijks om 16.00 uur een video op zijn YouTube kanaal [3] en zijn bijna 600.000 abonnees rekenen daar inmiddels op.

Het is een misvatting dat je de hele dag door moet opletten wat er allemaal op social media gaande is. Daar heeft niemand tijd voor, tenzij het monitoren van social media je werk is. En tijd (arbeidsuren) is geld.

Echt tijd besparen doe je wanneer je in dat halfuur een paar berichten maakt (voor een hele week misschien wel) en die van tevoren klaar zet. Stel je berichten samen met tekst, foto, video of plaatjes wanneer jij er de inspiratie en de tijd voor hebt. Met programma's als Buffer [4] of Hootsuite [5] zet je die berichten klaar voor een tijdstip dat jij uitkiest om ze te laten verzenden. Het is een lekker gevoel te weten dat de wereld wat van je gaat horen, terwijl jij je handen vrij hebt om andere dingen te doen.

8.3.2 Grip op je tijd

> » Ik heb soms de neiging nog meer te willen plaatsen, maar ik vraag me dan af of dat dan niet verwarrend werkt. Nu proberen we op de algemene Twitter en Facebook toch één onderwerp per week te doen. We bekijken per keer of het dan beter een krantenbericht kan zijn of een Twitter- of Facebook-bericht.

Om social media goed in te kunnen zetten is ook hier een planning van groot belang. Het voorkomt dat je iedere eer opnieuw een afweging moet maken. Grotere organisaties (of merken) plannen van tevoren in welke boodschap zij, op welk moment, via welk platform en met welk doel de wereld in gaan sturen. Dat doen ze door het in een schema te zetten en zich daaraan te houden: de 'contentkalender.'

De contentkalender is een professioneel hulpmiddel om zowel de gemoeide tijd in de hand te houden alsook het effect van je handelen zo groot mogelijk te laten zijn. Om daarmee te oefenen en te ervaren of dit voor jou kan werken krijg je de volgende opdracht.

8.3.3 Oefening: de content kalender

Bedenk een week of een maand vooruit wat wanneer speelt en wanneer je daar iets over gaat melden op social media. Vul dit zo volledig mogelijk in. En probeer je er dan die periode ook aan te houden. Een eenvoudige contentkalender voor een week ziet er zo uit (◘tab. 8.1):

Neem de kolommen en rijen over in een Word-document. En vul voor de komende week in welke berichten je op social media gaat plaatsen.

8.3 · Zorg voor voldoende tijd en geld

Tabel 8.1 Weekoverzicht contentkalender

wanneer		thema	wat?	wie?	vorm?	door	waarom?	waar?	
datum	dag		onderwerp	doelgroep	type content	wie?	doel	kanaal	inhoud
	maandag								
	dinsdag								
	woensdag								
	donderdag								
	vrijdag								
	zaterdag								
	zondag								

8.3.4 Reacties

Vergeet alleen niet te reageren op reacties die dan weer binnen kunnen komen. Grote bedrijven zoals KLM en NS hebben het beleid dat ze binnen een kwartier op een socialmediabericht moeten reageren. Daar gaat het om het bieden van service en klantcontact. Naar aanleiding van een verloren koffer of vertraging. In onze branche ligt die druk vaak een stuk lager. Ook het reageren kan op een vast tijdstip. Zet het gewoon in je agenda. Aan het eind van de dag bijvoorbeeld.

8.3.5 Valkuil

Wat je tijd zal gaan kosten, is social media er 'even' extra bij nemen. Dan denk je er te licht over. Het is een serieuze bezigheid als je het goed wilt doen en er resultaat mee wilt behalen. Vaak heb je er een langere tijd voor nodig om bijvoorbeeld genoeg volgers te verzamelen, voordat je berichten effectief kunnen zijn. Doe je het er een beetje bij, naast al dat andere werk dat je al deed, dan loop je vast. Kijk daarom of je iets anders kunt laten vallen.

Kijk eens of je dat halfuurtje wint wanneer je overleg zo veel mogelijk voert via Skype [6] of Facetime [7], om reistijd te besparen en tijdrovende smalltalk in de wandelgangen te vermijden. Of als je minder vaak een getypte nieuwsbrief schrijft maar dat afwisselt met een snel geschoten vlog die je online zet.

8.3.6 Neem er de tijd voor

Wanneer je social media gaat gebruiken, gaat het je dus tijd kosten. Maar het kan je ook tijd opleveren. Er zitten nog meer voordelen aan digitaal gaan werken, zoals je netwerk warm houden en informeren, andere groepen aantrekken enzovoort. Informatie die je vaak geeft, kun je ook digitaal aanbieden, in een te downloaden document of een video waarin je iets uitlegt. En dan kan het wel eens slimmer zijn hierin te investeren dan op de oude voet door te gaan.

Dit soort voordelen zien veel sociaal werkers wel. Maar er is vaak in de waan van de dag geen tijd om erin te duiken en dit soort uiteindelijk tijdsbesparende dingen op te zetten. Eigenlijk zou je de rust moeten hebben om met een collega eens goed uit te zoeken hoe digitalisering jullie dienstverlening kan helpen verbeteren.

8.3.7 Even sparren?

Toch is dat wel belangrijk, dat je die tijd neemt. Om te beginnen om informatie te verzamelen, een idee te vormen van wat nodig is en van wat kan. En om een goed plan te schrijven dat aantoont dat het belangrijk voor jullie is. Misschien heb je daar even externe hulp voor nodig? Om met je mee te denken? Of als stok achter de deur om even uit de waan te kunnen (mogen?) stappen? Loop je hierop vast, neem dan contact met mij op, dan denk ik graag met je mee. Je mag altijd gratis 20 minuten met me sparren aan de telefoon [8]. Ook verderop in het traject begeleid ik je desgewenst (fig. 8.1).

◘ **Figuur 8.1** Even sparren

8.4 Creëer draagvlak

Het ontbreken van draagvlak werd als knelpunt genoemd door 36 % van de sociaal werkers in mijn social-mediatrainingen en -workshops. Meestal zal dat intern draagvlak zijn. Voor je klant is het gebruik van social media waarschijnlijk al heel gewoon. Want Nederland staat stevig in de top van landen met het meeste internetgebruik. De maatschappij is digitaal geworden en meedoen als professional is urgenter dan ooit!

Toch is er een grote kans dat je draagvlak moet zien te krijgen voor het inzetten van social media en andere digitale technologieën. Je klant kan er dan wel mee geholpen zijn, dit intern vertalen naar werkprocessen en andere verhoudingen is nog best ingrijpend. Het uitgangspunt is dat je je werk wilt innoveren door 'digital first' te stellen en door de 'customer journey' zo prettig mogelijk te laten verlopen. Om dit goed te doen heb je de hele organisatie nodig. De digitale transitie raakt het primaire proces, de uitvoering, maar ook hoe je een organisatie organiseert en profileert.

8.4.1 Draagvlak opbouwen in zeven stappen

» Na de social-mediaworkshop waren we best enthousiast. We hebben ter plekke een Facebook-pagina aangemaakt. Dat moest ook. Het is niet mijn ding, maar ik snap dat het bij het werk hoort.

1. Draagvlak begint bij jezelf. Geloof jij erin? Of ben jij iemand die roept: 'Wat heb ik nou toe te voegen, wie zit er op mij te wachten?' Of deze: 'Wat heb ik eraan?' Misschien moet je dan een onderscheid maken in wie jij als persoon bent en de functie die je bekleedt. In

het begin geeft zo'n onderscheid je richting. Bedenk eens wat jij met social media en digitalisering zou kunnen in je werk. Zeg niet gelijk nee maar probeer je eens voor te stellen hoe je werk er leuker en effectiever door kan worden en vooral hoe jij je klant er beter mee kunt helpen.
2. Draagvlak begint dus ook bij je klant, je doelgroep. Maak eens een rondgang langs je cliënten/klanten en partners en vraag ze of zij digitaal met jou willen communiceren en waarom dan? Maak een inventarisatie van hun wensen en behoeften.
3. Verken je omgeving. Ga intern in gesprek. Dus met de directie, management en andere medewerkers. Wat zijn hun ideeën bij digitaal werken? Denken ze nog dat het een privéaangelegenheid is om op social media actief te worden of zien ze het ook als onderdeel van het werk? Verzamel voorbeelden die de effectiviteit aantonen van digitaal werken, om aan je collega's te laten zien. Jij kunt je overtuiging en passie delen met je collega's. Je zet jezelf dan ook meteen op de kaart. Anderen zullen er misschien in het begin niet veel in zien. Maar dat geeft niet.

» Waar ik nu vooral tegenaan loop is de angst van collega's om te veel te laten zien. Bij ieder voorstel om iets op Facebook of Twitter te zetten is er wel iemand die reageert met: 'Nee dat wil ik niet.' Hierdoor loop je veel publiciteit mis, denk ik.

4. Herkenbaar? Focus op de mensen die er wel gevoel voor hebben, de medestanders. Kijk om je heen wie er nog meer warmlopen voor het idee. Ga eens bij elkaar zitten en brainstorm erover, wat zou kunnen, wat zou je willen, wat zou passen bij jullie situatie, de situatie van de klant en bij jullie doelen? En wat kun je doen om je collega's mee te krijgen?
5. Zet alles op papier, schrijf een notitie met jouw ideeën en ga ermee de boer op. Maak een Powerpoint en geef presentaties. Laat zien. Ga in gesprek. Overtuig anderen ervan waarom het nuttig is. Laat het idee inweken. Realiseer je dat herhaling werkt. Pas na ongeveer zeven keer dezelfde boodschap gezien te hebben, denken we allemaal: *Oh ja! Dat is waar ook. Misschien moeten we er wat mee.*
Gebruik verschillende vormen om de boodschap over te brengen. Organiseer een themalunch, bedruk koffiebekertjes, organiseer een challenge met prijzen, hang overal posters op, schrijf een stukje in de interne nieuwsbrief, blog en vlog, geef een gadget weg enzovoort.
6. Start een pilot met early adaptors die experimenteren met wat aansluit bij jouw organisatie en bij jouw doelgroep. Kies een of twee mogelijkheden om mee te beginnen; je hoeft niet meteen alles te kunnen. Zet deze voorlopers af en toe in de schijnwerpers en beloon ze. Dat motiveert en maakt anderen nieuwsgierig naar wat ze doen. Bovendien weten de anderen dan bij wie ze terecht kunnen met hun vragen. Zorg dan wel dat deze voorlopers goed thuis zijn in de materie, bijvoorbeeld door een extra training.
7. Maak helder wat de ervaringen van die groep zijn, deel deze veelvuldig en open in de organisatie zodat iedereen betrokken blijft. Vier de successen. Leer ook van je minder positieve ervaringen en fouten en pas aan waar dat nodig is.
Maar … stop er niet meer mee! Draagvlak krijg je niet van de ene op de andere dag en het zal zich moeten bewijzen, Dus houd het vast.

8.5 Niet bang zijn voor negatieve publiciteit

Een aantal sociaal werkers heeft angst. De angst voor negatieve publiciteit als knelpunt speelt natuurlijk vooral als het gaat om de inzet van social media. Begrijpelijk, want negatieve publiciteit is niet leuk. En op social media al helemaal niet.

Maar hoe terecht is die angst? Is het angst om jezelf te laten zien? Angst om de regie kwijt te raken? Of omdat je in een sector werkt die de laatste jaren met bezuinigingen en ontslagen negatief in de pers is gekomen?

Social media zijn (vaak) openbaar en je kunt het vergelijken met op een zeepkist op de markt gaan roepen dat jij bestaat, wat jij doet, denkt en vindt en daar dan het gesprek over aangaan met omstanders. En ja, dan krijg je soms tegengas. Maar hoe erg is dat?

Wanneer je gewoon goed werk levert en in gesprek bent met je doelgroep dan zal het wel los lopen. Dan heb je juist eerder de kans dat die klant jouw ambassadeur wordt. Die gaat aan anderen vertellen wat zij aan jou kunnen hebben. Dan bouw je een hoop goodwill op, die niet snel onderuit te halen is.

Op social media kan (en zal) je doelgroep heel direct laten zien dat ze je waarderen, via likes, commentaren en reacties. En ze gaan jouw berichten delen met anderen. Dat gebeurt massaal. Alle social-mediaplatformen hebben de mogelijkheid te reageren en te delen.

De mores op social media is bovendien dat het over het algemeen meer gewaardeerd wordt dat je aardig met elkaar omgaat en elkaar helpt dan dat je een ander verrot scheldt.

8.5.1 Webcare

Wanneer er dan eens een negatief bericht tussendoor komt, is dat dus niet meteen het einde van de wereld. Het is wel belangrijk dat je dan snel reageert. Zoals KLM en de NS dat doen zou mooi zijn, maar misschien net iets te hoog gegrepen voor de mogelijkheden die jij hebt.

Maar wat je ook niet wil is online afwezig zijn. Je hebt dan niet in de gaten wat er over je gezegd wordt en je kunt dan ook niet op kritiek reageren, of pas veel te laat. Opletten wat er op internet over je gezegd wordt, is dus belangrijk. Als organisaties dat doen heet dat 'webcare'.

Grote bedrijven zoals KLM en de NS hebben daar speciale teams voor. Die opereren vanuit Newsrooms waarin social media continu in de gaten worden gehouden. In een notendop komt het erop neer dat je luistert en waar nodig reageert. Je gaat het gesprek aan, geeft voorlichting, vraagt of dat helpt en legt zo nodig uit hoe feiten liggen. Wees je bewust dat anderen online mee zullen kijken hoe jij dingen oplost.

8.5.2 Trollen

Uitwassen die de angst voor negatieve publiciteit in de hand werken zijn zogenaamde trollen. Dat zijn mensen die eropuit zijn om een gesprek dat jij bent begonnen op het web een totaal andere kant op te krijgen om hun eigen punt te maken, vaak een stokpaardje, of jou proberen in een zo kwaad mogelijk daglicht te zetten (trolling). Azijnpissers van de beste soort. Hardnekkig en lastig aan te pakken omdat je het toch nooit goed zult doen. Op internet gaat het gezegde rond: 'don't feed the trolls.' Waarmee bedoeld wordt dat je ze geen aanleiding moet geven om jouw woorden te verdraaien en er nog een schepje bovenop te doen.

Er niet op ingaan lijkt soms de beste methode. Je wilt de ander niet een podium geven ten koste van jezelf. Maar iemand met een legitieme vraag negeren kan ook juist weer aanleiding zijn om je – opnieuw – door het slijk te halen.

Een bericht wissen kan anders worden opgevat dan jij het bedoelt. Mensen kunnen door het lint gaan, want het voelt als de rug toe keren of in de steek laten. En je loopt het risico dat iemand ergens je bericht alsnog opduikelt of er een screenshot van heeft gemaakt als bewijs.

Wil je wel reageren? Houd je dan bij de feiten, ga niet zelf met modder gooien, bied excuses aan en zoek een andere manier om in contact te komen; bel op of nodig uit voor een gesprek.

Trouwe volgers kunnen wel eens spontaan op het negatieve bericht gaan reageren, zodat jij of jouw organisatie juist positief naar voren komen, of de feiten bevestigd worden. Zo isoleren jouw volgers je opponent. Je kunt dat natuurlijk een beetje sturen door echt trouwe aanhangers te vragen om te reageren, maar dan ben je eigenlijk net zo slecht bezig als de persoon die jou het leven zuur maakt.

Wat je ook doet, zorg dat je iedere stap overlegt met je collega's en leidinggevende. Dan ben jij gedekt. Je leidinggevende kan het je ook uit handen nemen en meer formeel namens de organisatie reageren.

8.6 Zo houd je overzicht

» Verder vind ik het grootste probleem om alle ballen in de lucht te houden. Ik ben intussen 60 jaar, moet mijn vak hernieuwen als medewerker sociaal wijkteam, moet drie e-mailadressen lezen en bijhouden, moet mijn app bijhouden, moet mijn sms-berichten bijhouden. Ik heb mijn voicemail uitgezet (dacht ik … en toen bleek dat mislukt).

Overzicht houden over de stroom aan informatie die digitaal op je af komt, is voor 33 % van de werkers in zorg en welzijn een probleem. Dagelijks wordt op social media zo enorm veel geplaatst dat ik de cijfers hier niet eens ga geven. Dat zijn zulke ongrijpbaar grote getallen. En net zo duizelingwekkend is het aantal e-mails per seconde en het aantal minuten video dat iedere dag op YouTube verschijnt.

Maar alles bijhouden … moet je dat wel willen? Het is echt niet te doen. Toch is het mogelijk er een beetje grip op te krijgen. Hoe houd je nog een beetje de regie?

8.6.1 Begin klein

Gelukkig zijn er in Nederland een paar social-mediaplatformen die er met kop en schouders boven uitsteken. WhatsApp, Facebook, LinkedIn, Instagram en Twitter. Dat maakt de keus al beperkter. Begin met eentje. Namelijk die waar ook jouw doelgroep het meest gebruik van maakt.

Ga daar eens een maand intensief mee aan de slag. Kijk eens wat daar gebeurt. Luister en kijk. Meng je eens in een gesprek. Of start na een poosje zelf een gesprek (dialoog) waarin je wat van je kennis en werkzaamheden of meningen deelt. Natuurlijk houd je dagelijks in de gaten of er ook berichten voor jou binnenkomen. En daar ga je op reageren. Je zoekt immers de dialoog. Op die manier houd je overzicht en kun je toch stappen maken.

8.6.2 Overzicht krijgen als een pro

» Ik red het niet om al die informatie op de juiste manier te bundelen en bij elkaar te brengen, waardoor ik soms erg verward ben en veel tijd kwijt ben om te zoeken waar ik iets had gelezen. Dossiervorming op deze wijze is *too much* … Want hoe krijg ik belangrijke apps nu in een dossier? Ik zet dan maar een paar korte zinnen in eigen woorden.

Figuur 8.2 Zo houd je overzicht

Wat ik beschreef, is hoe je in het begin overzicht krijgt als individuele gebruiker. Mocht je dit nog niet genoeg vinden dan zijn er gelukkig tools die je kunnen helpen overzicht te krijgen.

Maak het jezelf gemakkelijk met Google Alerts [9]. Google gaat op jouw zoekwoorden het internet af en stuurt wat ze vindt per e-mail naar je toe. Je kunt dan makkelijk op onderwerp alles terugvinden in je mailbox. Nadelen: die box stroomt dagelijks vol, en social-media-accounts worden niet getoond.

Hootsuite [5] is een gratis tool waar je social-media-accounts aan koppelt en per kolom kunt zien wat er waar gebeurt. Je kunt vandaaruit zoals gezegd ook berichten aanmaken en je kunt ermee reageren op berichten alsof je zelf op Twitter of Facebook zou zitten. Alles op één plek dus, op één scherm.

8.6.3 Nog een stap professioneler

Met een stap verder kom je in de meet- en analyse-instrumenten als Coosto [10] en OBI4wan [11]. Daar moet je voor betalen maar dan heb je ook alles. Overzicht, de mogelijkheid te reageren maar ook analyses van alle berichten, zodat je daar (management)informatie uit kunt halen. Grotere bedrijven en overheden gebruiken deze systemen.

8.6.4 Data, algoritmes en kunstmatige intelligentie

Er is een kant aan digitaal werken die heel lastig te doorgronden is en waar bijna niemand overzicht over heeft. De wereld achter de schermen. De wereld van data, algoritmes en kunstmatige intelligentie. Je hebt er eerder in dit boek al veel over gelezen.

Omdat het te ver gaat voor wat de meeste werkers in het sociaal domein aan kennis nodig hebben, is het al heel wat wanneer je het een beetje snapt. Dat je weet dat je beïnvloed kunt worden door je eigen klikgedrag. Dat je daardoor in je eigen informatiebubbel zit. Dat jouw gegevens in databanken worden verzameld waarmee analyses worden uitgevoerd, wat gemeenten bijvoorbeeld graag doen. En dat computersystemen met die data veel van ons gedrag leren en zo slimmer worden dan een mens. Als je dat overzicht hebt, dan ben je al een heel eind op weg.

8.7 Zoek interactie met de doelgroep

» Mijn grootste probleem is: hoe bereik ik mijn doelgroep? Wij maken op dit moment, dat is een bewuste keuze, alleen gebruik van Facebook (naast de website). In de gemeente zijn veel ouderen, die lang niet allemaal gebruikmaken van social media, hoewel dat aantal natuurlijk wel groeiende is. Maar ook de activiteiten die we organiseren voor jonge kinderen en tieners worden lang niet altijd door de (jonge) ouders gelezen. Ik denk zelf dat ouders denken: Welzijn, mmmmm, heb ik dat nodig?

Het ontbreken van interactie met je doelgroep is natuurlijk superirritant. Want het is je daar juist om te doen. Maar vanzelf gaat het niet. Je moet de ander ertoe verleiden te reageren.

Hoe vaak wordt er helemaal niet gereageerd op een bericht dat je via social media de wereld in stuurt? Meestal toch? Dat is natuurlijk wel een beetje vreemd. Social media zijn juist gebaseerd op interactie met elkaar. Jijzelf of iemand anders deelt iets. Daar wordt op gereageerd. Dat ziet de afzender. Ook anderen zien die reactie en kunnen daar weer op reageren. Een mooi systeem. Als het werkt. Want het zit iets ingewikkelder.

8.7.1 Eén op de tien

Je hoopt natuurlijk dat iedereen jouw berichten interessant of leuk gaat vinden en erop gaat reageren. De werkelijkheid is dat van de tien mensen die jouw berichten te zien krijgen op social media er één zal zijn die actief iets met je bericht gaat doen (delen, doorsturen, reageren).

Daarnaast zijn er misschien drie/vier anderen die af en toe iets met je bericht zullen doen. En die andere zeven lezen hopelijk je bericht of gaan het compleet missen in de stroom informatie die dagelijks loskomt.

Vaak krijgt bovendien niet eens 100 % van je volgers jouw bericht te zien. Omdat algoritmes van platformen dat bericht alleen tonen aan mensen die volgens die data interesse zouden kunnen hebben. Berichten die alleen tekst bevatten worden het minst getoond.

8.7.2 Wat jij kunt doen

Dat betekent dat jij er dus extra je best voor moet doen om interactie met je doelgroep op gang te helpen. Gelukkig is dat redelijk eenvoudig.

Sluit aan bij wat anderen zeggen, bij welke berichten zij plaatsen. Waar hebben ze het over, op welke toon? Stel vragen, reageer actief op anderen. Op die manier laat je zelf zien dat je tot een dialoog bereid bent.

Plaats zelf regelmatig berichten over wat je doet, denkt of vindt. Zo kom je regelmatig voorbij en gaan mensen je herkennen. Zorg dat die berichten interessant of leuk genoeg zijn voor de lezer. Denk vooraf na over de waarde die jij wilt toevoegen.

Lok actief reacties uit door ernaar te vragen of door mensen op te roepen iets te doen (activeren) met een 'call to action.' Laat ze antwoord geven op een vraag, houd een peiling (poll), vraag wat ze van een stelling vinden enzovoort.

Vraag ook gerust af en toe om je berichten met anderen te delen. Er is altijd wel iemand die dat doet. En zo zorg je dat mensen zich herinneren dat die mogelijkheid bestaat.

8.7.3 Houd je aan je boodschap

» Iedere doelgroep verdient een eigen platform op social media. Bovendien wil ik graag dat de boodschap die ik zend ook echt landt bij degenen die ik probeer te bereiken. Dat betekent vaak dezelfde boodschap op een andere manier omschrijven en ook kijken welk platform ik wil inzetten. Ik denk dat ik het meeste moeite heb met zenden?

Wees helder in wat mensen van jou kunnen verwachten, over welk onderwerp jij het vaak gaat hebben. Waarschijnlijk zul je zien dat het aantal volgers langzaam toeneemt. Dat mensen je berichten vaker gaan delen. En dat het aantal interacties ook langzaam toeneemt.

Hoe actiever jij bent, hoe meer resultaat je krijgt.

Ieder platform heeft wel statistieken of analyses in zich verstopt waarmee je kunt kijken wanneer je account de meeste bezoekers kreeg. Dit kan een leidraad zijn om juist op die momenten iets te plaatsen.

Een andere indicatie is het aantal reacties dat je krijgt op een bericht dat je om die en die tijd plaatst. Veel reacties betekent dat het kennelijk een goed moment is.

Aan de andere kant, een bericht dat goed aanslaat kan ook weken later nog een reactie oproepen van iemand die even niet zo snel was. Dus laat het je niet weerhouden.

8.7.4 Stimuleer ook 'echte' ontmoetingen

Verrassend? Hier is de cirkel rond. Jij was al gewend mensen samen te brengen rond een activiteit of onderwerp. Mensen die zich online aan jou en aan elkaar verbinden, vinden het ook leuk om elkaar af en toe 'in het echt' tegen te komen.

Organiseer daarom eens een 'open coffee' voor je volgers.

Een 'open coffee' is niets anders dan samen in groepsverband een bak koffie drinken op een vooraf afgesproken en online aangekondigde plek, liefst eens per maand herhaald. Zo leren jouw volgers jou kennen, maar ook elkaar. En dat zorgt voor een nog sterkere onderlinge band. En nadien leuker onlinecontact. Helemaal wanneer je foto's en video's van de open coffee online deelt. Of de tijdens het event gemaakte live-uitzending nog eens terugkijkt. Natuurlijk werf je bezoekers voor deze bijeenkomsten alleen op je social-mediakanalen; het gaat erom dat je juist hen ontmoet.

Het kan ook helpen op die manier een nieuwe doelgroep toe te voegen aan de al bestaande doelgroep of activiteit en met elkaar te laten kennismaken. Je helpt ze als het ware de drempel over van je fysieke locatie. En stimuleert nieuwe verbindingen.

8.8 Weet altijd wat je moet vertellen

» Ik heb geen idee waar ik het over zou moeten hebben.

Dat zeggen zo veel sociaal werkers! 27 % van de sociaal werkers in het onderzoek van Marketingfacts. Ze zijn wars van koffieklets op internet, het moet zin hebben! Herken je dit? Het klopt niet. Jij bent zelf namelijk altijd interessant voor anderen! Je hebt mooi werk, je doet ertoe en je hebt ergens verstand van. En het is makkelijk om van je te laten horen. Hierna lees je hoe je dat aanpakt.

Blijf dicht bij jezelf. Het is lastig precies te weten wat een ander nou interesseert en dus ook lastig precies te weten wat je moet plaatsen op social media. Natuurlijk kun je gokken en kijken wat er na ieder bericht gebeurt. Of je kunt je verdiepen in je doelgroep. Dat moet je ook altijd doen. Maar met pakweg 250 en meer volgers is het onmogelijk van iedereen te weten wat ze zoeken.

Er rest je dus niets anders dan terug te keren naar jezelf. Jij kent jezelf het beste, jij weet waar jij mee bezig bent. En jij kent je eigen werk het beste. Jij bent de expert en kunt daarover vertellen. Laat je dus niet te veel leiden door wat jij denkt dat een ander zoekt (of van je vindt) maar blijf dicht bij jezelf en het werk dat jij doet. Dan komen vanzelf de volgers naar je toe die bij je passen. De rest laat je los, tot ze ook ontdekken wie jij bent.

8.8.1 Laat je zien

» Waar ik tegen aanloop is dat als ik op Facebook reageer op een bericht van een bewoner, met de bedrijfspagina van de stichting, dan is er een afstand met weinig resultaat. Als ik met mijn persoonlijke profiel reageer krijg ik meer respons, maar ook ongewenste bezoekers op mijn persoonlijke pagina. Ik ben er nog niet uit wat ik erger vind.

We reageren allemaal liever op een mens dan op een bedrijf. Maar, de meeste sociaal werkers vinden het prettig om zakelijk en privé te scheiden. Dat gaat soms niet samen. Mensen volgen mensen. Dus het is prima iets van jezelf te laten zien op social media. Wij mensen zijn namelijk allemaal nieuwsgierig naar elkaar.

In het sociaal werk neem je altijd jezelf mee. Daar kun je voordeel van hebben. Wees dus gewoon jezelf op social media; je klanten zullen jou daarin herkennen.

Je mag daarin best eens iets persoonlijks laten zien. Houd je in je vrije tijd van wandelen in de bergen? Plaats dan af en toe een foto van een mooie plek waar je bent geweest. Werk je in je vrije tijd als vrijwilliger voor het Rode Kruis, vertel dan een keer wat je daar hebt meegemaakt. Heb je kinderen dan is het niet vreemd dat je laat zien dat je een keer pannenkoeken voor ze bakt. Dat heeft allemaal niks met je werk te maken maar wel met wie jij als persoon bent. Daar kom ik zo op terug.

Wanneer je dit vervelend vindt? Je bent er zelf bij, in wat je van jezelf toont. Wanneer je tegen je doelgroep liever niet zegt wat je in het weekend gedaan hebt, hoef je dat natuurlijk niet wel op social media te plaatsen. Het moet wel leuk blijven.

8.8.2 Basisvragen

Er zijn een paar basisvragen die jij aan jezelf kunt stellen om erachter te komen wat je zou kunnen vertellen en plaatsen op social media. Het zijn vragen die over jou gaan. Wie ben jij? Wat doe je? Voor wie doe je dat? Waarom doe je dat? Het waarom, 'The why?'

De antwoorden geven je al richting voor hetgeen je kunt plaatsen op social media. Vooral die laatste, *het waarom*, is essentieel. Waarom heb jij voor je vak gekozen? Waarom wil jij anderen helpen? Waarom verkoop je geen schoenen of ben je geen zeezeiler geworden, maar doe je dit?

In het beantwoorden van *het waarom* zit de waarde verscholen die jij anderen geeft. Jij bent ergens goed en gedreven in. Juist dat maakt je interessant voor anderen, die daarnaar op zoek zijn. Dus zal het de moeite waard zijn daarover op social media te praten en publiceren.

Het belang van de waaromvraag wordt prachtig uitgelegd door Simon Sinek, die ik in mijn social-mediatrainingen ook regelmatig aanhaal. Bekijk zijn filmpje maar eens over 'The why' [12].

8.8.3 Oefening: content-managementmatrix

» Hoe onderhoud ik de Facebook-pagina? Door telkens nieuwe berichten te plaatsen? Vanuit het project heb ik niet altijd nieuws. Daarnaast gebruik ik dan wat interessante weetjes die ik via de vakbladen tegenkom. Toch blijft het lastig om ten minste één bericht per week te plaatsen.

Wanneer je weet waarom je doet wat je doet, moet je er misschien nog de inspiratie bij vinden. Wat helpt, is de tijd te nemen om daarover na te denken en ideeën op een rij te zetten. Dat kan in een content-managementmatrix [13]. Een goede content-managementmatrix is een onderdeel van je social-mediastrategie.

Een content-managementmatrix is een tabel met een aantal kolommen. Iedere kolom heeft bovenaan een titel, daaronder zie je een aantal trefwoorden waarover je iets noteert. Bijvoorbeeld zo:
- *Mijn organisatie*, waar werk je, ook als je zzp'er bent. Omschrijf je bedrijf in kernwoorden.
- *Mijn vakgebied*, wat is je vakgebied, wat kom je daarin tegen?
- *Mijn specialiteit*, waar ben jij goed in, wat is je expertise en wat maakt jou uniek?
- *Lokale activiteiten*, zijn er zaken in de buurt waar je aan mee doet of die je steunt?
- *Mijn persoonlijke interesses*, wie ben jij, de mens achter je functie?
- *Knelpunten van mijn klanten*, wat help jij op te lossen, waar zit hun pijn?
- *Mijn inspiratie*, waar haal jij je kennis vandaan?

Neem de kolommen van de content-managementmatrix hieronder over op een groot vel papier of download de tabel. Vul de vakjes in met het eerste wat bij je opkomt wanneer je de trefwoorden in het vakje leest. Probeer je te beperken tot één woord per vakje (◘ tab. 8.2).

Heb je eenmaal goed nagedacht over deze lijst dan heb je altijd een overzicht van onderwerpen waarover jij zou kunnen berichten op social media.

Je hebt bovendien de mogelijkheid afwisseling in je berichten te stoppen, zonder dat het afwijkt van je focus. Pak de matrix erbij wanneer je nieuwe berichten gaat schrijven voor je social media. En loop alles door, waar heb je veel en waar heb je weinig aandacht aan gegeven?

Tabel 8.2 Content management matrix

mijn organi-satie	mijn vakgebied	mijn specialiteit[a]	lokale activiteiten	mijn per-soonlijke interesses[a]	knelpunten van mijn klanten[a]	mijn inspiratie
naam	werksoort	specialisme	evene-menten	de mens achter de professional	waar help jij ze mee?	hoe blijf jij op de hoogte?
werk-gebied	actuele stand	doel-groep	vind-plaatsen	vrije tijd	wat ervaren zij?	kranten
missie	ontwik-kelingen	jouw project	streekei-gen	passie	gevolgen	tijd-schrif-ten
visie	vroeger/nu	waar weet jij veel van af?	taal	droom	tips voor je klanten	websites
dien-sten	in het nieuws	je doelen	omge-ving	je gezin	gevaren/valkuilen	social-media-accounts
collega's	toekomst	je resul-taten	politiek	vakanties	positieve zaken	podcast

[a] De drie kolommen met a-tjes zijn kolommen die je extra aandacht kunt geven. Ze zeggen iets over jouw expertise en dus jouw waarde voor een ander. En over de behoefte van je klanten, dus dat waar jij ze echt mee kunt helpen.

Kom je er dan nog niet uit dan helpt dit oude versje:

» Something old, Something new, Something borrowed, Something … you!

Something old. Een eerder gebruikt bericht. Het is niet erg berichten die al eens succesvol waren (reactie oproepen) nog eens te gebruiken. Die hebben zich al bewezen dus dat is goede 'content' zoals dat heet.

Something new. Een nieuw actueel bericht. Iets wat van waarde is voor je doelgroep, een handige tip, een link naar een belangrijke site, een artikel dat je schreef in de krant, een video die voor je doelgroep van belang is (bijvoorbeeld met informatie die jij vaak geeft, in plaats van dat je het voor de zoveelste keer uitlegt in een gesprek).

Something borrowed. Een bericht van een ander dat jij doorstuurt. Bijvoorbeeld iets wat je uit vakbladen haalt.

Something you! Een bericht van jou, over jou, iets uit je dagelijkse werk. Wat er op kantoor is gebeurd, een verjaardag, een lekkere lunch, een leuk bezoek of belangrijke vergadering, een ijsje wanneer het warm is, een quote van een van je klanten enzovoort. Dit mag zeker ook iets persoonlijks zijn, want dat is voor je volgers aantrekkelijk.

Wanneer je dit toepast, zou je per week misschien wel vier berichten kunnen plaatsen. Zo houd je voor jouw publiek en voor jezelf de afwisseling erin. En even geen zin, ook geen punt. Je mag best even minder actief zijn.

8.9 Stuur aan op resultaten

» Waar ik tegenaan loop in mijn werk bij een grote organisatie, is dat er geen duidelijk beleid is hoe, wanneer en met welk doel we social media in kunnen zetten. Er is binnen mijn organisatie niet zoveel kennis van marketing aanwezig. Ik heb een training gevolgd en let nu meer op de dingen die ik daar heb geleerd.

Resultaatgericht werken vraagt om een gestructureerde aanpak: wanneer je social media wilt inzetten is die aanpak een social-mediastrategie en daaruit volgend, een social-mediabeleid. Wil je je organisatie digitaal laten werken dan heb je daar ook kaders voor nodig.

Bij 27 % van de sociaal werkers die de enquête van Marketingfacts invulden, bleven resultaten uit. Dat is natuurlijk zorgelijk. Wanneer je besluit digitaal te gaan en bijvoorbeeld social media in te zetten, wil je wel dat het effect heeft. Tegelijk is dit een lastig te grijpen knelpunt. Omdat het uitblijven van resultaat zeer diverse oorzaken kan hebben. Resultaatgericht werken vraag ook hier om een gestructureerde aanpak. Wanneer je daar niet uitkomt, heb je wellicht even wat hulp van buiten nodig.

8.10 Meer volgers krijgen

» Ons grootste probleem is het opbouwen van een publiek dat informatie over het brede sociale domein wil volgen. Wij geven informatie en advies over het brede sociale domein. Zie het als een gids of wegwijzer in het woud aan voorzieningen, regelingen enzovoort. Berichten van onze pagina op Facebook worden wel gedeeld maar leiden niet snel tot nieuwe volgers.

Voor 25 % van de bevraagden was het krijgen van volgers om je boodschap aan te kunnen geven, een probleem bij de inzet van social media. Maar staar je niet blind op het aantal. Volgers volgen je, omdat ze iets bij je hopen te vinden. Het is misschien goed dáár eens bij stil te staan. Wat komen ze bij jou halen en waarom niet bij je concurrent? Wat maakt jou hun eerste voorkeur, denk je? Of wat zou dat moeten zijn?

Volgers aan je binden gaat niet om aantallen, maar om wat jij ze te bieden hebt. Welke waarde jij toevoegt, kun je zeggen. Doe je dat goed dan krijg je meer volgers, vanzelf. Want ze zullen jouw berichten beginnen te delen, waardoor je steeds nieuwe mensen bereikt die ook weer volger kunnen worden.

Hoe bouw ik een publiek op? Dat kan op verschillende manieren tegelijk:
1. 'Content is king.' Daarover zo meteen meer.
2. Wissel af in de vorm van een bericht. Niet iedereen vindt het prettig iets te moeten lezen. Maak van een tekstbericht eens een video waarin je het nog eens vertelt. Deel die video via je social-mediakanalen. Maak van de video een geluidsopname (MP3) die je op je website zet. Dat is ook fijn voor mensen die laaggeletterd zijn. Of laat een infographic maken van je tekst.

3. Verwijs in al je drukwerk, op je site, op visitekaartjes, op banners en posters, op je werkkleding, in interviews met de krant en in folders naar de social-mediakanalen die je gebruikt en stimuleer mensen die te gaan volgen.
4. Zet je website in als blog en publiceer daar al het materiaal dat je maakt. Zie dat als de basis vanwaaruit je werkt. Je vindbaarheid op Google zal daardoor aantrekken en dus ook je aantallen bezoekers. Alles wat je op je site zet, deel je natuurlijk op je social-mediakanalen.

8.10.1 Community management

We hebben het hier in feite over community management. Het is al eerder aan bod gekomen. Het opbouwen en onderhouden van een gemeenschap, een groep of een community. Binnen social media heeft de community manager een belangrijke functie. Die wordt betaald om bijvoorbeeld een merk goed voor de dag te laten komen en zo veel mogelijk interactie aan te gaan met volgers/klanten. Welzijnswerkers worden ook wel community builders genoemd, dat moet dus te doen zijn voor je.

Hoe doe je dat nou, een online community levendig krijgen, waardoor je ook meer volgers aan je gaat binden?

- Word en blijf actief.
- Stimuleer dialoog en interactie.
- Luister, waar gaat het over, kun je daar iets mee.
- Help waar je kunt.
- Vraag advies aan je volgers, ze willen graag helpen en worden zo actiever.
- Gebruik ideeën uit de groep, daarover terugkoppelen houdt iedereen betrokken.
- Pak klachten op en handel ernaar, anders verlies je het vertrouwen.
- Verbind, ook in het echt, dus ook fysiek mensen bij elkaar brengen en echte ontmoetingen stimuleren.

Is dat laatste wellicht verrassend voor je? Hier is de cirkel weer rond. Jij was al gewend mensen samen te brengen rond een activiteit. Mensen die zich online aan jou en elkaar verbinden, vinden het ook leuk elkaar af en toe tegen te komen. De 'open coffee' of 'meetup' voor je volgers is niets anders dan samen een kop koffie drinken, of iets ondernemen, op een vooraf afgesproken plek, liefst eens per maand herhaald. Zo leren ze jou kennen, maar ook elkaar. En dat zorgt voor een nog sterkere onderlinge band.

Deze mensen zijn grotendeels je volgers, maar door de goede sfeer en de leuke dingen zullen er meer volgen.

8.10.2 Content is king

Binnen social media is er één stelling die altijd overeind staat wanneer je meer mensen wil bereiken en aan je wil binden: *'content is king'*. Waarmee bedoeld wordt dat alles staat of valt bij de inhoud van je berichten. Zijn die interessant genoeg voor je doelgroep? Weet je wie je belangrijkste doelgroep is? Wie zou het meest baat hebben bij jouw informatie? Iedereen willen bereiken is te breed. Probeer te kiezen.

Voegt de inhoud van je berichten, de content, waarde toe? Dat kan kennis en inzicht zijn, of je expertise delen, maar kan ook een grap zijn waar ze om lachen. Als het je volgers maar aanspreekt en als dit graag delen met hún volgers. Geef je tips? Leg je ingewikkelde regelingen uit? Verwijs je naar de juiste instanties? Vertel je verhalen over mensen die in vergelijkbare situaties zitten? Deel je artikelen die relevant zijn voor je doelgroep?

Wanneer je bericht aanslaat en door veel mensen gedeeld wordt, gaat een aantal van de ontvangers jou ook volgen.

Wat je ook kunt doen om meer volgers te krijgen is te kijken naar accounts van je concullega's. In hun volgers-schare zitten mensen die hen zijn gaan volgen, omdat ze doen wat jij ook min of meer doet. Dus misschien willen ze jou ook wel volgen? Maar ze weten nog niet dat jij bestaat. Dat verandert wanneer jij hen gaat volgen. Kijk dus in de volgerslijst van je concullega en volg ze. Of nodig hen actief uit met een privéberichtje om ook jou te volgen.

Deze ietwat agressieve manier om iedere dag tussen de vijftig en honderd mensen op die manier te laten weten dat jij bestaat, is erg arbeidsintensief, maar ook erg effectief.

8.10.3 Oefening: Volgers krijgen uit je bestaande netwerk

Potentiële volgers moeten wel weten dat je bestaat. Daarom begin jij met hen te volgen. Wanneer ze interesse hebben of sociale druk voelen, gaan ze je terug volgen. Begin eens bij anderen. Maak een lijstje met personen die je zou willen volgen en die wellicht op hun beurt dan ook jou zouden willen gaan volgen. Denk aan:
- mensen uit je regio;
- mensen uit je vakgebied;
- mensen uit je doelgroep (bewoners);
- samenwerkingspartners;
- collega's;
- mensen uit interessegebieden (zakelijk en privé).

Wanneer je dat lijstje namen hebt, ga je ze actief opzoeken op social media. Zakelijk gezien kun je dan beginnen bij Twitter en LinkedIn. Zijn het bewoners, neem dan Facebook en Instagram als eerste.

8.10.4 Volgers kopen?

Het lijkt het ei van Columbus. Maar laat je niet verleiden om volgers te gaan kopen. Daar zijn genoeg aanbieders van, maar je krijgt volgers die overal vandaan komen en vaak geen enkele binding of betekenis voor je hebben. Bovendien is het niet erg geloofwaardig dat iemand met zes Instagram-berichten al 14.832 volgers heeft verzameld binnen drie weken. Wees zuinig op je bestand volgers, het is een levend netwerk van echte mensen, waar jij echt iets voor betekent.

8.10.5 Bereik vergroten (tips van professionals)

Meer volgers krijgen is je bereik vergroten. Daar zijn professionele social-mediamanagers dagelijks mee bezig. Een groot bereik betekent dat je meer impact hebt met je kanalen. Maar hoe doe je dat? Hoe bereik je de juiste mensen met je berichten (posts, zoals zij zeggen)? Hier zijn tips die ze geven:

1. Weet wie je doelgroep is.
2. Maak en deel berichten die interessant zijn voor je doelgroep. Dat klinkt logisch, maar de meeste mensen delen berichten die ze zelf interessant vinden en dat is niet altijd de informatie waar je doelgroep op zit te wachten.
3. Plaats je berichten voorzien van beeldmateriaal (video!).
4. Stimuleer interactie. Door likes en reacties stijgt je bereik. Dat kun je bijvoorbeeld doen door het stellen van vragen.
5. Zorg dat je geld hebt om algoritmes te omzeilen (adverteren). Relevantie wordt bepaald door de respons van je volgers.
6. Post regelmatig, want eens in de twee weken is een social-ballonnetje oplaten in plaats van een echte strategie.
7. Maar post ook niet te vaak, want dan werkt het averechts. Hoe vaak je moet posten hangt ook af van het medium en de doeleinden waarvoor je het medium inzet.die
8. Geef! De challenge is om content te ontwikkelen die de doelgroep wil zien en meer gericht is op iets geven dan op (weer) over je merk/product (of dienst, HV) praten.
9. Reageer op reacties! Ga het gesprek aan, wees sociaal.
10. Zorg voor consistentie en herkenbaarheid qua beeld in je berichten.
11. Prikkel je doelgroep.
12. Wees jezelf, authentiek. Dus ga altijd uit van je eigen kracht en identiteit.
13. Plaats berichten op een tijdstip dat je doelgroep actief is op social media in plaats van op een tijdstip dat je zelf graag actief bent.

Deze tips komen van mensen die dagelijks met social media werken en ze zijn terug te lezen op LinkedIn onder een oproep van Esther Goos, eigenaar van een social-mediabedrijf [14].

Bronnen

1. Raad voor de Volksgezondheid en Samenleving (RVS) ▶ https://www.raadrvs.nl/documenten/publicaties/2019/02/05/waardenvolle-zorgtechnologie?utm_source=Laposta&utm_campaign=Nieuwsbrief+RVS+februari+2019&utm_medium=email.
2. Marketingfacts ▶ https://www.marketingfacts.nl/berichten/zorg-heeft-last-van-drempelvrees-bij-inzet-social-media.
3. Enzo Knol YouTube kanaal: ▶ https://www.youtube.com/c/enzoknol2?sub_confirmation=1.
4. Buffer: ▶ www.buffer.com.
5. Hootsuite: ▶ www.hootsuite.com.
6. Skype: ▶ https://www.skype.com/nl/.
7. Facetime: ▶ https://itunes.apple.com/us/app/facetime/id1110145091?mt=8.
8. 20 minuten gratis met mij sparren: ▶ https://www.welzijn30.nl/sparren/.
9. Google Alerts: ▶ https://www.google.nl/alerts#1:1.
10. Coosto: ▶ https://www.coosto.com/nl/homepage.
11. OBI4wan: ▶ https://www.obi4wan.com/nl.
12. Simon Sinek, why? ▶ https://youtu.be/u4ZoJKF_VuA.
13. Content-managementmatrix, door Jannetta Dorsman, social-mediatrainer en marketeer.
14. Bereik-vergroten-tips ▶ https://www.linkedin.com/feed/update/urn:li:activity:6502176581304270848.

Deel IV Hoe moet het verder?

Hoofdstuk 9 Wat moet je nu doen om je voor te bereiden? – 157

Hoofdstuk 10 De toekomst van werken in het sociaal domein – 173

Wat moet je nu doen om je voor te bereiden?

Samenvatting

De digitale transitie is onontkoombaar. Het is voor de uitvoering van hun vak noodzakelijk dat sociaal werkers digivaardig zijn en klanten kunnen ondersteunen om zo regie te houden over hun leven. Dat betekent dus dat sociaal werkers voorbereid moeten zijn. Zij moeten werk maken van digitalisering. Competentiebeschrijvingen boden tot voor kort houvast in de functie-uitoefening in het sociaal domein. En ze doen dat nog wel, waar het gaat om de waarden van deze sector: mensen ondersteunen die het nodig hebben. Er is alleen iets blijven liggen. Dat is dat diezelfde hulp-vragende mens digitaal actief is geworden en dat digitalisering vernieuwing van de dienstverlening aan deze mensen noodzakelijk maakt. Het beginnen met digitaal werken vraagt een dosis creativiteit. Zet een digitale bril op en kijk daarmee naar het sociaal werk. Helpt de fictieve functieomschrijving? We ontkomen niet aan een leven lang leren en 21^e-eeuwse vaardigheden. Laat je trainen!

9.1 Inleiding – 158

9.2 Vragen die je klaarstomen – 158

9.3 Functieprofiel en competenties – 159
9.3.1 Functieprofiel van een digitaal sociaal werker (fictief) – 159
9.3.2 Competenties – 161
9.3.3 Competenties Maatschappelijke Ondersteuning – 162
9.3.4 Digivaardigheid- en Mediawijsheid-competenties – 164

9.4 Een leven lang leren – 166
9.4.1 De 21st century skills – 168

9.5 Een training volgen? – 169
9.5.1 Aanbod voor lezers – 170

Bronnen – 171

© Bohn Stafleu van Loghum is een imprint van Springer Media B.V., onderdeel van Springer Nature 2019
H. Versteegh, *Digivaardig sociaal werk*, https://doi.org/10.1007/978-90-368-2351-7_9

9.1 Inleiding

» Ik doe het al twintig jaar zo. En dat gaat goed, toch?

» Ik doe niet aan social media mee. En ik zal anderen wel vertellen hoe ik wil dat ze met mij communiceren.

Het zijn twee uitspraken van sociaal werkers die ik echt heb gehoord. Niet lang geleden, in mijn workshops. Uitspraken waarmee zij zichzelf meteen diskwalificeren als professional. Waarvan ik denk: hoe kun je? Hoe lang houd je die houding nog vol?

Inderdaad, digitaliseren is een kwestie van anders naar je werk kijken, je werk anders gaan doen en wellicht de werkwijze die je gewend bent er deels voor opgeven. Het is ook een kwestie van anders naar je werk wíllen kijken. Ben jij bereid om het anders te gaan doen? Sta jij ervoor open om nieuwe technologie in je werk toe te laten?

Het nadeel is dat we niet in de toekomst kunnen kijken. Niemand weet nu precies hoe het sociaal domein er over twintig jaar uit ziet. Wat wel overeind blijft, zijn waarden. In deze sector willen we mensen die het niet zelf redden zo lang als nodig is een steuntje in de rug geven. Het is de kunst digitalisering en technologische ontwikkelingen zo te omarmen dat deze waarde daarbij overeind blijft.

Geen nood. Daar zijn we zelf bij. En het is aan ieder van ons om ons goed voor te bereiden. Het is wel verstandig daar nu al mee te beginnen, om ook straks nog bij te kunnen blijven. Dit hoofdstuk laat je zien hoe jij je kunt voorbereiden. Het geeft ook inzicht in wat werkgevers zullen gaan vragen van werknemers. Dat we een leven lang zullen blijven leren. Het geeft ook inzicht in het houvast dat jou daar nu als sociaal werker voor geboden wordt.

Misschien besluit je na het lezen van dit boek dat je een aanvullende training nodig hebt? Dat kan natuurlijk. Lees dan ook even hoe ik je daarin tegemoet wil komen, met een speciaal aanbod voor lezers.

9.2 Vragen die je klaarstomen

» Hoe kan ik me voorbereiden op iets wat er deels wel en deels nog niet is?

Goede vraag. Het helpt dicht bij jezelf, je functie en de inhoud van je werk te blijven. Want dat is je referentiekader en je vertrekpunt. Je gaat namelijk niet iets heel nieuws doen, veel blijft vertrouwd, maar het wordt wel anders. Dus, wat doe je nu en probeer vandaaruit eens eerlijk antwoord op de volgende vragen te geven.

1. *Wat is nu, op dit moment, jouw grootste bijdrage?*
   Op welke manieren is jouw werk van waarde voor je doelgroep? En wat voeg jij daarin toe? Wanneer zie je dat jouw werk effect heeft? Hoe belangrijk is het dat jij die waarde persoonlijk levert? Kun je ook een digitale variant bedenken waarmee je dezelfde waarde biedt, maar zonder dat jij dat zelf iedere keer doet?
2. *Waar zie jij dat het beter, slimmer, anders kan?*
   De kans is groot dat jij heel goed ziet waar het beter kan, waar knelpunten zitten. Je doelgroep zal ze vast duidelijk gemaakt hebben en anders kun je daarnaar vragen. Zijn dat problemen die in jouw macht liggen om op te lossen? Of zijn het problemen op organisatie-, regionaal- of landelijk niveau? Denk jij dat digitalisering iets kan bijdragen

3. *Hoe doe jij je werk in 2025?*
   Heb je enig idee hoe jij over pakweg vijf jaar je werk zal gaan doen? In hoeverre gaan digitalisering en technologie daarin een rol spelen? Lukt het je om je daar een concrete voorstelling van te maken? En zo niet, waar zitten dan de witte vlekken? Wat zou jij nodig hebben?
4. *Wie of wat is je grootste concurrent? Hoe zet die technologie in?*
   Zie je andere spelers op jouw terrein komen? In het land, in Europa of daarbuiten? Spelers die thema's in je werk anders aanvliegen en het misschien al wel slimmer en beter aanpakken? Welke rol spelen digitalisering en technologie daarin? Zou dat ook bij jou kunnen? Wat moet er dan bij jou veranderen en hoe doe je dat?
5. *Wat moet je nu doen om straks nog bestaansrecht te hebben?*
   Wanneer je op basis van de voorgaande vragen een optelsom maakt van verbeterpunten, met gebruikmaking van digitalisering en technologische mogelijkheden waar kom je dan op uit?
   - Wat is je waarde en hoe ga je die blijven leveren?
   - Wat kan slimmer in je werk?
   - Hoe ga je straks werken?
   - En wie doen het nu al beter dan jij en wat kun je daarvan leren?

Kun je hier een routekaart naar de (nabije) toekomst van maken? Wat moet anders? Hoe snel moet dat? Kun je prioriteiten aangeven? Zit er laaghangend fruit tussen dat je snel kunt oogsten? Wat gaat langer duren? En kun je het zelf of heb je hulp van iemand anders nodig?

9.3 Functieprofiel en competenties

Om klaar te zijn voor de toekomst heb je digivaardigheden nodig, of competenties. Het wordt steeds belangrijker dat jij weet hoe je met social media je doelgroep kunt aanspreken. En dat je allerhande technologische tools weet te bedienen om je werk mee te doen. Wat is dat dan voor iemand, jouw nieuwe ik? Die nieuwe collega? Misschien brengt het volgende functieprofiel (zoals het zou kunnen zijn) je op ideeën?

» De nieuwe functie moet wel onderdeel zijn van een integraal team en vanuit dezelfde locatie opereren is mijn ervaring. Het werkt gewoon super als je in een gesprek met een bewoner kunt zeggen: loop even mee naar mijn collega, dan vragen we gelijk even wanneer hij/zij hierover met je verder kan praten. Als er vertrouwen is in medewerker 1, dan verwachten bewoners ook goed werk van medewerker 2. En daarbij: zo'n gesprek verkleint gewoon de afstand tussen bewoners en professionals, waardoor het wijkgericht denken en handelen gevoed wordt. Ook bij professionals. Het gaat om verbindingen tussen mensen en daarna gaat het treintje wel rijden.

9.3.1 Functieprofiel van een digitaal sociaal werker (fictief)

Doel:
- Bewoners worden online verbonden:
  A. aan elkaar (community building);
  B. aan organisaties, instellingen, diensten, verenigingen en bedrijven die voor hen relevant zijn (maatschappelijke participatie);
  C. aan de overheid (e-Participatie);

- Bewoners krijgen de vaardigheden om met de computer, social media en digitale diensten om te gaan en ze worden daarin gefaciliteerd en ondersteund;
- Brede welzijnsdoelen blijven gelden, zoals eigen regie met ondersteuning waar nodig.

Taken:
- Binden en verbinden, maar nu ook online, virtuele samenlevingsopbouw;
- De weg wijzen binnen een zich sterk en snel ontwikkelende virtuele samenleving waar 'digital first' steeds nadrukkelijker bepaalt hoe het dagelijks leven vorm krijgt;
- Het ontstaan van online community's stimuleren die als gezamenlijk kenmerk hebben dat over en weer communicatie en uitwisseling mogelijk is;
- Online en IRL (in real life) ontmoetingen stimuleren en beide naast elkaar laten bestaan met een duidelijke meerwaarde voor beide, het één versterkt het ander. Online is een verlengstuk van de face-to-facewerkelijkheid;
(Voorbeeld: de spannende gemeenteraadsvergadering over iets wat in de wijk speelt en waarvoor bij lange na niet genoeg ruimte op de publieke tribune is, door veel meer bewoners laten bijwonen door ze in het wijkcentrum live mee te laten kijken via een beeldverbinding of YouTube live);
- Bewoners faciliteren, trainen, coachen en digitale vaardigheden bijbrengen op een zodanige wijze dat zij die kennis kunnen doorgeven aan anderen;
- Mensen die eerst aan de kant stonden vanwege een beperking in technologietoepassing, hun beperking helpen te minimaliseren en ze laten participeren door met die kennis ook anderen in de buurt te helpen;
(Voorbeeld: met een vertaalapp kan iemand die slecht Nederlands spreekt, zich toch verstaanbaar maken en ineens mogelijkheden krijgen om mee te doen);
- Online community's managen, maar beter nog is bewoners in staat stellen dat zelf te doen en daar een netwerk voor opzetten;
- Innovatie stimuleren, nieuwe digitale diensten ontwikkelen en toepasbaar maken. (Voor voorbeelden zie elders in dit boek).

Positie:
Hbo (bijv. Socialwork, culturele en maatschappelijke vorming (CMV), ICT, Marketing, sociaal pedagogische hulpverlening (SPH), maatschappelijk werk en dienstverlening (MWD), Social Management enz.)
CAO Welzijn, minimaal schaal 8 of zelfstandig ondernemer.

Dubbelfunctie:
Bij organisaties waar digitalisering in de kinderschoenen staat, is het wellicht mogelijk dat deze functionaris ook de eigen organisatie adviseert dan wel stimuleert bij invoering en gebruik van digitale middelen. De functionaris kan bijvoorbeeld intern community's van collega's opzetten, met *early adaptors* kennis en ervaring op gaan doen in experimenten en pilots, ervaringen delen en volhouden, voorstellen doen en implementeren. En zo start de innovatie.

- **Andere handige eigenschappen die kunnen helpen**
- mobiel uitgerust en flexibel in tijd en plaats (Het Nieuwe Werken)
- out-of-the-boxdenken, in kansen denken
- pioniersmentaliteit
- innovatief

- creatief
- communicatief sterk
- inspirerend
- netwerker en teamspeler
- in staat mensen over drempels te helpen en in hun kracht te zetten
- benaderbaar
- met een dosis lef soms tegen de stroom in kunnen gaan
- doelgericht en vastberaden
- humor en relativerend vermogen
- goed op de hoogte van actuele ontwikkelingen binnen digitalisering en de onlinewereld
- in staat de klant (bewoner) de regie te geven en op afstand sturen, het proces bewaken
- op het juiste moment kunnen terugtreden of juist de leiding nemen
- in staat om digitalisering en gebruik van technologie te agenderen
- welzijnsachtergrond (is een pre)
- brede betrokkenheid bij de doelgroep en digitale mogelijkheden (vanzelfsprekend)

Hoe klinkt dat? Zou dit een functie zijn die jij zou willen uitoefenen? Zie jij jezelf dit doen? Ik heb al van verschillende sociaal werkers een dergelijke reactie gekregen. Het lijkt ze leuk en nuttig om (meer) op deze manier hun functie uit te oefenen. En soms zie je dat het ook echt gebeurt.

Met name jongerenwerkers hebben door dat online werken dé manier is om je doelgroep te bereiken. In Helmond vertelde een jongerenwerker van de LEV-groep mij, dat hij een live-uitzending op Instagram start om jongeren op te roepen naar het trapveldje of de school te komen waar hij op dat moment aanwezig is. Zo simpel kan het zijn.

9.3.2 Competenties

Binnen het veld is vastgelegd aan welke competenties professionals en hun organisaties moeten voldoen. We vinden ze allemaal belangrijk en ze geven richting aan hoe sociaal werkers hun werk moeten doen.

Als medewerker word je erop aangesproken door klanten, collega's en leidinggevenden. Je wordt geacht deze competenties te bezitten, ernaar te handelen en ze aan te leren als je ze nog niet hebt. Organisaties kunnen zo voldoen aan landelijke kwaliteitsnormen en daarmee vertrouwen wekken bij klanten en financiers. Tot zover is dit niets nieuws.

Sociaal werk Nederland [1] heeft in 2017 voor het toetsinstrument 'Normen kwaliteitslabel Sociaal Werk' op een rij gezet welke eerder verschenen documenten deze competenties en normen beschrijven:
- Kwaliteitswaarden Sociaal Werk Nederland;
- 10 competenties;
- 10 redenen om voor sociaal werkers te kiezen;
- Governance code;
- Huis van de sociaal werker;
- Kijken naar regels registratie;
- CAO Welzijn [2].

Het is het meest actuele overzicht dat ik kon vinden.

- **Competentiebeschrijvingen geven onvoldoende steun**

Die richting-gevende functie van competentiebeschrijvingen ga je niet vinden als je digitaal je werk wilt gaan invullen. Wanneer we in deze publicaties gaan zoeken wat er over het digitaal uitoefenen van het beroep sociaal werker (breed genomen) staat, dan vraagt dat vooralsnog veel creatief denkwerk.

Dat is niet heel vreemd, wanneer je kijkt naar de jaartallen waarin huidige competentiebeschrijvingen zijn verschenen. De maatschappelijke impact van digitalisering was in 2012 nog niet zo groot als hij nu is. Maar in 2017 waren die tekenen er toch zeker al wel.

Het is ook niet gek als je bedenkt dat in die tijd de focus lag op het transformeren van een belangrijk deel van de dienstverlening, de komst van decentrale wetgeving en de opzet van de uitvoeringsvorm, de sociale wijkteams. Voor veel bestuurders en beleidsmedewerkers ging daar de energie in zitten: Hoe krijgen we deze klus geklaard? Anders werken, meer samenwerken, maar wel met minder middelen.

Ondertussen ver-digitaliseerde onze maatschappij in een rap tempo. Met de komst van social media en een goed 4G-netwerk kocht bijna iedereen een smartphone of tablet en nam thuis een wifi-abonnement. De nieuwe kansen die dat bood en biedt om dienstverlening te vernieuwen en misschien ook wel (zorg)kosten te helpen besparen, zijn in die transformatie naar mijn idee niet genoeg gezien en benut. Van alles wat je in dit boek tot nu toe hebt gelezen, zie je in de competentiebeschrijvingen niets terug.

- **Niet van deze tijd**

Je gaat dus zoeken naar een speld in een hooiberg, wanneer je in de huidige competentiebeschrijvingen woorden verwacht zoals; social media, digitalisering, e-health, hulp op afstand, onlineprofilering, digitale innovatie, blended werken, digitale vaardigheden, mediawijsheid enzovoort. En dat zijn zaken die er nu al zijn. Laat staan wat er nog op ons af komt aan technologie en hoe je daar als sociaal werker mee om dient te gaan. Het zijn simpelweg nog niet expliciet benoemde competenties of methodieken.

Daarmee zijn competentiebeschrijvingen anno 2019 niet helemaal van deze tijd. Hoe kan dat? Waar is iets blijven liggen, vraag je je af wanneer je kijkt naar de schaal waarop we digitaal zijn gaan leven en werken. Je moet het er voorlopig wel even mee doen.

Toch denk ik dat deze competentiebeschrijvingen wel degelijk een basis leggen voor digitaal sociaal werk. Het 'goud' dat ik in ▶ par. 7.5 al noemde, staat namelijk wel beschreven. Je hoeft als professional niet heel veel anders te kunnen dan wat je nu dagelijks al doet. De competenties sluiten daar prima op aan.

Je hebt er alleen een nieuw en belangrijk stuk gereedschap bij gekregen. Een veelzijdig stuk gereedschap, dat ook. Sommige functies daarvan moet je echt gaan ontdekken. Met digivaardig worden [3] kom je al een heel eind. En die competentiebeschrijvingen waar digitalisering wel in staat, die komen wel een keer.

9.3.3 Competenties Maatschappelijke Ondersteuning

Laten we om te oefenen in creatief digitaal denken één competentiebeschrijving als voorbeeld nemen. Dit zijn de door Sociaal Werk Nederland genoemde en door Movisie opgestelde '*10 competenties*' voor werkers in het sociaal maatschappelijke veld. Ze zijn opgesteld naar aanleiding van de invoering van de Wet maatschappelijke ondersteuning (WMO). Als aanvulling

◘ **Figuur 9.1** Screenshot Competenties Maatschappelijke Ondersteuning

op toen al bestaande beroepsprofielen, om professionals inzicht te geven in wat nodig is om de WMO naar behoren uit te kunnen voeren (sociale wijkteams!). De makers achten de competenties breder van toepassing, ook voor andere werkers in het sociaal domein (◘fig. 9.1).

Het is een helder en hanteerbaar overzicht van tien competenties:

❯ De sociaal werker maatschappelijke ondersteuning:
   1. verheldert vragen en behoeften;
   2. versterkt eigen kracht en zelfregie;
   3. is zichtbaar en gaat op mensen af;
   4. stimuleert verantwoordelijk en oplossingsgericht gedrag;
   5. stuurt aan op betrokkenheid en participatie;
   6. verbindt individuele en gemeenschappelijke vragen en potenties;
   7. werkt samen en versterkt netwerken;
   8. beweegt zich tussen verschillende werelden en culturen;
   9. signaleert en speelt in op veranderingen;
   10. is ondernemend en benut professionele ruimte [4].

Een prachtig rijtje waarin iedereen zich herkent. Maar hier begint het creatief denken. Want wat zegt dit nou over digitaal je werk doen? Het staat er niet letterlijk in. Niks met digitaal of online of virtueel. Daarvoor moet je dus even je digitale bril opzetten. Dat doe je zo. Bedenk bij iedere competentie dit:

❯ Hoe kan digitalisering mij hierbij helpen?

Vooral de competenties 3 (zichtbaar), 6 (verbinden), 7 (netwerken), 8 (leefwerelden), 9 (signaleren) en 10 (ondernemen) kun je door middel van digitalisering invulling geven. Dat zou er dan zo uit kunnen zien:

- Zichtbaar zijn:
  Online zichtbaar zijn op social media bijvoorbeeld, of met een vlog.
- Verbinden:
  Stimuleren dat er buurtalarm-WhatsApp-groepen starten in je wijk.
- Netwerken:
  Via Twitter een rechtsreeks lijntje met de wethouder leggen.
- Leefwerelden:
  Op social media radicalisering onderzoeken.
- Signaleren:
  Wat leeft er in een lokale Facebook-groep en waar kun je op inspelen?
- Ondernemen:
  Een initiatief van een bewoner groter helpen maken met online posts en video's.

Overigens, op pagina 16 van de Competenties Maatschappelijke Ondersteuning staat onder het kopje '*Methodische kennis*' benoemd: '*inzetten van social media.*' Waarmee je dus geacht wordt social media als methodiek te kunnen inzetten. Dat lijkt wat weggestopt in het document, maar het onderstreept wel dat social media een middel is, niet het doel.

- **Normen kwaliteitslabel Sociaal Werk**

Hetzelfde geldt voor het toetsinstrument 'Normen kwaliteitslabel Sociaal Werk' van Sociaal Werk Nederland, dat ik aan het begin noemde. Ook daarin zul je geen directe verwijzing naar digitalisering tegenkomen. En dus moet je zelf weer creatief omgaan met de daarin genoemde normen, zoals ze in dit toetsinstrument heten.

Bij de volgende normen kan ik mij digitaal wel van alles voorstellen:

1. Professionals wegen af welke interventies zij toepassen en welke professionele methoden en technieken zij daarbij gebruiken.
2. Professionals werken aan vernieuwing en verbetering van de dienstverlening.
3. Professionals ontwikkelen hun benodigde competenties en onderhouden hun vakbekwaamheid.
4. Professionals wisselen kennis en leerervaringen uit om zichzelf en het vak te ontwikkelen [2].

Ik noem er een paar, er zijn er meer die ik digitaal wel 'zie gebeuren'.
Zie jij het ook?

9.3.4 Digivaardigheid- en Mediawijsheid-competenties

Een andere invalshoek is niet de kant van het werkveld, maar de digitale kant. En dan komen we uit bij digivaardigheid en mediawijsheid. Ze zijn al eerder voorbijgekomen maar hier zoomen we in op wat dat dan eigenlijk inhoudt, digivaardig en mediawijs zijn? Wat moet je dan kunnen?

9.3 · Functieprofiel en competenties

- **Digivaardigheid**

» Elke keer weer nieuwe vaardigheden moeten leren, zonder dat iemand je kan helpen.

Ik heb te weinig technische kennis van ICT-zaken en leer heel moeilijk. En het via papier leren, lukt ook moeizaam. Ik moet iemand naast me hebben en het honderd keer doen en dan leer ik de handeling uitvoeren.

Digivaardigheid, de vaardigheden om computers en software te bedienen, maar ook om te weten wat er achter de schermen gebeurt met informatie. Dat hoef je gelukkig niet helemaal zelf uit te zoeken. Ook als er niemand is die naast je zit.

Ik noemde het al eerder. Er is sinds 2018 een plek waar je heel uitgebreid ziet wat je moet kunnen om jezelf digivaardig te noemen. Op de site ▶www.digivaardigindezorg.nl is voor het eerst (2018) in kaart gebracht aan welke basiseisen je daarvoor moet voldoen. Ze zijn opgesteld door 's Heeren Loo.

Alleen al de basisvaardigheden beslaan drie A4'tjes. En dan hebben we het nog niet over de aparte vereisten voor het professioneel kunnen hanteren van social media, privacy, apps en domotica. Om je toch een indruk te geven zie je hieronder hoe gedetailleerd de vereisten zijn:

> Ik kan een afbeelding van internet opslaan.
> Ik gebruik de basisfunctionaliteiten van een internetbrowser.
> Ik kan een nieuwe webpagina openen naast de huidige pagina.
> Ik kan een link van een website kopiëren en delen met anderen.
> Ik gebruik de zoekfunctie binnen bestanden.
> Ik gebruik een zoekmachine op internet.
> Ik weet hoe je een advertentie kunt herkennen in Google-zoekresultaten.
> Ik kan een reclamemail van een functionele mail onderscheiden.
> Ik kan bepalen of de benodigde informatie betrouwbaar en juist is.
> Ik weet wat een DigiD is.
> Ik krijg met mijn persoonlijk DigiD toegang tot verschillende belangrijke pagina's.
> Ik kan zowel thuis als op het werk inloggen op de portal.
> Ik weet wat opslaan in de Cloud betekent.
> Ik weet dat ik persoonsgegevens van cliënten niet op de harde schijf van de pc mag opslaan. Ik weet dat ik persoonsgegevens van cliënten niet via e-mail, sms of WhatsApp mag delen.
> Ik kan uitleggen wat een virus is.
> Ik kan een virusscanner gebruiken.
> Ik kan een SPAM-mail herkennen.
> Ik herken een phishingmail en weet wat ik daarmee moet doen.
> Ik kan cliënten in het gebruik van social media met inachtneming van hun behoefte aan autonomie en bescherming ondersteunen.
> Ik weet hoe ik een veilig wachtwoord kan aanmaken.
> Ik weet wanneer een wachtwoord een sterk wachtwoord is.
> Ik kan inloggen met een veilige inlognaam en wachtwoord en uitloggen.
> Ik weet hoe ik een wachtwoord moet bewaren.

Ik weet hoe ik informatie over cliënten met interne partners mag delen.
Ik weet hoe ik informatie over cliënten met externe partners mag delen.
Ik weet hoe ik digitaal met verwanten mag communiceren.
Ik weet hoe ik digitaal met cliënten mag communiceren.
Ik weet dat de digitale ontwikkeling doorgaat. Ik zorg ervoor dat ik hierin mee ga.
Ik weet waar ik hulp kan vragen bij digitale vraagstukken.

En zo gaat het maar door. Letterlijk honderden vereisten! Wat een contrast met de competentieprofielen waarmee we het in het sociaal werk moeten doen. Digivaardigheid is echt niet iets waar je te licht over moet denken. Je hoeft ook niet alles te kunnen, maar in ons werk en in ons dagelijks leven hebben we er wel veel van nodig om te kunnen functioneren. Hoe scoor jij op dit 'kleine' rijtje?

Ter geruststelling twee dingen:
A. Bij 's Heeren Loo gelden deze vereisten voor alle medewerkers, dus ook voor de hoogste baas. En die gaf toe ook lang niet overal in thuis te zijn en ging op cursus.
B. Ik verklap alvast dat ergens in 2019 of 2020 de site ▶ www.digivaardigindezorg.nl aangepast gaat worden voor gebruik binnen het sociaal domein.

■ Mediawijsheid

Dan de mediawijsheid-competenties. Die overlappen met de vorige maar zijn (gelukkig?) een stuk korter. Mediawijzer.net ontwikkelde het Mediawijsheid Competentiemodel. Dit model kent toevallig ook tien competenties:

- Inzicht hebben in medialisering van de samenleving
- Begrijpen hoe media worden gemaakt
- Zien hoe media de werkelijkheid kleuren
- Apparaten, software en toepassingen gebruiken
- Oriënteren binnen mediaomgevingen
- Informatie vinden en verwerken
- Content creëren
- Participeren in sociale netwerken
- Reflecteren op het eigen mediagebruik
- Doelen realiseren met media [5]

Het lijstje is dan wel stukken korter, maar als je hiervan de consequenties bedenkt, merk je dat ook dit best een kluif is. Hier gaat het bovendien niet alleen om je eigen competenties. Je wordt ook aangesproken op de ondersteunende rol die je als professional hebt voor je doelgroep. Hieruit volgt namelijk dat jij in staat zult zijn bij te dragen aan het verkleinen van de digitale kloof. Jij kunt je doelgroepen leren hun weg te vinden op de digitale snelweg en je weet ze ook bij te brengen waar ze dan voor moeten oppassen.

9.4 Een leven lang leren

» Ik gebruik, behalve e-mail, eigenlijk geen social media (meer). Facebook heb ik gestopt, met name ook vanwege die schandalen. Dan is er nog LinkedIn en Twitter. Ik zit daar wel op, maar doe er nauwelijks iets mee wat mijns inziens echt relevant zou kunnen zijn.

9.4 · Een leven lang leren

Mijn grootste probleem daarbij is dat ik voor die beide media 'hartstikke groen' ben en nooit stap voor stap bij de hand genomen ben (er eerlijk gezegd ook nooit werk van heb gemaakt door een cursus te volgen). Zodat ik m'n 'coulissen niet goed geplaatst krijg', laat staan gericht overkom waar en bij wie ik dat zou willen.

Pfff. Dat is nogal wat, hè? Om als werknemer inzetbaar te blijven in een werkomgeving die digitaliseert en meer technologie gebruikt, is het dus belangrijk om op tijd bij te leren. Alleen: leren staat onder druk, want daar is tijd voor nodig. Met een krimpende arbeidsmarkt blijven vacatures langer openstaan. Het personeelsbestand vergrijst. Bij ziekte ontstaan gaten in de bezetting en dus in de dienstverlening. Het sociaal domein is mensenwerk. Wanneer er een mens uitvalt, is dat gat niet zomaar opgevuld.

Door bij te leren heb je de kans met technologie misschien dat ontstane gat te verkleinen. Technologie kan het werk lichter maken. Hetzelfde werk blijven doen maar makkelijker, zodat er tijd overblijft voor menselijke aandacht. Of hetzelfde werk blijven doen maar makkelijker, zodat het ook met minder personele inzet kan. Dat zijn beleidskeuzes die nu actueel zijn.

Bijleren is cruciaal. Zeker op het gebied van toegepaste digitalisering. Er is zo veel in ontwikkeling en het gaat zo snel. Met af en toe een artikeltje of boek lezen ben je er niet.

■ Bijleren

Het onderwijs en het Rijk zijn de bouwstenen aan het leggen voor het bijleren. Onderwijs heeft een grote rol in het aanleren van vaardigheden die de rijksoverheid stimuleert met 'een leven lang leren.' Om iedereen die kan werken weer aan het werk te krijgen en ook aan het werk te houden. Hoe oud je ook bent en of je nou ervaren bent of niet.

Volgens de Onderwijsraad gaat het bij een leven lang leren om een aantal acties voor verschillende groepen:

- reparatie:
  inhalen, de groep die geen opleiding heeft gevolgd op jonge leeftijd, moet dat later kunnen inhalen;
- wisseling in loopbaan:
  de groep die er pas op latere leeftijd achter komt dat hij iets anders wil doen of talenten ontdekt, moet een opleiding kunnen volgen om te kunnen switchen;
- bij de tijd blijven en vooruitkomen in de samenleving:
  de groep volwassenen die hun kennis en competenties actueel kunnen houden om zo hun arbeidsmarktpositie op peil te houden en te werken aan verbetering van hun positie;
- sociaal-culturele en persoonlijke functie:
  de groep mensen die niet alleen leren voor hun arbeidsloopbaan, maar ook om zich in algemene zin te blijven ontwikkelen [6].

Ook in het sociaal domein is een leven lang leren relevant. Er dreigt in zorg en welzijn een enorm arbeidstekort en iedereen die iets met arbeidsmarktontwikkeling te maken heeft, is er druk mee bezig dat tekort zo klein mogelijk te houden. Deze opsomming van groepen geeft in ieder geval inzicht in om wie het gaat en ook enig inzicht in wat zij nodig hebben. Het aanleren van digitale vaardigheden speelt bij alle vier groepen een rol.

In het aantrekken van nieuwe mensen en het vasthouden van bestaande medewerkers zie je steeds vaker aandacht voor digitale vaardigheden. Vanuit arbeidsmarktperspectief is digitalisering niet meer weg te denken. In sociale opleidingen wordt onderzoek naar sociale technologie gedaan en raakt dit onderwerp meer en meer verweven in de dagelijkse leerstof van studenten. In plaats van dat het een apart keuzevak is. Nog niet overal, maar dat komt.

En mondjesmaat zie je dat de overheid ook stimuleert dat huidige medewerkers en zijinstromers getraind worden in digitale vaardigheden. Er komt geld vrij voor bijscholing. Dat zie je met name in de zorg, waar de nood hoog is en de digitale vaardigheden van professionals achterblijven bij wat nodig is. Er zijn dus hoopvolle bewegingen gaande die straks moeten zorgen dat het sociaal domein ook digitaal kan meepraten in de maatschappij.

Houd hiervoor deze beweging in de gaten: Digivaardig in de zorg, vanuit het Electronic Commerce Platform (ECP). De al eerder genoemde en gelijknamige site is daar het meest tastbare bewijs van. Er verschijnen ook blogs en artikelen en jaarlijks organiseert deze beweging meerdere werkconferenties waaraan iedereen kan meedoen die zich betrokken voelt.

9.4.1 De 21st century skills

De geschetste eigenschappen in het profiel voor de digitaal sociaal werker hebben wel wat weg van de 21st century skills, of 21^e-eeuwse vaardigheden. Die vaardigheden heb je nodig om ook in de toekomst een plek op de arbeidsmarkt te vinden en aan het werk te blijven.

In het onderwijs zie je daarom dat deze skills steeds vaker het uitgangspunt zijn waarmee de lessen samengesteld en uitgevoerd worden. Scholen willen leerlingen natuurlijk zo goed mogelijk op hun toekomst voorbereiden.

21st century skills is een verzamelterm voor een aantal algemene competenties die belangrijk zijn in de huidige kennis- en netwerksamenleving. Deze vaardigheden zijn:

- kritisch denken;
- creatief denken;
- probleem oplossen;
- 'computational thinking';
- informatievaardigheden;
- ICT-basisvaardigheden;
- mediawijsheid;
- communiceren;
- samenwerken;
- sociale en culturele vaardigheden (burgerschap);
- zelfregulering [7].

Een paar van deze vaardigheden zijn overduidelijk gekoppeld aan digitalisering en technologie. Maar die anderen ook, als je even doordenkt. Door creatief samen te werken en daarbij kritisch te denken kun je waarschijnlijk een probleem beter oplossen, misschien wel met de inzet van technologie!

De mondige klant heeft een belangrijke rol in het vormgeven van dienstverlening en ook in de keuze voor wáár die dienstverlening afgenomen wordt. Hoe je werkt, ligt daardoor dus minder vast in opdrachten, competenties en werkplannen, je (digitale) vaardigheden en houding zijn misschien wel belangrijker aan het worden.

9.5 Een training volgen?

Veel sociaal-werkorganisaties zijn zoekend hoe ze zich het beste kunnen profileren en zich stevig kunnen neer zetten in hun werkgebied. En sociaal werkers zelf zoeken naar wat digitalisering voor hen kan betekenen. Social media hoort daar natuurlijk bij. We hebben al gezien dat niet iedere medewerker even digivaardig is.

Een incompany training of een workshop volgen is dan wellicht een goed idee. Je creëert daarmee een moment dat sociaal werkers worden geïntroduceerd in de mogelijkheden van digitaal werken en social media. Zij krijgen inzicht in het belang hiervan, afgestemd op hun dagelijkse werksituatie. Volop inspiratie, bruikbare tips en handige tools, die dagelijks toepasbaar zijn. En ze worden uitgedaagd hier direct mee aan de slag te gaan. Je zou er bijvoorbeeld twee dagdelen voor kunnen uittrekken:

Dagdeel 1, een introductie in social media. Wat zijn social media, welke kant gaat het op én wat is de koppeling met sociaal werk? Deelnemers krijgen inspiratie met betrekking tot hun werkzaamheden. Daarna gaan ze zelf oefenen en uitproberen.
- Een kennismaking met actuele social media en digitale ontwikkelingen.
- Een koppeling met sociaal werk van nu en in 2025.
- De negen urgente redenen om digitaal te gaan werken.
- Waarom hoort dit bij je functie van sociaal werker?
- Wat zijn de kenmerken van de diverse platformen?
- Welke social media kun je gebruiken en waarvoor? En waarvoor niet?
- Welk doel heb je met de inzet van social media?
- Wie is jouw doelgroep? Waar is die te vinden?
- Hoe zet je social media in om zichtbaar te worden?
- Waar haal je inspiratie voor berichten vandaan (mediamomentjes)?
- Hoe krijg de juiste mensen als volgers? En hoe bereik je ze?
- Invullen van de Checklist Social Media Focus*
- Oefenopdracht voor op de werkvloer

Dagdeel 2 is een vervolg. Deelnemers verdiepen zich in de toegevoegde waarde voor het werk. Het doel is professionele en praktische borging. Deelnemers krijgen reflectie op de uitgevoerde opdracht, gaan bijstellen en bedenken toepassingen van social media in werkverband. Idealiter zitten er twee weken tussen het eerste en het tweede dagdeel.
- Feedback op de uitgevoerde opdrachten van de deelnemers.
- Wat heb je gedaan? Wat was het effect? Wat kun je vaker doen?
- Koppeling met ieders werkplan en de burgers in de wijken.
- Wat is je vervolgstap/actieplan? Individueel of als team?
- Een biografie optimaliseren.
- Verdieping van de functies en knoppen van betreffende social-mediaplatformen.
- Hoe ga je om met vriendschapsverzoeken?
- Hoe ga je om met de scheiding van werk en privé?
- Hoe houd je je berichten aantrekkelijk?
- De Content-matrix* invullen.
- Tijd besparen met social media door berichten op te stellen en in te plannen.
- Ingaan op vragen.

* De Checklist Social Media Focus is een korte vragenlijst waarmee de deelnemers antwoord geven op vragen als wie, waarom, waarop en welke vorm. Dit ondersteund de strategische inzet van social media en maakt het haalbaar.

* De Content-matrix is een hulpmiddel waarmee gemakkelijk structureel inspiratie voor het opstellen berichten voorhanden is.

* Beide zijn door Welzijn 3.0 ontwikkelde hulpmiddelen, gericht op praktisch gebruik van social media door sociaal werkers.

- **Meer over de aanpak van Welzijn 3.0**

Zo'n training is altijd maatwerk, afgestemd op jullie wensen en behoeften. Het is dus geen standaardverhaal over social media, dat iedereen zou kunnen houden. De training sluit zo veel mogelijk aan bij jullie realiteit en gaat daarbij altijd uit van de context waarin je als sociaal werker acteert.

Wanneer je mij hiervoor inschakelt, krijg je bovendien en ervaren sociaal werker en dat sluit goed aan op de deelnemers. Andere commerciële social-media- en digivaardigheidtrainingen worden vaak gegeven door marketeers, reclamebureaus en zelfstandig communicatieadviseurs, maar zij missen vaak de aansluiting en de taal van het sociaal werk. Daarmee is mijn training uniek in Nederland.

Ik neem bovendien ook jullie huidige onlineprofilering onder de loep: website, social-media-accounts, intensiteit van de inzet daarvan, vormgeving, eenduidigheid en andere factoren. Mijn bevindingen geef ik in de training terug als leerpunten, waardoor de training direct gaat over jullie huidige praktijk en daarmee effectiever is. Ik probeer in de korte contacttijd toch zo veel mogelijk borging te stimuleren.

Het is tijdens de training een meerwaarde dat er een leidinggevende meedoet, omdat in de discussies vaak zaken boven tafel komen die beleidsmatig toegelicht of beantwoord moeten worden. Niet zelden is de training aanleiding om later, in teamoverleg, nog eens wat dieper op geconstateerde punten door te praten.

Het kan dan gaan over het social-mediabeleid of de social-mediastrategie van de hele organisatie. Misschien is het nodig dat iedere medewerker een langere periode gecoacht wordt in het ontdekken en uitproberen van digitale kansen, Ook daar kan ik een rol spelen, maar dat valt dan buiten de opzet van deze training.

9.5.1 Aanbod voor lezers

Het is geweldig dat je ervoor hebt gekozen dit boek te lezen. Je hebt dus iets met dit onderwerp en wilde daar meer over weten. Ik hoop dat je er veel aan hebt. Ik wil je voor het aanschaffen van dit boek belonen. Mocht je hierna besluiten om:

A. een incompany training voor jou en je collega's van mij af te nemen, of
B. je aan te melden voor een training met open inschrijving in een groepje ...

Op mijn website zet ik ergens een unieke code die recht geeft op 15 % korting bij een boeking van een training van twee dagdelen, zoals hierboven beschreven. Om op de pagina te kunnen komen waar deze aanbieding staat, moet jij je alleen even aanmelden. Kijk op ▶www.welzijn30.nl [8].

Je krijgt aan het eind van je aanmelding de link gemaild naar de beveiligde pagina, en een code om die te kunnen openen. Volg de stappen die daar staan om voor de korting in aanmerking te komen.

Bronnen

1. Over Kwaliteitslabel Sociaal Werk, op de site van Sociaal Werk Nederland ▶ https://www.sociaalwerknederland.nl/voor-leden/kwaliteitslabel-sociaal-werk.
2. Normen Kwaliteitslabel Sociaal Werk ▶ https://www.sociaalwerknederland.nl/?file=14374&m=1490789921&action=file.download.
3. Digivaardig worden ▶ www.digivaardigindezorg.nl.
4. Competenties Maatschappelijke Ondersteuning, Movisie ▶ https://www.sociaalwerknederland.nl/?file=13769&m=1480592403&action=file.download.
5. Mediawijsheid-competenties ▶ https://www.mediawijsheid.nl.
6. De Onderwijsraad ▶ https://www.onderwijsraad.nl/dossiers/een-leven-lang-leren/item135.
7. 21th century skills ▶ https://wij-leren.nl/21st-century-skills.php.
8. Aanbieding voor lezers ▶ https://www.welzijn30.nl/aanmelden/.

De toekomst van werken in het sociaal domein

Samenvatting

De digitale transitie is gaande en zal ook niet verdwijnen. Ze is de hype voorbij en verdient structurele aandacht in het sociaal werk. Bovendien is digitaal gaan werken urgent binnen de sector. Om negen redenen: aansluiten bij een digitale context, blijven aansluiten als beroepsgroep, doelgroepen ondersteunen bij participatie, grote maatschappelijke problemen meehelpen oplossen, aansluiten op de zorg die met digitale technologie de wijk in komt, duurzaam inzetbaar zijn als individuele professional, zorgen voor innovatie van dienstverlening, omgaan met de digitale kloof en het ontstaan van digitaal gerelateerde hulpvragen. De digitale transitie roept wel vragen op. Sociaal werkers zijn nog niet gewend aan digitaal werken. Toch sluit digitaal werken naadloos aan op het sociaal werk. De digitale transitie is een blijvertje.

10.1 Inleiding – 174

10.2 De digitale transitie is gaande – 174

10.3 De digitale transitie roept vragen op – 174

10.4 De digitale transitie is urgent – 175

10.5 De digitale transitie past naadloos op het sociaal werk – 176

10.6 De digitale transitie is een blijvertje – 177

© Bohn Stafleu van Loghum is een imprint van Springer Media B.V., onderdeel van Springer Nature 2019
H. Versteegh, *Digivaardig sociaal werk*, https://doi.org/10.1007/978-90-368-2351-7_10

10.1 Inleiding

Je hebt in dit boek gezien dat er een digitale beweging op gang is gekomen binnen het sociale werkveld die niet meer te stoppen is. De toekomst van het sociaal werk zal misschien niet geheel digitaal zijn, maar het sociaal werk zal wel steeds meer leunen op digitale middelen. Digitalisering van het sociaal werk is gaande, het is urgent, het is veelzijdig in doel en verschijningsvorm. Hoewel sociaal werkers eraan moeten wennen past het eigenlijk prima, is het bruikbaar voor de sociaal werkers zelf, maar ook om problemen van klanten mee op te lossen. Natuurlijk roept digitaal werken wel vragen op en moet je je zaakjes goed regelen, maar digitalisering is een blijvertje (fig. 10.1).

10.2 De digitale transitie is gaande

In het bedrijfsleven is de digitale transitie een bekend fenomeen. Er wordt veel aandacht aan digitalisering gegeven, omdat ze direct het primair (verkoop)proces raakt en alles erop gericht is de klant tevreden te houden. Dat als belangrijkste focus houden, en kunnen inspelen op de wensen van die (veeleisende) klant, heeft ook gevolgen voor hoe digitalisering de organisatiestructuur en werkprosessen beïnvloedt.

Digitalisering moet op het moment dat het de koper uitkomt beschikbaar zijn, moet snel geleverd worden, moet vlekkeloos gaan, gemakkelijk te gebruiken zijn en als het kan ook nog een beetje leuk gebeuren. Kijk maar eens goed hoe je bij een grote webwinkel producten bestelt. Alles is gedaan om het jou naar de zin te maken, tot in je huis desnoods.

Dit speelt minder in het sociaal domein. De hazen lopen er natuurlijk ook iets anders. Verkopen en winst maken zijn hier niet de focus. Mensen helpen en verantwoord met geld omgaan zijn dat wel. Dus in die zin is klanttevredenheid wel belangrijk. Eigenlijk zou het nog veel belangrijker moeten zijn, omdat onze klanten vaak in een afhankelijke relatie met ons zitten. En niet even bij een andere aanbieder kunnen shoppen, zoals je dat met webwinkels wel kunt.

Digitalisering is een middel om hieraan te werken. Ze biedt ook veel gemak voor onze klanten, die dezelfde service zoeken die ze in het bedrijfsleven wel krijgen. Je ziet dezelfde eisen ook steeds vaker terug in digitale oplossingen voor het sociaal domein. Met allerlei vormen van sociale technologie, in apps, tools, platformen, websites en, vanuit de zorg, met apparatuur, is digitalisering het vak van de sociaal werker binnengekomen. Of zeker dicht genaderd.

Veel sociaal werkers bezitten een smartphone of krijgen die van hun werkgever. Soms ook een tablet. Laptops zijn gemeengoed geworden. Wifi is aanwezig op kantoor. G4 biedt een alternatief als je buiten de deur bent. Daarmee is het gereedschap aanwezig om digitaal te gaan werken. En dat gebeurt ook. Je hebt daar al veel voorbeelden van gezien in dit boek.

De digitale transitie is daarmee iets wat niet van de toekomst is, maar nu al speelt. Alleen hoor je er nog niet zoveel van. En wat je hoort, stelt niet erg gerust.

10.3 De digitale transitie roept vragen op

In het sociaal werk en in het bredere sociaal domein werken mensen die graag met mensen werken. Je hebt niet gekozen voor een technisch vak, of voor een beroep waarmee je veel geld verdient als je hard en slim werkt. Technologie is niet je eerste natuur. En dan hoor je ook nog eens al die berichten die het ergste doen vermoeden. Nee, bedankt.

Figuur 10.1 Think digital first

Toch komt de digitale transitie op je af en moet je er wat mee. Je wordt steeds meer geacht digivaardig te worden. En digivaardig zijn helpt echt. Je bent dan beter in staat om in te schatten wat de uitwerking van een technologische innovatie in jouw werksituatie met zich meebrengt. Zowel de voordelen als de nadelen. Een digivaardige professional weet die beide te benoemen en zorgt dat het netjes ingeregeld wordt. Je bent in staat knelpunten te adresseren en mee te helpen ze op te lossen.

Wanneer kaders vanuit de organisatie – zoals een social-mediabeleid – ontbreken, ben jij in staat daar een impuls aan te geven. Je bent je ook bewust van de ethische vragen (Kan dit zo wel? En welke garanties zijn er voor de privacy van mijn doelgroep en mijzelf?).

Alles wat nieuw is, vraagt gewenning. Hopelijk geeft dit boek je houvast bij de vragen die jij hebt en de knelpunten die jij bent tegengekomen. Want digitalisering gaat zeker een deel van de toekomst van je werk zijn.

10.4 De digitale transitie is urgent

Ik roep ze nog maar even terug in je herinnering, de negen urgente redenen waarom je aan de slag moet met de digitale transitie, uit ▶H. 2:
- Aansluiten bij een digitale context;
- Blijven aansluiten als beroepsgroep;
- Doelgroepen ondersteunen bij participatie;
- Grote maatschappelijke problemen meehelpen oplossen;
- Aansluiten op de zorg die met digitale technologie de wijk in komt;

- Duurzaam inzetbaar zijn als individuele professional;
- Zorgen voor innovatie van dienstverlening;
- Omgaan met de digitale kloof;
- Omgaan met het ontstaan van digitaal gerelateerde hulpvragen.

De digitale transitie is een veelzijdig fenomeen. Net als de vele verschijningsvormen die we zagen in ▶H. 6, zijn ook de redenen om er serieus naar te kijken verschillend. Dat maakt het ook een beetje ongrijpbaar; waar moet je beginnen?

Je weet tegelijk dat in de hele wereld om je heen digitalisering niet meer weg te denken is. Er zijn collega's die niet anders weten dan dat het internet er was, collega die daar gebruik van (wensen te) maken in hun werk. Wat zegt dat over de toekomst? Ik denk zelf dat we nog maar aan het begin staan. De urgente redenen zijn vliegwielen om in de sociale sector te zoeken naar nieuwe innovatieve dienstverlening. En ja, dat vraagt natuurlijk ook wat van de vaardigheden van de mensen die het werk doen.

Het is een complexe wisselwerking van innovatie gericht op maatschappelijke problemen en de manier waarop je als sociaal werker je werk doet en van betekenis bent. Digitalisering ondersteunt en maakt mogelijk. Biedt nieuwe kansen, is ook leuk en spannend. Maar veroorzaakt ook nieuwe hulpvragen en maatschappelijke problemen. Dit alles komt samen in jou, als sociaal werker. Jij moet er maar mee zien om te gaan. Nu en in de toekomst.

10.5 De digitale transitie past naadloos op het sociaal werk

Gelukkig weet je nu ook dat het bij je past. Niet dat je een kameleon bent die altijd van kleur meeverandert met de omgeving (dat is wel zo, maar daar gaat het hier niet om). Digitalisering past bij je omdat je al over de basis beschikt om ermee om te gaan. Ook daarom zal digitaal werken onderdeel van de toekomst van je vak zijn.

De quotes van sociaal werkers, die je in het hele boek tegenkwam, geven een mooi idee, uit de eerste hand, van de vragen waar sociaal werkers mee te maken krijgen wanneer ze digitaal willen werken. Uit sommige ingestuurde vragen blijkt een enorme worsteling. Uit andere een soort gelatenheid. Weer andere laten zien dat sociaal werkers proberen er het beste van te maken.

Maar je ziet ook dat er met technologie nieuwe oplossingen gevonden worden voor problemen van klanten en nieuwe manieren voor het vergemakkelijken van je werk. De digitale transitie heeft als rode draad dat ze heel praktisch van aard is en vaak direct te maken heeft met de dienstverlening aan doelgroepen.

Punten die heel dicht bij de (persoon van de) sociale professional staan. Ik zou zeggen: kijk wat voor jou relevant is en ga experimenteren met hoe digitalisering je kan helpen. Het is een andere manier van kijken naar je werk. Zet die digitale bril eens op. Ga uit van 'digital first.' Kan het ook bij jou anders? Beter?

- **Gemotiveerd worden**

Een digitale transitie is iets van de lange adem. Je moet het dus lang volhouden en tegen een stootje kunnen. Niet iedereen in je omgeving zal enthousiast zijn over nieuwe digitale ontwikkelingen. Dus moet je van jezelf weten waar jij je energie uit haalt. Wat motiveert jou om digitaal te gaan? Zet dat in een plan en laat het aan anderen lezen, ga ermee naar je leidinggevende. Probeer gelijkgestemden om je heen te verzamelen die mee willen doen. Stel samen leerdoelen op en ga aan de slag.

- **Bewust onbekwaam**

Vinden jij en je collega's dat je in staat bent met de nieuwe technologie te werken? Of bestaat daarover twijfel? Wanneer sociaal werkers 'bewust onbekwaam' zijn betekent dit dat ze wel willen, maar niet kunnen. Of dat ze daar steun bij nodig hebben. Ze moeten getraind worden, er moet een achterwacht zijn voor als ze in de problemen komen, er moet regelmatig gereflecteerd worden op hoe het nou gaat. Training en intervisie zorgen voor een veilig klimaat. En dan lukt het wel, dan zetten sociaal werkers heus wel stappen. Mocht het nodig zijn, dan kan ik je daarin helpen.

10.6 De digitale transitie is een blijvertje

Alles overziend kun je niet anders dan deze conclusie trekken: digitalisering is gaande en de tijd is er rijp voor om als sociaal werk een stevig standpunt in te nemen over de digitale transitie.

Digitalisering moet je niet sluipenderwijs het dagelijks werk in laten komen. Je moet het initiatief naar je toe trekken en er gericht aandacht aan besteden. Niet afwachten wat er naar je toe geworpen wordt, maar zelf actief zoeken naar de betekenis in jouw werk, voor jouw organisatie en voor jouw klanten. Waar liggen de mogelijkheden? Aan welke hobbels moet je nog werken?

Er ligt een opgave om:
A. het sociaal werk zelf digivaardig te maken;
B. het sociaal werk te faciliteren om blijvend kwetsbare burgers te kunnen ondersteunen in hun – digitale – participatie;
C. het sociaal werk relevant te laten blijven in de digitale samenleving.

Want weet je het nog?

> Ben jij degene die eet, of word je gegeten?

Bijlagen

Bijlage 1. Het model Pondres – 180

Bijlage 2. De Digitale Wijkstarter – 183

Bijlage 3. Oefening in kijken naar je werk – 186

Bijlage 4. Online-basistraining social media voor sociaal werkers – 189

Met dank aan – 191

Over de auteur – 194

Register – 195

© Bohn Stafleu van Loghum is een imprint van Springer Media B.V., onderdeel van Springer Nature 2019
H. Versteegh, *Digivaardig sociaal werk*, https://doi.org/10.1007/978-90-368-2351-7

Bijlage 1. Het model Pondres

Wanneer je digitaal innoveert, kom je een keer op het punt dat je moet implementeren. Daar zijn boeken over volgeschreven. Er is één model dat ik zelf vaak gebruik. Het model Pondres.

Het Social Strategy Model van Pondres, is ontwikkeld door Sjef Kerkhofs. Van de verschillende social-mediastrategiemodellen die er zijn, is dit de meest overzichtelijke. Ik gebruik het in mijn trainingen om deelnemers een goede social-mediastrategie te laten opzetten. Daar is dit model voor bedoeld. Maar het is ook bruikbaar voor algehele technologische innovatie. Aan het begin van een innovatieproces helpt dit model om de juiste stappen te maken. Wanneer resultaten uitblijven, kan het goed zijn om eens stil te staan bij de fases in dit model. Je hebt dan in ieder geval niets overgeslagen (fig. b1.1).

Het Social Strategy Model is een cirkel met acht stappen. Met als uitkomst de implementatie van, in dit geval, social media in je organisatie. Je begint bij de basis. De basis (in het midden van de cirkel) is de interne organisatie (het DNA). Wat zijn de producten, diensten? Hoe zit de interne organisatie in elkaar, wie werken er en wat is de cultuur? En wat zijn de missie, visie en strategie?

Stap 1: Nulmeting

Marketing begint bij marktonderzoek en analyse. Wat is de positie van de organisatie in het krachtenveld? Wat gebeurt er om de organisatie heen, welke ontwikkelingen zie je?

Stap 2: Probleemstelling

Wat is het probleem dat aangepakt moet worden? Wat moet anders? Waar liggen tekortkomingen?

Stap 3: Doelstellingen

Welk doel moet bereikt worden door middel van digitalisering/social-media-inzet? In het sociaal domein hebben we geleerd dat de doelen ook nog eens SMART geformuleerd moeten zijn:
- *Specifiek* – Is de doelstelling eenduidig?
- *Meetbaar* – Onder welke (meetbare/observeerbare) voorwaarden is het doel bereikt?
- *Acceptabel* – Zijn deze doelen acceptabel voor de doelgroep en/of het management?
- *Realistisch* – Is het doel haalbaar?
- *Tijdgebonden* – Wanneer (in de tijd) moet het doel bereikt zijn?

Stap 4: Doelgroep

Wie is de doelgroep, wat doet deze online? Wat zijn kenmerken van deze groep? Maak dan verschillende persona's waar de kenmerken teruggebracht worden tot een fictief persoon, die je voor je kunt zien staan. Wat zou die persoon van jou kunnen verwachten door digitaal te gaan werken? Wat schiet die persoon ermee op? Ga in gesprek met je doelgroep, kijk mee bij wat de leden van deze groep online doen. Waar, op welke social media en andere digitale community's zijn ze digitaal te vinden? Welke apparatuur zou hen kunnen helpen?

Bijlage 1. Het model Pondres

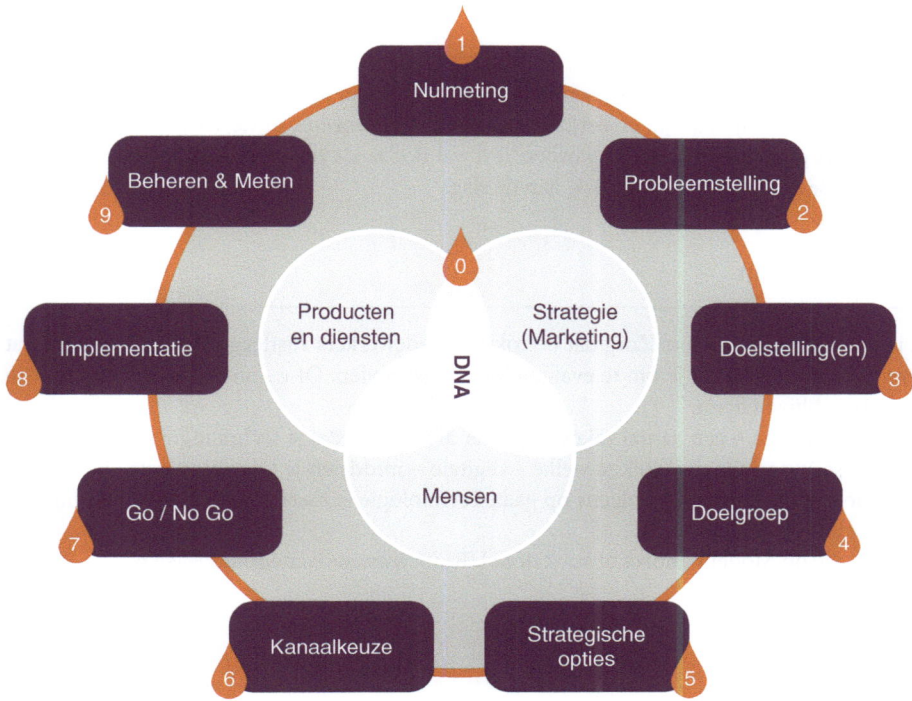

Figuur b1.1 Social Strategy Model van Pondres

Stap 5: Strategische opties/ideeën verzamelen

Kijk nu eens wat je hebt verzameld. Welke kant gaat dit op? Is er een plan van te maken? Wat zijn mogelijkheden die je ziet ontstaan? Waar liggen kansen? Wat is daarvoor nodig?

Stap 6: Kanaalkeuze

Hier ga je pas kijken op welke social-mediaplatformen je actief gaat worden, of welke digitale middelen je gaat inzetten. Ze zijn dus duidelijk niet het doel, maar een middel om te komen tot ...

Stap 7: Go/no go-moment

Voordat je echt mensen, tijd en geld vrijmaakt en dus een grotere investering doet, is het goed even een pas op de plaats te maken. Verwacht je eruit te halen wat je aan het begin voor ogen had? En ga je ermee door? Of is dit het moment om te stoppen?

Stap 8: Implementatie

Wanneer je doorgaat, moet je de organisatie erin mee krijgen. Dat kan betekenen dat je een goede projectleider nodig hebt, dat je vrije ruimte creëert, dat je iedereen meeneemt in de voortgang. Misschien moeten er medewerkers getraind en begeleid worden? En wat doe je als er problemen ontstaan? Hoe los je die op? En in deze fase ga je dus ook 'volle bak' aan de slag.

Stap 9: Beheer en meten

Als laatste kijk je wat de resultaten zijn. Zorg dat betrokken medewerkers vastleggen wat ze doen en wat eruit komt. Deze informatie gebruik je om te evalueren en bij te stellen. Of … om de cyclus opnieuw in te gaan om het juiste te blijven doen.

Eerst ga je dus in stap 5 en 6 een aantal zaken na die er al zijn voordat je technologie inbrengt in het model. Dat zijn de fases waarin je gaat kijken welke – digitale – middelen je kunt gaan gebruiken. Deze middelen bepalen ook welke kant je vervolgens op gaat. Technologie is hierin dus duidelijk een middel, niet het hoofddoel.

Meer weten? Google op Model Pondres of zoek deze URL: ▶www.socialmediamodellen.nl.

Bijlage 2. De Digitale Wijkstarter

Wijkgerichte digitale participatie van inwoners en professionals? Kan dat? Vanuit de overheid is digitaal burgerschap een gewenste situatie. Burgers die digitaal goed onderlegd zijn en daarmee bijdragen aan hun participatie. Sociale professionals voor wie digitaal werken nog wel eens een uitdaging vormt. Zou er iets te bedenken zijn om op wijkniveau deze twee groepen samen te brengen en ze samen te laten ontwikkelen?

Uitgangspunten

1. Samen digitaliseren is leuk.
2. Je hebt er ook echt iets aan.
3. Je leert elkaar beter kennen.

Doelen

1. Digitaal burgerschap

'Digitaal burgerschap kan worden omschreven als de bereidheid en het vermogen van inwoners om in de onlineomgeving actief en democratisch te participeren. Vaardigheden en een houding ontwikkelen waardoor ze zowel offline als online actief deel van de maatschappij kunnen uitmaken. Openstaan voor opvattingen van anderen en het kritisch kunnen beoordelen van informatie en je eigen mediagebruik.'

2. Digivaardig worden

Gemeenten willen dat hun burgers digitaal geletterd zijn en maatschappelijk participeren.

Organisaties willen dat hun medewerkers de vaardigheden ontwikkelen om digitale middelen in te zetten, om de dienstverlening aan te laten sluiten op de behoefte van de doelgroep en om efficiënter te werken.

3. Verbetering van de leefomgeving

Samen werken aan een urgent maatschappelijk probleem dat zich op wijkniveau manifesteert, door het gezamenlijk (mede) inzetten van digitale middelen. De Digitale Wijkstarter is het vliegwiel dat het gesprek en de beweging op gang brengt waarmee het maatschappelijke probleem aangepakt gaat worden.

Aanpak

De Digitale Wijkstarter neemt de wijk als uitgangspunt. In verschillende sessies worden inwoners en professionals zich bewust van hun eigen wensen en behoeften en die van de ander. Uiteindelijk leidt dat tot een afgewogen plan van aanpak waarbij het grote verschil met andere plannen is dat in het Digitale Wijkstart-plan uitdrukkelijk ook digitale middelen ingezet gaan worden.

Verbinden van offline en online

- Ethiek: wat vinden we online acceptabele, publieke waarden?
- Digitale geletterdheid: weten we wat online zijn betekent?
- Participatie en betrokkenheid: kunnen we digitaal meedoen (ook digitale starters) en kunnen we elkaar vinden?
- Weerbaarheid: zijn we in staat online constructief te reageren op de ander en om te gaan met groepsdruk en *fake news*?

Voorwerk

Voorbeelden van het verzamelen van digitale inzet op wijkniveau:
- aansluiten bij wat leeft
  Fb/Nextdoor/Beter met je buren/We Helpen/
- communicatie
  Instagram/Fb/Twitter/YouTube
- deelplatformen
  Snappcar/Peerby/Thuisafgehaald
- activeren en participeren
  Fb/petitie.nl/Typeform.com/Surveymonkey/Mentimeter/Presenterswall/Kahoot/Facebook groep/WhatsApp-groep
- crowdfunding

In een traject van vijf sessies wordt het Digitale Wijkstart-plan opgebouwd

Sessie 1. 'As ze daar nou es wat an dejen …'
Waar lopen inwoners tegenaan? Welke maatschappelijke problemen ervaren de inwoners van de wijk? (Professionals mogen hier toehoren.) Dromen hoe het anders kan en dat vastleggen.

Sessie 2. 'Wij zien dit en dat …'
Waar lopen de professionals tegenaan? Welke maatschappelijke problemen ervaren de professionals van de wijk? (Inwoners mogen hier toehoren.) Dromen hoe het anders kan en dat vastleggen.

Sessie 3. De rode draad
Bewoners en professionals samen. Wat zijn overeenkomsten? Wat zijn verschillen en waarom? Wat is urgent? Wat zou hiervoor de gewenste situatie zijn? Wat is haalbaar en realistisch? Welk urgent maatschappelijk gezamenlijk gevoeld probleem wordt gekozen?

Sessie 4. Anders kijken
Wat is al gedaan? Wat was het effect? Waardoor bestaat het probleem (nog)?
  Kan digitalisering helpen het gekozen probleem te tackelen? Welke verwachting moet digitalisering waarmaken? Hoe dan, welke vorm past? Wat is nodig? Wat is de slagingskans?
  Wie heeft wat nodig?

Sessie 5. Het Digitale Wijkstart-plan

Wat kan snel? Laaghangend fruit. Nu meteen? Wat kan, maar duurt langer?
  Wie kan helpen? Welke lokale organisaties zijn digitaal al stappen verder?
  Wie pakt welk stukje op? Wie is waarop aan te spreken? Vervolgafspraken.

Financiering

Dit traject geeft invulling aan de Social Return-plicht bij aanbestedingen. Het gaat dan soms om 5 % van de aanbestedingssom die als investering voor dit proces beschikbaar is.

Bronnen

Mira Media
▶www.miramedia.nl
Mediawijzer
▶www.mediawijzer.net
Computable
▶www.computable.nl

Bijlage 3. Oefening in kijken naar je werk

Het toepassen van digitalisering is ook een oefening creatief denken en kijken naar oude vertrouwde werkwijzen. Onlangs kwam ik in contact met de methodiek 'participatief actieonderzoek' die door 7Senses in binnen- en buitenland in praktijk wordt gebracht in lastige situaties waar bewoners een deel van het probleem zijn, maar ook een deel van de oplossing. Of misschien wel veel meer; dé oplossing, zonder tussenkomst van instanties.

In de methodiek participatief actieonderzoek herken ik veel van wat ik als opbouwwerker ook deed, wanneer ik mensen in beweging wilde krijgen om iets ten goede te veranderen. De uitdaging is, om te kijken of je de stappen die je dan neemt, kan ondersteunen met digitale middelen en werkwijzen.

Hieronder zie je het resultaat van deze denkoefening. Misschien helpt het jou ook om anders naar je werkwijze te kijken. Hieronder zie je de stappen van het participatief actieonderzoek. Bij iedere stap staan de mogelijke digitale acties, als aanvullingen op dat proces. Ter inspiratie.

1. Oriënteren

Doel: verkennen waar de energie in de gemeenschap zit, welke gedeelde problemen men ziet:
- Mensen aanspreken en aanbellen
- Verkennende gesprekken houden en concepten bedenken
- Stakeholders in kaart brengen
- Welke vraag moet beantwoord worden?

- **Digitale acties**
  - Campagne op social media (Instagram, Facebook, Twitter)
  - Digitale analyse in social media op zoekwoorden
  - Zoals: gebied, woonplaats, bekende knelpunten, al bestaande onlinegroepen Nieuwe onlinegroep openen
  - Nulmeting, in beeld brengen en delen van de huidige stand van zaken Toetsen of dat beeld klopt door reacties te vragen
  - Bloggen en vloggen
  - *Call to action* om mee te gaan doen

2. Ontdekken

Doel: perspectieven van alle stakeholder groepen in kaart brengen:
- Interviews houden en storytelling
- Villagemap maken en wandelen
- Enquête uitvoeren

- **Digitale acties**
  - Vlogs maken, bloggen
  - Interactieve Google-maps gebruiken
  - Online enquête uitvoeren
  - Concepten delen op een website, en in een eigen onlinegroep met reactiemogelijkheid
  - Voorgaande (campagne)kanalen blijven inzetten, om betrokkenheid en accountability te stimuleren

3. Oplossingsrichtingen bepalen

Doel: bevindingen uit de vorige fase delen met betrokkenen, hen daarop laten reflecteren en zo gedeelde oplossingsrichtingen in kaart brengen:
    Focusgroepen houden
    Bevindingen teruggeven aan de buurt
    Het netwerk verbinden
    Oplossingrichtingen bedenken
    Collectieve kennis benutten

- Digitale acties
- Verslag doen op de website
- Eigen onlinegroep en social-mediakanalen benutten Video-impressies geven

4. Design/ontwerpen

Doel: oplossingsrichtingen door betrokkenen zelf laten uitwerken in plannen, die ze later zelf kunnen uitvoeren:
    Focusgroepen houden
    Oplossingen uitwerken
    Acties bedenken, plannen maken
    Collectieve kennis benutten
    Draagvlak creëren
    Het netwerk verbinden
    Stappen en ideeën delen
    Eigenaarschap stimuleren

- Digitale acties
- Start van de acties in beeld brengen
- Online oproepen doen om deel te nemen
- Events aanmaken zodat mensen zich kunnen aanmelden Online verslag van events/acties doen

5. Implementatie

Doel: opstarten van de uitvoering van de plannen door betrokkenen zelf:
    Uitvoering van plannen opstarten en oositieve energie versterken (vieren)
    Eigenaarschap vergroten

- Digitale acties
- Vlogs, selfies maken
- Social media inzetten Persberichten doen uitgaan Oproepen om mee te doen

6. Monitoren

Doel: kijken of de uitvoering goed gaat en bijsturen waar de uitvoering vast dreigt te lopen (zonder de richting te beïnvloeden):
　　Kijken of uitvoering goed op gang komt
　　Waar nodig mini-interventies doen om drempels weg te nemen en de situatie voor en na in beeld brengen

- **Digitale acties**
- Interviews afnemen op video
- Reacties vragen op platformen

7. Evaluatie

Doel: achteraf kijken wat er is gebeurd en daar collectief lering uit trekken. (Kan aanleiding geven voor een nieuwe cyclus van participatief actieonderzoek):
　　In een zaaltje de resultaten terugkoppelen
　　Bespreken wat de uitkomsten zijn
　　Bespreken hoe het is gegaan
　　Bespreken wat de vervolgstappen zijn (nieuwe cyclus)

- **Digitale acties**
- Uitkomsten en vervolgacties online delen met een breder publiek Succes laten zien en vieren!
- Oproepen tot meedoen aan de vervolgstappen
- Nieuwe mensen aantrekken om duurzame borging te realiseren
- Eindverslag formuleren

Kijk eens welke methodiek jij in je werk hanteert. Welke stappen maak je daarin? En kan je daar ook digitale acties aan koppelen? Wil je meer weten over de aanpak van 7Senses, kijk dan hier:
▶ www.7sens.es.

Bijlage 4. Online-basistraining social media voor sociaal werkers

Wil je als sociaal werker jezelf verdiepen in de mogelijkheden van social media? En daar een goed plan voor maken waarmee je praktisch aan de slag kunt? Misschien is de online-basistraining social media voor sociaal werkers iets voor je (◘fig. b4.1).

Wat ga je leren?

- Waarom social media bij je functie hoort
- Zichtbaar worden met social media
- Inspiratie voor je berichten vinden
- Volgers krijgen op social media
- Tijd besparen en efficient bezig zijn

Je kunt in je eigen tempo door de modules heen gaan en zo ontdekken wat social media in jouw werk kunnen toevoegen en hoe je dat bereikt. Het is een individuele training die geheel online te volgen is. Er zitten geen bijeenkomsten aan vast.

Je logt in op een onlineleeromgeving met je gebruikersnaam en wachtwoord. Je komt op de pagina 'Dashboard'. Vandaar navigeer je vervolgens door de hele training.

In deze onlineleeromgeving krijg je per onderdeel verschillende opdrachten die je in een werkboek kunt invullen. Sommige opdrachten vragen van je om goed na te denken, iets te downloaden en te lezen, een video te bekijken of iets uit te zoeken. Zo heb je na afloop een blauwdruk; jouw eigen socialmediaplan. Waarmee je een mooie basis hebt om van social media in je werk echt een succes te maken.

Deze training geeft recht op registerpunten voor bij Registerplein geregistreerde sociaal werkers en andere werkers in het sociaal domein. Wil je meer weten? Kijk dan op ►https://socialsocialmediaacademie.nl.

PS
Deze onlineleeromgeving is een onderdeel van Welzijn 3.0, ►www.welzijn30.nl.

Figuur b4.1   Logo online-basistraining

Met dank aan

Ik wil graag iedereen bedanken die op een of andere manier heeft meegewerkt aan dit boek.

Allereerst zijn dat de vele sociaal werkers in het land die de afgelopen jaren in een van mijn workshops of trainingen hun twijfels, hindernissen, inzichten, enthousiasme en dromen over de inzet van social media en digitale middelen hebben gedeeld. Ja, ook de collega's die er eerst geen brood in zagen, maar soms – gelukkig – toch nog enthousiast raakten.

En daarmee bedank ik ook iedereen die mij heeft ingehuurd om die trainingen te komen verzorgen. Niet zelden omdat zij, als 'early believers', eerder dan hun collega's en leidinggevenden inzagen dat ze 'iets' met die social media zouden moeten gaan doen en mij daarvoor lieten invliegen. Er was soms moed nodig om daarvoor intern groen licht en budget te krijgen. Door alles wat ik daar hoorde, kreeg ik een steeds beter beeld van wat er in het veld speelt. Dit boek is daar één groot verslag van. Het was er zonder jullie misschien niet geweest.

Speciaal bedank ik iedereen uit het veld die belangeloos kennis, ideeën, projecten, diensten, twijfels en inzichten heeft willen delen met anderen in het sociaal domein. Ik deed daarvoor online verschillende oproepen, waar altijd een stroom reacties op kwam. Veel daarvan is in dit boek verwerkt. Het heeft mij verrast dat er al zo veel gaande is. En ik waardeer de openheid daarover, ook als het niet ging zoals gehoopt. Daarvan kunnen lezers weer leren.

De drie meelezers zorgden nog vóór het manuscript naar de uitgever ging dat er kwaliteitslagen gemaakt konden worden. Zowel inhoudelijk als in het doel van het boek. Fijn dat jullie meedachten en niet alleen naar de grammatica keken. En, wel erg grappig, jullie haalden er alle drie weer andere taalfouten uit. Dank, dank, dank: Anneke Krakers, Astrid Schat en Nelleke van Olst.

De onderstaande mensen hebben in het bijzonder een bijdrage geleverd. Ik ben jullie stuk voor stuk enorm dankbaar voor je openheid en voor je vertrouwen in mij én voor je steun aan mij om dit boek te schrijven.

Hartelijk dank!

Andy Scholten	Carinova, Deventer
Anissa Bougrea	Socialemediaburo.be, Tielt, België
Anneke Davids	De kracht van het kind
Anneke Krakers	The art of seniority/Welzijn Nederland
Annerieke van Dongen	Zorggroep Noorderboog
Ariadne Pors	MEE Plus, Drechtsteden
Ben Koenen	Benkoenen.nl, Ommen
Berny de Vries	Wijkconnect
Davy Nijs	Onderzoeker en docent eSocialWork, Expertisecel Empowering People, UC Leuven-Limburg, België
Ed Lasseur	Mekaar (nu Dock), Utrecht

Met dank aan

Erik Boele – de Zeeuw	Coöperatie Circus Circulair, Haarlem
Evert Jan van Hasselt	7Senses
Fanny Verschuur	VVE Raster, Deventer
Frank Schalken	Vraagapp
Frank Wolterink	Raad van Bestuur Humanitas DMH
Frederike Lunenberg	Stichting Welzijnswerk Hoogeveen
Hendrik-Jan Overmeer	Deedmob
Henk van Rijen	Dorpssteunpunt bij Luxwoude
Jacqueline Pors	Diverz, Zwijndrecht
Jelle de Boer	Zichtbaar met Jelle, Amersfoort
Jennifer Elich	Sociaal Werk Nederland
Jenny Tromp	Consulent Regionale Stichting Wonen Plus, Beemster en Zaanstad
Jethro Hardeman	Amerpoort/Garage 2020
Jochem van Hal	Ilogos, Nijmegen
Johnny Driessen	Assist Jeugdwerk, Venlo
Kiomid van der Meer	Vilans
Leontine Jansen	Ons-Welzijn, Sociaal team Oss-Zuid en Berghem
Lennart Pilon	Het Rooster
Lotte Thijs	Sociaal beheerder Vooruit, Utrecht
M. J. van de Brink	Kliksafe
Maddi de Munnik	Wijkwinkel/Bibliotheek Deventer
Marcha Hartman	NHL Hogeschool Leeuwarden (lees ook háár boek!)
Marco Verhoeven	Peerenboom Fietsen
Margreet Gillebaart	Communicatie Welzijnskwartier, Katwijk
Marian Loermans	Pulse, IJsselstein
Marjanne van Dijk	Welzijn Noordwijk, Noordwijk
Martine Jurriens	Directeur Stichting Welzijn Brummen
Melanie Berends	Bibliotheek, Deventer
Mellouki Cadat	Movisie, Utrecht
Millicent Willems	Jeugdhulp 1 op 1
Myriam Limper	Zorgbewegers
Nadja Desmet	Socialemediaburo.be, Tielt, België
Reneé van Limborgh	Renéeducatie & mediation
Roserie Verlijsdonk	Communicatie Spelenderwijs, Utrecht
Runell Martes	Online jongerenwerker JOZ, Spijkenisse
Sacha de Ruiter	Adviseur Vrijwillige inzet, VMCA, Almere
Sandra van der Meer	SWMD, Midden Delftland
Sasja Prins	Wij, Heemstede
Saskia Schreurs	Stichting de Welle, Nijverdal

Sigrid van Vliet	Doenja, nu Dock, Utrecht
Steven Gielis	ZITDAZO, België
Stijn Menkehorst	Frisdenker
Suzanne Verheijden	Buro Strakz
Team/collega's	Sociaal wijkteam Literatuurwijk, De Schoor, Almere
Team/collega's	Sociaal wijkteam Noorderplassen, De Schoor, Almere
Theo den Os	Kwintes, Zeist
Valentijn van Esch	1 Sociaal Domein/Yard

Natuurlijk wil ik ook mijn uitgever bedanken. Marten Stavenga van Bohn Stafleu Van Lochum, de ex-hoofdredacteur van het blad Zorg en Welzijn; Piet Hein Peters en de nieuwe hoofdredacteur; Sophie van Hogendoorn, hebben door hun vertrouwen en enthousiasme gezorgd dat de stap om een uitgever te vinden (waar iedere schrijver tegenaan loopt en wat ook het eerste is dat aan je gevraagd wordt: 'Heb je al een uitgever?') ineens heel klein bleek.

Het is aan hen allen te danken dat jij dit boek, het eerste dat ik schreef en alleen daarom al een enorm avontuur, nu ook daadwerkelijk in je handen hebt. Ik hoop dat het je helpt. Succes!

Over de auteur

Hans Versteegh

Adviseur, trainer en auteur over digitale transitie en digivaardigheden in het sociaal werk.

Hans heeft 25+ jaar ervaring als sociaal werker, opbouwwerker en in sociale wijkteams.

Als een van de eerste ging hij zich verdiepen in de kansen van social media in het sociaal werk. Sinds 2011 geeft hij lezingen, workshops en trainingen met zijn eigen bedrijf: Welzijn 3.0.

Inmiddels heeft hij al duizenden collega's geïnspireerd en geholpen digitale technologie toe te passen. Hij publiceert blogs en columns voor Zorg en Welzijn over alles op het snijvlak van digitaal en sociaal, over de digitale transitie van het sociaal werk. Thema's: social media, digivaardigheid en profileren.

- ▶ www.welzijn30.nl
- ▶ info@welzijn30.nl
- ▶ www.linkedin.com

Register

0-9

10 competenties, Movisie 163
21st century skills 168
360° Virtual Reality 114

A

aanbieding voor lezers 170
afpersen 58
Agenda Digitale Overheid: NL DIGIbeter 33
AI. *Zie* artificial intelligence
Alares-advies 32
alliantie digitaal samenleven 84
Amazon 35
Appke 110
apps 106
– Google Translate 109
– Icoon 109
– Moti-4 111
– Quik 109
– Skybell 110
– Spark 109
– Splice 109
– Teleprompter 106
– Vocre 109
– VraagApp 110
– Zorg-Sociaal 112
artificial intelligence (AI) 7, 35, 48

B

basiseisen digivaardigheid, 's Heeren Loo 165
beeldherkenning 49
bereik vergroten, tips 154
beroepsgeheim 14
beroepsvereniging van professionals in sociaal werk (BPSW) 80
bestaande relaties 130
bestuurders en implementatie 78
big data 43
bijblijven 131
bio-checklist 128
BPSW. *Zie* beroepsvereniging van professionals in sociaal werk
Buffer 138
burgerparticipatie 45
buurtalarm-WhatsApp-groep 44

buurtplatform 45
BZK. *Zie* ministerie van Binnenlandse Zaken en Koninkrijksrelaties (BZK)

C

casuïstiek digitale transitie 91
CBS. *Zie* Centraal Bureau voor de Statistiek
Centraal Bureau voor de Statistiek (CBS) 75
chatfunctie 47
collega's 130
community management 152
community managers, taken 124
community's/netwerken 29
competentiebeschrijvingen digitalisering 162
– 21st century skills 168
– digivaardigheid-competenties 165
– mediawijsheid-competenties 166
competenties en normen, overzicht 161
computerpil, edible 100
congres van Sociaal Werk Nederland 95
contact onderhouden 130
content is king 152
contentkalender 138
content-managementmatrix, oefening 149
Coosto 145
crisiskaart 97
cyberpesten 57

D

data 47
– algoritmes en kunstmatige intelligentie 145
– in het sociaal domein 48
databedrijf 14
datakoppeling
– gemeenten 83
deepfake 58
DigiD-groep 31
digital first 20
digitale inclusie 33
– programma 33
digitale kloof 30
digitale transitie 17

– bewust onbekwaam 177
– motivatie 176
Digivaardig in de Zorg 85
digivaardigheid-competenties 165
disruptie 34
– Kodak 35
– V&D 35
disruptieve acties 37
doelen digitaal sociaal werkers 126
doelen digitalisering 68
doelgroep, oefening aansluiten 129
doelgroepen digitalisering 70
– primaire 70
domotica, mijn huis op maat 99
draagvlak
– knelpunt 141
– opbouw in zeven stappen 141

E

ECP, platform voor de informatiesamenleving 85
edible, computerpil 101
een leven lang leren 167
eenzaamheid en sociaal isolement 55
e-hulp. *Zie ook* onlinehulpverlening
eigenschappen digivaardig sociaal werker 160
emoji's-app 98
enquête social-mediagebruik 66
expertise delen 132

F

Facebook, privacygevoeligheid 16
fear of missing out (FoMo) 56
FoMo. *Zie* fear of missing out
functieprofiel digivaardig sociaal werker 159

G

games 51
– sociale contacten 51
gameverslaving 57
gemeenten, rol van 82
gezichtsherkenning 49
Google Alerts 145
Google Duplex 112
grooming 58

H

handreiking voor implementatie 77
Hootsuite 138, 145
hulpvragen, door digitalisering 55
humanoïd 7, 102

I

identiteitsfraude 58
implementatie 77
- beroepsonderwijs 82
- beroepsverenigingen 80
- bestuurders 78
- comfortzone 79
- gemeenten en rijksoverheid 82
- handreiking 77
- kenniscentra 81
- leidinggevende 77
- ministerie van Volksgezondheid, Welzijn en Sport (VWS) 84
- toezichthouder 80
- trends 78
- visie 79
- voorbereidende vragen 158
Informatieplatform Sociaal Domein (IPSD) 32
innovatie van dienstverlening 28
instellingen op social-mediaplatformen 122
interactie stimuleren, knelpunt 146
internet of things 48
IPSD. *Zie* Informatieplatform Sociaal Domein

J

Jeugdhulp 1 op 1 matchwebsite 111
JOZ. *Zie* stichting jongerenwerk op zuid

K

Kamerbrief digitale inclusie 33
Keuzewijzer E-tools 113
knelpunten social media 137
kopschoppers-filmpje 94
kunstmatige intelligentie. *Zie ook* artificial intelligence (AI)

L

leefstijlapp 44
leidinggevenden en implementatie 77
live gaan 46

M

matchwebsite 111
Mediawijsheid Competentiemodel 166
mijn huis op maat, domotica 99
ministerie van Binnenlandse Zaken en Koninkrijksrelaties (BZK) 84
ministerie van Volksgezondheid, Welzijn en Sport (VWS) 84
mobiel internet 47
Movisie 81

N

Nederlandse Digitaliseringsstrategie 33
negatieve publiciteit, social media 142
nepprofiel 58
netwerkorganisatie 18
netwerksamenleving 18
nieuwe contacten 129
Normen kwaliteitslabel Sociaal Werk 161, 164

O

OBI4wan 145
oefening 122
- aansluiting bij doelgroep 129
- contentkalender 139
- content-managementmatrix 149
- koppeling digitale middelen-doelen 122
- potentiële volgers zoeken 153
OESO-rapport 7
Onderwijsraad, een leven lang leren 167
onderzoek, VNG/KING 32
onlinehulpverlening 28, 54
onlineplatformen, voorbeelden 54
opleidingsdocument sociaal werk 82
organisatieopbouw 19
overheidsbemoeienis 32
overzicht houden, knelpunt 144

P

persoonlijke gezondheidsomgeving (PGO) 26
PGO. *Zie* persoonlijke gezondheidsomgeving
Picnic 35
planning, knelpunt 138
platformen social media, top vijf 70
privacygevoeligheid 15
profileren 69, 127

R

raad van toezicht (RvT) 80
referentiekader, belangrijke vragen 158
resultaatgericht werken, knelpunt 151
robot 7
RodeKersen 114

S

SAAR-code 44
samenwerkplatformen 133
sexting 58
sextortion 58
shaming 58
sociaal rechercheur 14
Sociaal Werk Nederland (SWN) 80
social media 44
- community management 152
- enquête naar gebruik 66
- grootste knelpunten 137
- incompany training 169
- interactie stimuleren 146
- negatieve publiciteit, knelpunt 142
- reageren 140
- strategie en beleid 151
- stagiaires, tips 65
- top vijf platformen 70
- trollen 143
- webcare 143
- zichtbaarheid organisatie 67
sociale technologie 81
spraakherkenning 50
stalking 59
stichting jongerenwerk op zuid (JOZ) 94
Stimulansz 81
storytelling 10
surveillancesysteem, nadelen 15
SWN. *Zie* Sociaal Werk Nederland
SyRI. *Zie* Systeem Risico Indicatie
Systeem Risico Indicatie (SyRI) 15

T

technologie in de zorg 53
tijd en geld, knelpunt 137
tijdsbesparing 133
tips voor digitaal werken 121
- groot bereik 154
- implementatie 77
- meer volgers 151
toegankelijkheid digitale zorg, handreiking 76
training 169

training Hier Sta Ik Voor! 127
transformatie. *Zie ook* digitale transitie
trollen 143

V

vaardigheden digitaal sociaal
    werkers 125
vakbladen 131
vertrouwensband 16
victim blaming 58
video 46
video maken 109
Vilans 81
Vimeo 46
vindbaarheid organisatie 38
volgers, weinig, knelpunt 151
volgers zoeken, oefening 153
voordelen van technologie 20
VWS. *Zie* ministerie van
    Volksgezondheid, Welzijn en Sport
VWS/iBeraad 84

W

waaromvraag, The Why 149
wachtwoorden 123
webcare 143
Welzijn 3.0, de aanpak 170
WhatsApp 66
WhatsApp-data 16
Wheelmap.org 114

Y

YouTube 46

Z

zichtbaar zijn 68
zichtbaarheid 126
van de organisatie 38

MIX
Papier aus verantwortungsvollen Quellen
Paper from responsible sources
FSC® C105338

If you have any concerns about our products,
you can contact us on
ProductSafety@springernature.com

In case Publisher is established outside the EU,
the EU authorized representative is:
**Springer Nature Customer Service Center GmbH
Europaplatz 3, 69115 Heidelberg, Germany**

Printed by Libri Plureos GmbH
in Hamburg, Germany